모촌 윤갑병(윤모촌)

표지화 : 고암 이응노 화백

부천시 소사북초교 교사시절

수필가 윤모촌

윤모촌 선생님과 대담하는 최원현

소설가 하근찬과 세검정 계곡에서

오동나무가 있는 집 앞에서
(1983. 8)

문예강좌 수필반
수강생들과 함께
(1996.12)

좌로부터 장백일, 정목일, 이정림, 김태길, 윤모촌, 김시현, 이숙

집을 찾아온 지인들과 함께 서재에서

동포문학상을 수상하고 나서 가족과 함께 (1980)

소설가 정구창 그리고 아동문학가 최태호 등과 함께

「촌모씨의 하루」 출판기념회 (2004. 6)

현대수필문학상 시상식에서 기념촬영

미국 남부 택사스주 오스탄 여행 중에 (1989. 8)

파주문학회 회원들과 나들이

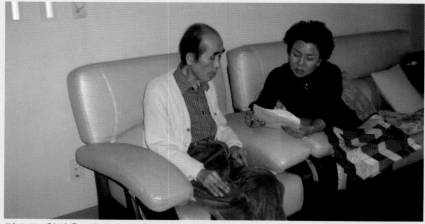

집으로 찾아온 제자의 글을 지도하는 모습

촌모씨의 하루

실락원

정신과로 가야 할 사람

서투른 초대

발자국

서울 뻐꾸기

산마을에 오는 비

오음실주인

호서시선 창간호

호서시선 제3집

호서시선 송수기념호

호서문학 제7집

호서문학 제10집

호서문학 제11집

호서문학 제13집

호서문학 제15집

호서문학 제19집

호서문학 76가을호

윤모촌 시·수필선집

失鄕 - 없는 길도 여는 것을

2017

연천향토문학발굴위원회

고목나무에 꽃이 피다

연 규 석
(위 원 장)

고인의 명복을 빕니다.

매번 겪었던 일이지만 그래도 기대를 가지고 파주시에 거주했던 윤모촌 선생님의 아파트를 찾았다. 그러나 3년 전에 이사를 갔다는 집주인의 말에 희망을 가지고, 주민센터를 찾아갔지만, 이전 주소를 알려줄 수 없다는 한결같은 거절에 야속한 마음이 앞길을 막았다.

그리고 이미 편집회의 때 결정한 대로 수필집은 많이 발간되었으니 시詩를 위주로 하고, 신문이나 잡지에 발표는 되었지만, 단행본에 게재되지 않았던 작품을 편집한다는 방침에 따랐다.

하지만 그런 시詩를 찾는다는 것은 쉬운 일이 아니었다. 대부분의 작품들은 어렵지 않게 찾을 수 있었지만, 처음에 발표된 등단 작품을 찾는다는 것은 매우 어려웠다.

우여곡절 끝에 처음 발표된 시가 '태양신문'이라는 것을 알아내고 국회도서관을 찾아갔다. 다행히 마이크로필름에서 해당 작품을 찾았으나 너무 흐려 판독이 어려워 담당직원에게 원본을 간청했지만 거절을 당했다. 그래도 포기하지 않았다. 수차례의 전화와 직접 찾아가는 성의에 감복했는지, 직원이 원본작품을 사진으로 찍어 카카오톡으로 보내주어 찾을 수 있었던 일은 큰 보람이었다.

또한 사진문제로 신문사마다 다니며 찾았으나 명함판 밖에 없어 고민하던 참에 블로그에서 만난 최원현 수필가님의 도움으로 해결할 수 있어 고마웠다.

그리고 제작할 때에는 힘들지만 보람도 있었다. 김상용 시인의 손자를 찾아 만났는가 하면, 김오남 시조시인의 큰아들도 얼마 전에 지인을 통해 알고 전화로 기쁨도 나누었다.

그 동안 제작에 직·간접적으로 도움을 주신 편집위원님은 물론, 도서관 직원, 평설을 써 주신 호서문학회 김용재 시인님, 김경식 시인님, 그리고 표지화를 그려주신 이홍노 화백님에게 지면을 통해 고마움을 전한다.

또 고인이 되신 차주환 교수님, 허세욱 교수님의 평설도 함께 게재를 하였는데, 두 분의 영령에 두 손 모아 고개를 숙인다.

끝으로 도움을 주신 경기문화재단 관계자 여러분께도 고마움을 전한다.

2017년 7월 17일, 제헌절
연천의 명산, 군자산 자락에서

청자 연적 같은 글들

김 진 희
(소설가. 본회 고문)

　누가 뭐라고 해도 수필가 하면, 윤모촌 선생님을 빼놓을 수 없을 것이다.

　우선 선생님의 수필 〈부용〉에서 보다시피 담담한 서술이 가슴을 적시고 있기 때문이다.

　독자를 사로잡는 마력이 있다고 할 것이다.

　누구나 알다시피 수필은 인생 삶의 향취와 여운이 숨어 있어야 한다. 그야말로 선생님의 수필은 온아우미(溫雅優美), 마음의 산책이다. 그래서 철학이 배제되고는 좋은 수필이 될 수 없다고 했는가도 모르겠다.

　선생님의 수필을 읽으면 달관과 통찰과 깊은 이해가 인격화되어 가슴을 적셔주고 있다. 한마디로 작품을 읽어가는 매 순간 순간이 스스로를 되돌아보게도 한다.

　삶이 영원히 아름답다고 할까! 멸하지 않는다고 할까! 다른 환희와 기쁨을 느낀다고 할까! 글을 읽는 그 순간에 정착해 버린다.

이런 선생님의 발자취를 찾아내어 책으로 엮어낸 연규석 위원장의 노고를 치하 드린다. 뿐만 아니라 그 사업을 진행할 수 있게끔 후원을 아끼지 아니한 경기문화재단에 깊은 감사를 드린다.

문학인은 누구나 다 고향이 있다. 고향이 있다고 해서 그곳 후학들이나 기관 당국에서 함께 노력을 해서 이렇게 따뜻한 대접을 받는 문학인들이 몇 명이나 될까 싶다.

선생님의 수필집으로 〈정신과로 가야할 사람〉, 〈서울 뻐꾸기〉, 〈오음실 주인〉 등 다수가 있는데, 특히 〈오음실 주인〉은 선생님께서 서울 서대문구 홍은동에서 25년간 살았던 집을 가리켜 쓴 글이다.

나는 지금 내가 월간 ㅎ맥문학을 발간하고 있는 이곳 홍제동에 거의 매일 같이 출근을 하고 있으면서 이 부근 홍제동, 홍은동, 남가좌동에서 오랫동안 사시면서 빛나는 작품들을 경작해내신 선생님들을 하루도 생각하지 아니한 일이 없다.

그 중 윤모촌 선생님도 한 분이시다. 자주 뵙지는 못했지만, 선생님의 수필은 많이 읽었다. 그 이유는 내가 선생님의 작품을 매우 좋아했기 때문이다. 아니, 한 때 깊이 도취되어 있었기 때문이었다.

일단 선생님의 작품을 대하면, 복잡한 세상 것들은 잠시 잊고 비바람 속에 나그네라고 할까, 정이라고 할까 그 풍류 속에 깊이 빠져들었기 때문이었다.

그리고 난 후, 후련한 만족감과 애련한 향수와 회한의 독특한 문장력의 마력에 깊이 깊이 젖어들어 내 심혼을 흔들어버리는 까닭은 내가 사는 삶을 선생님께서 잘 피력해 놓았기 때문이라고 생각한다.

선생님께서는 수필이론가로서도 매우 명성이 높으셔서 〈수필평론〉, 〈수필문학의 이해〉 등은 2005년 5월에 타계이후 오늘날 여전히 사랑 받고 있는 교과서이다.

수필평론에 있어 평론자는, 첫째 인격면으로, 둘째 수필 문학에 대한 깊은 이해와 삶의 의미나 가치 추구의 평이 되어야 한다고 역설했다.

나는 소설가로 문패를 달고 있지만, 시도 사랑했고, 수필도 사랑해 집필도 더러 했다.

1977년 〈한국 대표수필 35인 선집(지소림출판사 발행)〉, 〈현대수필 110인집(한국수필문학회 발행)〉에 필자로 참여했지만, 돌이켜보면 부끄럽기 짝이 없다.

그때는 수필이 어떤 글이라는 그 진수를 모르면서 출판사나 단체의 청탁에 기뻐 참여를 했지만, 이후 수필처럼 어려운 글이 없다는 것을 깨달아 가면서 점차적으로 멀리 떨어지게 되었다고나 할까!

아무튼 지금도 수필 쓰고픈 향수는 태산으로 갖고 있다.

내 평생 좋은 글을 담은 시집 1권, 수필집 1권은 꼭 출간해 볼 요량이다.

연천군은 훌륭한 문인들이 많이 탄생된 곳이다. 소설가 곽하신 선생님, 시인 김상용 선생님, 시조시인 김오남 선생님, 수필가 윤모촌 선생님 등….

앞으로 계속해서 이 문화사업이 추진되어 훌륭한 문인들의 작품을 발굴하는데 많은 기여를 하길 염원한다.

이번에도 윤모촌 선생님의 시 여러 편을 발굴해 세상에 내놓았다.

진실로 감탄스럽다.

세상 사람들은 윤모촌 선생님이 시를 쓰셨다는 것을 알고 있었는가는 모르겠지만, 나는 모르고 있었기 때문에 놀랍고 감탄스럽게 죽어서도 또 다른 역사를 만들었다.

아무튼 마음 속 깊이 축하드리며, 이 책을 발간하는데 많은 애를 쓰신 분들께 머리를 조아리며 축사를 대신한다.

2017년 7월
홍은동 우거에서

목 차

제2부 **失鄕—없는 길도 여는 것을**

제 1 부

가슴에 새겨진 詩心

비

숫한 모래밭
지겨운 가슴 팍

비가 온다…
내 가슴 帳幕은 四涯에
비가 온다

煙霞라 千里길
아스라히 빗줄기에

그리움 따라 따라….

(太陽新聞 1949. 11. 3)

두메

큰 애기야
옥색 고무신은
嶺넘어 三十里라 왕발로
내닫는 三十里길
장에서 들고온 옥색 고무신은
추석에나 신는가
설에나 신는가.

(太陽新聞 1949. 12. 1)

추상(秋想)

질항아리와
질항아리와
十月 돌담에
나란히 앉다.

(太陽新聞 1949. 12. 1)

회색지대(灰色地帶)

바람 속에 풍경들이 기찔리며 바래어
가는, 소음이 끝없이 고요한 벌판에
누구를 위하여 운명(殞命)처럼 강물은 흘러서 가고
낡은 카렌다 같온 하늘은
걸려져 있는가

낙엽 위로 야합하는 부서져 내리는
조각들을, 조용히 눈을 감고 헤아리
노라면 화려한 거리 시궁창과 빨랫줄
누더기에 나의 햇빛은 그래도 어머니
숨결같이 다사로왔다.

하여 푸른 목숨들이 잡초처럼 푸른
철을 따라 무수히 피어 본 것이었으나
끝내 헤매이다 다시 지쳐야만 하는
불모(不毛)의 지역(地域) 고요한 벌판에서 추군
추군히 따르는 나의 그림자와, 나는
이제 어디로 다시 향(向)을 해야 할
것인지―.

벌레먹은 낙엽 속에서 분간할 수 없는
시공(時空)이 연륜(年輪)을 다스려 간다는 것,
이리하여 흑(黑)도 백(白)도 아닌 운명(殞命)처럼
흐르는 물결과 나는 낡은 카렌다처럼
걸려져 있는 하늘 밑에서 오늘도 다만
빈혈증(貧血症)을 현기(眩氣)로와야 했고, 이 까닭 모를
현기증(眩氣症)을 가누어야만 할 뿐이었다.

해를 품은 마을, 병(病)든 마을엔 현연히
모색(暮色)이 깔려져 간다. 빈 벌판에
종(鍾)소리가 끝없이 흩어져 간다. 빈 벌판에
종(鍾)소리가 끝없이 부서져 간다.

(湖西詩選 1959. 2.)

실향기(失鄕記)

철종의 생모 묘소라 하던가, 돌을
깎아 쌓은 긴 담을 끼고 들면
초가가 있고

뉘집 울안에선지 나무삭정 풋나무
때는 연기와 토장국 끓이는 내에
나는 절해의 고도에 와 있구나

가을비가 오염된 서울을 스쳐가던
무교동 밤 버스 정류장을
천리로 두고

발부리에 닿는 것들 모두가 구호를
내세우며 흐르는 하오
하늘의 빛깔이 멀기만 하던

그날 정류장에서 오랜만에
비를 맞으며
이승을 떠난 이웃에 못다한 문안을
뉘우치며,

어디론지
앞지르는 차에 실려 가는 사람들 속에
막버스를 기다리는

나는 지금
절해의
고도에 와 있구나
무교동의 퇴근길은.

(湖西詩選 1972. 8.)

희화(戲畵)

성벽(城壁) 위로 퇴색(褪色)한 하늘
연기가 나부낀다.
뒷골목엔 쌓인 프라스틱 형해(形骸)
겹겹 갈댓잎들이
질서(秩序)를 버티고 있다.

자모(字母)가 생리(生理)를 한 식탁(食卓) 위
소생한 고무다리가
쇼윈도에서 절름거린다.
지하도 출구(地下道 出口)엔 도금(鍍金)한 기류(氣流)
파이프를 물고 화공(畵工)이
개칠한 서정(抒情)
옥상(屋上) 정원(庭園) 그네에
거꾸로 매달린 정오(正午)
풀벌레가 붙어 운다.

(湖西詩選 1974. 3.)

아침

갈댓잎
콜로라투라 여운(餘韻)이
마른 이슬을 털고
내려서는 광장(廣場)

시계탑(時計塔) 위
하늘이 맑은
층계

찢어진
바람 자락
기아(棄兒)가

빈 술병을
하늘로 추켜드는
춤.

(湖西詩選 1974. 3.)

무교동(武橋洞) 달밤

안개 걷힌 내실(內室)속 지구(地球) 단속곳 밑으로
벌레 먹은 잎이 지고 있었다

북양(北洋)의 흰곰도 죽고 인도(印度) 산(山)속 호랑이도
죽고 아프리카 늪 속 징그러운
악어 구렁이도 죽고

까마귀도 날아가고 자국만 남기는 먼지
거미줄도 없고 말라죽은 묘목(苗木)도
없고

귓바퀴에 남아 있던 마지막 소리 빈사(頻死)의
숨통이 이어지다가 마지막 신음(呻吟)
스치다가

사지(四肢)를 틀다가 꼬리를 용틀다가
피뢰침(避雷針)에 기어올라 웃고 있는.

(湖西詩選 1974. 3.)

꽃

눈에 음향(音響)을 축적하다
슬픔을 축적하고

역사(歷史)를 축적하다
굳어버린 날갯소리

구름을 잃고
슬픔을 잃고

빛을 따라
희고 검은

사색(思索)을 잃어버린
빈 언덕

이슬 진 아침
먹빛으로 달래는.

(湖西詩選 1974. 3.)

미로(迷路)

식구들이 나가 고요로운
한 때

홀연 막내놈 어미를 부르는
소리에

귀를 뜨는 나

때 묻지 않은
지상(地上)의 소리

풀냄새 싱그러운
늪가에

그 늪가에
길을 잃은 나.

(湖西詩選 1974. 3.)

로타리

종합병원, 방금 다녀 나온 안개 속 복도엔 육신(肉身)의 고통을 넘어선 중환자(重患者)의 머리 위로 혈색(血色) 투명한 나방들이 청계천 하수구(下水口) 맨홀에서 기어올라 분수대치골(噴水臺恥骨) 밑에서 숨을 돌리며 환부(患部)를 가리고 서 있다.

(湖西詩選 1974. 3.)

풍향계(風向計)

시속 50㎞의 지하철(地下鐵) 속
매달려 달리던 아이 놈한데서 터득을 하고,
얼굴이나 쳐다보자 하나
얼굴이 없어
성벽(城壁)에 마른 풀잎을 보네.

하루가 넘치는 YMCA 언저리
재수생(再修生)과 더불어
다리를 저는 매화(梅花) 타령.

오뉴월 하늘 질퍽한 빛
미풍(微風)은 마른 이슬에 태연하지만
한강(漢江)이 흐르고 있지만
담임 선생(先生)이 여시던 창(窓) 밖의
봄, 지금은 그 창(窓)가에 와서
황토(黃土)를 뿌리던 뻐꾸기의
소리마저 날아가,

....

하릴없이 하품을 하네.

아이 놈 한테서
터득하는 게 있네.

(湖西文學 1976. 4.)

회색지대(灰色地帶)

바람 속에 풍경들이 기찔리며 바래어 가
는 騷音이 끝없이 고요한 벌판에 누구
를 위하여 殞命처럼 江물은 흘러서 가
고 낡은 카렌다처럼 하늘은 걸려져
있는가

落葉 위로 野合하는 부서져 내리는 쪼각
들을 조용히 눈을 감고 헤아리노라면
화려한 거리 시궁창과 빨랫줄 누더기에
나의 햇빛은 그래도 어머니 숨결같이
다사로웠다

하여 푸른 목숨들이 雜草처럼 푸른 철
을 따라 무수히 피어본 것이었으나 끝내
헤매이다 다시 지쳐야만 하는 不毛의
地域 고요한 벌판에서 추군히 따
르는 나의 그림자와도 같이 나는 이제
어디로 다시 向을 해아 할 것인지!

벌레 먹은 落葉 속에서 분간할 수 없는

時空이 年輪을 다스려 간다는 것 - 이리
하여 黑도 白도 아닌 殞命처럼 흐르는
물결과 나는 낡은 카렌다처럼 걸려져
있는 하늘 밑에서 오늘도 다만 貧血症
을 眩氣로워야 했고 이 까닭 모를 眩
氣症을 나누어야만 할 뿐이었다

해를 품은 마을 - 아 病든 마을엔 현
연히 暮色이 깔려져 간다 빈 벌판에
種 소리가 끝없이 부서져 간다.

(湖西詩選 1976. 4.)

눈이 내린다

노들 강(江)에 다리를 놓고
무악재 내리 밀고
미아리 고개를 낮춰,
손끝으로 감겨드는
누님의 옷고름.

목젖 밑으로 드리우는
오지그릇 조각을 고이는 빛,
말발굽 소리로
저무는 도시(都市)
갈대밭을 간(耕)다.

어쩔 수 없이 넘어선 철조망
시름히 돌아든 길에
의족(義足)을 절며
실어증(失語症)으로
갈밭 위 추는 춤.
소독(消毒)내 가시지 않은 마을에
쌓이는 벽,
속옷은 한 겹쯤 벗은 채

상간(相姦)에 바랜 눈자위를
딛고,

배신같은 뉘우침,
관용을 베풀며,
겨 묻은 개의 눈빛을
연민(憐憫)하며, 숨을 고르는
좌선(坐禪).

고요한 숲속에
한 옥타아브를 돋우어도
허리춤 고운
어머니 입김은 골짝에 묻혀

모질은 맥박(脈搏).
살꽃이 다리께 넘치는 하수(下水)
회색(灰色) 빛 도시(都市)는
무덤 위를 넘는다.

누님의 옷고름은
흩날린다.

(湖西文學 1976. 4.)

묵죽도(墨竹圖)

마른 가지에 걸린 바람이
고향(故鄕)의 두엄발치의
쇠말뚝 언저리 흰 아지랑이 되어
두엄 냄새들 보내오는 낮

사랑방 툇마루 오줌독
오줌 거케에
채밀(採蜜)하러 온
참벌의 울음 소리

상강(霜降)머리 건너던 철새
날갯속 구름은
방문 앞에 머물러
풀잎 속 가라앉는 달빛

보리밥에 끼얹던 고추지령의
혀끝 무게
흰 무명 옷의
무명 대님 치신
한 여름 낮 할아버지의

기침 소리는

이마 시려 오는
시려 오는
바람.

(湖西文學 1976. 10.)

갈증(渴症)

언덕 위에서
바다를 본다.

구름에 가린
언덕은
진종일 노랫소리

언덕 아래 뽕밭엔
잎에 잎을 달아
창창(蒼蒼)한 그늘

—설악산(雪嶽山) 푸른 골에 살던
반달곰 그놈이
한서(寒暑)가 없는 계절(季節)에 내려와
이슬 마른 백주(白晝)를
살고 있다.

바다 위엔
진종일 떠있는
노랫소리

언덕 밑엔
진종일 흐르는
노랫소리.

(湖西文學 1976. 10.)

녹음(綠蔭)

투명(透明)한 종이 위
병력(病歷)이
보리 깔끄랑이가 되어
눕는다

황토(黃土)길 복판
산(山)이 먼 서울에서
—뻐꾹
황달빛 뻐꾸기 소리
미도파(美都波)앞 지하도 입구(入口)까지
와
등골에 박히는
악한(惡寒)

그럴 땐
청개구리가 운다
마른 하늘에

가로수(街路樹) 밑에서
오르는
신열(身熱).

(湖西文學 1976. 10.)

백목련(白木蓮)

사월(四月)의
도회에는
백목련(白木蓮)이 피더라

어둡다고 하면서
피더라

하얀 꽃송이에
높은 집 담
해가 걸리면

백목련(白木蓮)은
어두어
희게
피더라

사월(四月)
초원(草原)
긴 해.

(湖西詩選 1979. 11.)

와명(蛙鳴)

징 장구 소리
지평(地平) 가까이
노을이 탄다

오랜지 빛
헌데 자국이
도지는 저녁

백오십오(一五五) 마일
능선 펄럭이는
깃발이여

상주(喪主) 없는 상여
요령(搖鈴) 소리
길다

닫아도
닫아도
열리는 창

꽃잎 자국
머리 올
시나브로
희어져 간다.

(湖西詩選 1979. 11.)

꽃병

비가 온다
하고 있다

아침 햇살의
잠시 수집음을
걷어 올리고

눈발이
보이는 언덕
말 발굽 먼 소리에
서서

추녀 끝
아침에 듣는
낙수물 소리

지금은
비가 온다
하고 있다

투명한 목을 세우고
빈 지붕 위에
달을 띄우고

나에게서
목 발을
받아든다

비가 온다 하고 있다.

(湖西詩選 1979. 11.)

봄 밤

겨드랑에
먼 데 기적 소리가 와 닿는다
얼굴에 스치는
입 밖에 낼 수 없는 얘기
불빛이 물에 뜬다
병상(病床)의 기억
여울 소리로 내려와
앞을 가는
여인(女人)의
머리카락 냄새여
성급한 가슴에
젖어드는 발목
이제는
계면적을 게 없다. 여인이여
서두르지 않아도 좋은
머리카락 냄새
이제는
입 밖에 내도 좋은
병상(病床)의
기억들.

(湖西詩選 1979. 11.)

노상감별(路上感別)

길을 갈 때는
사람을 만나고 싶다.

길에서
사람을 만나는 것은
반갑다.

오면 가면
스치는 죄
갈대 잎 서걱이는
저녁에,

낯 익은
사람 하나 만나지 못하고
돌아오는 날은
허전하다.

네거리에서
오늘
나를 스치고 간

사람

그는 어디로 가는
누구일까.

(湖西詩選 1979. 11.)

분수(噴水) 가에서

아직 무지개발이
절고 있다는 그
선명하지 않은 이유 때문으로

뻐꾸기 울음의 철늦은
표정을
탄탄대로에 서서

흰 빛으로 그러지는 달이나
산마루에 머문 구름으로 안고
밑돌을 빼 또 괴는 아침

갈피마다 고여 있는
형용사들이
질펀한 수평을

상오의 하늘을 후미지면서 지금
떨어져 내리는 가
시나브로 낙엽소리를.

(湖西文學 1983. 8. 15.)

8월의 실제(失題)

봄볕이 내려오는
질탕한 계단에
발목을 적시며
그림자가 머문다

가로수 그늘에서
재를 흩날리는
신열(身熱)을 가누면
발바닥 장심으로
받쳐오는
두견의 침묵.

(湖西文學 1983. 8. 15.)

어느 날의 사전(辭典)

아침저녁으로 여닫는 문밖
나무그루 턱에
三月이 가고 五月이 되어
모서리에 걸터앉은 척척한 촉수와
그 감칠맛에 후줄그레 해서
혀끝을 대니 대체
맹탕이고 싱겁고 덥덥한 맛으로
무산(霧散)되는 대목에 닿게 되는데
허구한 날 내지르는 우모(宇母)의 냄새
깊숙한 그 구멍과 맞댄
사타구니의 고집이 마소와 같아서
칠팔월에도 땀을 못 내고
오소리 새끼나 곰의 새끼처럼
눈 덮인 양지쪽에 나 앉아
눈동자를 굴려보는 시늉을 하는데
그게 어찌 하루 이틀인가
실로 아무 데도 흔적이 없어

숨소리도 아니고 안개도 아니고
더 더욱 구름도 아닌

몽롱한 몸짓으로 기침을 하다가
늦가을 벌레소리에 겨우
귀글 거울에 기울이지만
풍화한지도 오랜 고질이라
유들유들하고 미끈미끈하고도
지루한 인연
시렁에 얹힌 그 허리를 꺼내
일진(日辰)을 토파보니
벽상엔 그대로 가발이
걸려 있을 뿐이었다.

(湖西文學 1983. 8. 15.)

가랑비 오는 날

눈물을 흘리지 않겠다고
소월은 시에서 말했다
이런 날은 맨손으로
허파라도 토해내야 한다

현기증을 가누게 하는 빈 음향
평상복대론들 뭐라나
병력(病歷) 차림으로
절름거리며

휴전선 155마일
남북방 한계선 툇마루 끝에

오늘도 면전(面前)에 와서는 산하여
기우는 뱃머리에서 땀 흘리며
누가 손을 얹는구나 내 어깨에.

(湖西文學 1983. 8. 15.)

연신(戀身)

바위 밑에 깃발을 꽂고
하늘에 솟은 비연(飛鳶)은
땀 흘리다 눈이 멀고

매화(梅花)가지 끝 갯바닥을
청맹과니 되어 나부끼네
금 잉어 지느러미.

(湖西文學 1983. 8. 15.)

분수(噴水)

아직도 선명해지려는 의지로
무지갯발이 되어 절고 있는가

철 늦은 뻐꾸기 같은 울음으로
빈 길에서

흰 빛으로 뜨는 달
산 마루에 머문 구름 너머로
밑돌을 빼서 괴는 아침

갈피마다 형용사만이
질펀한 수평을
상오의 하느르 후미진 곳으로
떨어져 내리는가
낙엽소리를.

(湖西文學 1994. 11.)

제 2 부

失鄕 - 없는 길도 여는 것을

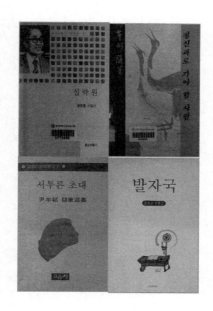

산마을에 오는 비

길을 가다 비를 만나게 되면 나무나 추녀 밑으로 들어가 피하게 되는데, 아무래도 젖게 마련이다. 어쩌다 동성인 남자 우산 속으로 들어가고 싶어도 용기가 안 나고, 여자 우산 속으로는 더더구나 들어설 수가 없다. 이쪽에서 우산을 받고 갈 때도 그래서 여성들을 불러들이자니 이상한 눈빛으로 볼 것이고, 남자를 들이려 하다가도 선뜻 내키지 않아 피차가 그대로 간다. 이것은 서로가 옹졸한 탓이다.

아이들 가운데는 물독에 빠진 쥐처럼 비를 맞으며 쏘다니는 아이가 있다. 심리학에 의하면 이것은 욕구불만의 증상이라 한다. 기쁨이나 슬픔 따위로 충격 상태에 있을 때가 그러하다는 것인데, 나도 비가 오면 공연히 마음이 들뜨곤 하던 때가 있다. 육친과 남북으로 갈린 쓰라림이 그렇게 했던 모양이다.

광복 다음 해, 그해 여름은 한 달 내내 비가 내렸다. 지금같이 여행도 생각할 수 없는 때여서 하숙을 하던 산마을 사랑방에서 하는 수 없이 한 달 동안을 갇혀 지냈다. 흙내가 나는 방이었지만, 주인 영감이 군불을 넣어주곤 해서 부숭부숭하게 지낼 수가 있었다. 그는 담뱃대에 부싯돌을 쳐서 불을 붙여 물고는 객지에서 몸이 성해야 한다면서 한사코 나를 아랫목으로 다가 앉으라 하였다. 내가 신세를 지던 그 농가는 유천(柳泉)화백의 그림에서 볼 수 있는 그런 초가이다.

여남은 집 모여 사는 산촌에 진종일 내리던 비가 너누룩하면, 장닭의 목청이 유장(悠長)하게 들린다. 저녁을 짓는 안채의 부엌에선 젖은 보릿짚 때는 소리가 요란해진다. 보릿짚을 땔 때는 덜 털린 보리알이 튀는 소리가 난다. 연기가 마당으로 기어 퍼지고, 마을의 추녀마다 모연(暮煙)이 감돌면, 앞산 허리에는 자하(紫霞)의 띠가 둘린다. 산마을에 내리는 비의 정(情)은 이래서 운치의 극을 이룬다.

서울에 와 살게 되면서 나는 비 오는 날의 그런 서정과 소원해졌다. '미도파에 비는 내리는데…' 하고 서울의 우정(雨情)을 노래한 시가 있으나, 나는 서울의 빌딩이 내리는 비에 정을 못 느낀다. 비는 옛날이나 지금이나, 고달픈 연인과 시인에게 고독과 시름과 회상을 안겨준다. '거리에 비 오듯이 내 마음속에 눈물비 오네?' 하고 서구의 시인은 노래했지만, '밤비 내리는 어둠 속에 나무 열매 떨어지는 소리. 고요한 등불 아래 우는 풀벌레 소리여(雨中山果落 燈下草蟲鳴)' 하고 동양의 시인은 자연의 시심을 노래했다.

비 오는 날의 연인의 우산 속은 감미롭다. 아무도 없는 산길 우산 속에서 지난날 나는 좋아하는 사람의 손목 한 번을 잡아보지 못하고 함께 우산을 받았다. 요새는 곁에 사람이 있어도 거리낌이 없는 젊은이들을 본다.

한자용어에는 우(雨)자를 쓴 말이 많다. '雨'자를 붙이면 만들어지는 말이 또 많다. '우촌(雨村)'은 글자대로 비 오는 마을이다. 평범한 이 말이 자전에 올라 있는 까닭을 생각해 본다. 이 말에는 선인들의 풍류가 들어 있음을 알 수 있다. 아련한 연하(煙霞) 속에 잠긴 마을—그 수묵

색운(水墨色韻)에 숨어 있는 마을이 우촌이다.

농촌 사람들은 봄비는 잠비요, 가을비는 떡비라고 했다. 그러나 지금은 그 춘곤을 풀어주던 봄비가 낮잠을 자게 하는 여유의 구실을 하지 않는다. 비닐하우스로 삶의 내면이 각박해져가는 농촌 인심-울타리와 사립문 대신 시멘트 블록 담이 높아진 농촌에는, 지난날의 빗소리 속의 한가롭던 서정이 사라졌다. 객지에서 몸 성해야 한다면서 한사코 나를 아랫목으로 앉히던 늙은 농부의 정-그때의 그 마을엔 지금도 비가 올 테지만, 도시에 와서 사는 나는 지금, 마음을 적시던 그 노농(老農)의 인정(人情)의 비를 맞고 싶다.

(1979. 8.)

떠날 줄 모르는 여인

　동네 밖을 한참 벗어난 산 밑에 물레방앗간이 있고, 겨울이면 그곳이 곧잘 걸인들에게 숙소가 됐다. 여남은 살 때의 고향 얘기지만, 그 물레방앗간에 장발을 하고 누더기 위에 마대를 망토처럼 걸친 중년 걸인이 있었다. 무엇인지 알아들을 수 없는 말을 혼자서 숙설거리며 다녀 사람들은 그를 숙설거지라고 불렀다.

　하지만 정작 밥을 얻으러 와서는 아무 말도 하지 않고 대문간에 우두커니 서 있을 뿐이었다. 정신 이상의 이 걸인 모습은 지난날 한때의 나의 모습 바로 그것이었다.

　1950년 12월 말, 민족상잔의 비극이 다시 고조되고 있을 때이다. 서울의 청장년들은 중공군 침입으로 재현될 적치(赤治)를 벗어나기 위해 '국민방위군'이란 이름으로 마산까지 전략적 남행을 해야 했다.

　서울의 외곽을 벗어나 망우리 고개를 넘어서자, 북한강 기슭 밤길에는 칼바람에 눈보라마저 거세었다. 만성적으로 병약했던 나는 처절한 상황의 운명을 향방 없는 발길에 맡겼을 뿐이었다. 소금물에 뭉친 하루 두 덩이의 밥이 생존을 건 전부였고, 이것이 장장 20여 일의 도보행군을 버티게 한 유일한 보급품이었다. 지금은 역사의 갈피 속에 잊혀진 지 오래 되나, 이 대열이 희대의 독직사건(瀆職事件)-수십 만 장정을 굶어죽게 하고 폐인을 만들었던 국민방위군 대열이다.

호남지방으로 내려간 난민들은 인심이 후했다는 후일담이 있다. 그러나 타들어가는 물꼬에 모여든 올챙이처럼 함빡 쓸어다 풀어놓은 판이어서 어느 고장의 인심인들 별도리가 있을 수는 없는 일이었다.

마산으로 삼천포로 종착점도 없이 끌려 다니던 기아(飢餓)부대는 급기야 무장지졸(無將之卒)이 되었고, 하루아침에 걸인부대로 전락하였다.

장정들은 걸식에 이골이 나기 시작했으나, 나에겐 감당하기 어려운 일 중에서도 당해내기 어려운 일이었다. 인정(人情)의 대명사격으로 열려 있던 사립문들도 집집마다 잠긴 지가 오래였다.

지금도 기이하게 여기는 것은 그런 상황에서 어떻게 내가 우물가의 젊은 아낙의 뒤를 따랐는지 모를 일이다. 아낙들의 냉랭한 눈총을 받아야 했던 때에 앞장을 서며 따라오라는 여인의 뒤를 따라 사립문을 들어섰을 때, 방안에선 아침상 수저 소리가 평화로웠다.

여인은 더운 국밥을 말아 주면서 추위에 상한 나를 부엌으로 들여세웠다.

"퍼뜩 자시이소, 시부모가 아시믄 안됩니더."

여인의 말에 급히 퍼 넣으려 했으나 목에 걸려 넘어가질 않았다. 목을 메게 한 것은 국밥이 아니라, 어느 새 여인이 어머니상으로 바뀌어진 까닭이었다.

"날마다 장정들 사정을 딱하게 여기다봉이 내 먹을 게 없능기라요."

목이 멘 나는 대꾸할 말을 찾지 못하였다. 어머니처럼 어루만져주는 여인, 그에게 나는 누구였을까. 전쟁마당에서 뼈와 가죽만이 남아 돌아온 남편이었을까, 모성애로 감싸야 했던 아들이었을까.

'숙설거지' 모양의 말없는 나에게, 숨어서 자기 몫을 내주던 여인-환영(幻影)조차 그릴 수 없는 고령(高靈) 땅의 그때 여인은 지금도 내 곁에서 떠날 줄을 모른다.

(湖西文學 제16집 1990. 11.)

오음실 주인

　내 집 마당가엔 수도전(水道栓)이 있다. 마당이라야 손바닥만 해서 현관에서 옆집 담까지의 거리가 3미터밖에 안 된다. 그 담 밑에 수도전이 있고, 시골 우물가의 정자나무처럼 오동나무 한 그루가 그 옆에 서 있다.

　이른 봄 해토(解土)가 되면서부터 가을까지 이 수돗가에서 아내는 허드렛일을 한다. 한여름에는 온종일 뙤약볕이 내려 적지 않은 고초를 겪어 왔다. 좁은 뜰에 차양을 할 수도 없어서 그럭저럭 지내 오던 터에 몇 해 전 우연히 오동나무 씨가 날아와 떨어져 두 그루가 자생하였다. 처음에는 어저귀싹 같아서 흔하지도 않은 웬 어저귀인가 하고 뽑아버리려다가 풀도 귀해서 내버려두었다. 50센티 가량 자라났을 때야 비로소 오동임을 알았다.

　이듬해 봄에 줄기를 도려냈더니 2미터 가량으로 자라 한 그루는 자식놈 학교에 기념식수감으로 들려 보냈다. 오동은 두어 번쯤 도려내야 줄기가 곧게 솟는다. 이듬해 봄에 또 도려냈더니 3년째에는 훌쩍 솟아나서 대인의 풍도답게 기(箕)만큼씩한 큰 잎으로 그늘을 드리우기 시작했다. 올해로 5년째, 그 수세는 대단해서 나무 밑에서면 하늘이 보이지 않는다.

나무의 위치가 현관에서 꼭 2미터 반 지점에 서 있다. 잎이 무성하면 수돗가는 물론이고, 현관 안 마루에까지 그늘을 드리워 여름 한철의 더위를 한결 덜어준다. 한 가지 번거로움이 있다면, 담을 넘어 이웃으로 벋는 가지를 쳐주어야 하는 일이다.

더위가 한창인 8월에도 처서만 지나면, 가지 밑의 잎들이 떨어져 내린다. 그래서 이웃으로 벋은 가지를 쳐주어야 하는데 그럴 때마다 짐짓 오동나무가 타고난 팔자를 생각하게 된다. 바람을 타고 가던 씨가 좋은 집 뜰을 다 제쳐놓고, 하필이면 왜 내 집 좁은 뜰에 내려와 앉았단 말인가.

한여름 낮, 아내가 수돗가에서 일을 할 때면, 오동나무 그늘에 나앉아 넌지시 얘기를 건넨다. 빈주먹으로 내게로 온 아내를 오동나무에 비유하는 것이다.

"오동나무 팔자가 당신 같소. 하필이면 왜 내 집 좁은 뜰에 와 뿌리를 내렸을까."

"그러게 말이오, 오동나무도 기박한 팔자인가 보오. 허지만 오동나무는 그늘을 만들어 남을 즐겁게 해주지요, 우리는 뭐요."

"남에게 덕을 베풀지는 못해도 해는 끼치지 않고 분수대로 살아가는 것이 아니겠소."

구차한 살림 속에서 오동나무의 현덕(玄德)만큼이나 드리워진 그늘을 의식한다.

이전에 함께 학교에 있었던 S씨의 말이 나이 들수록 가슴으로 젖어 든다. 고된 일과를 마치고 막걸리 잔을 나누던 자리에서 그는 찌든 가사 얘기 끝에 아내의 고마움을 새삼스레 느낀다고 하였다. 여러 자녀를 데리고 곤히 잠들고 있는 주름진 아내를 밤늦게 책상머리에서 내려다 보면 미안한 마음뿐이더라고 했다. 나잇살이나 먹으니 내조가 어떤 것인가를 알겠더라며 그는 헤식게 웃었다. 진솔한 그의 고백이 가슴에 와 닿는 게 있어 점두(點頭)를 했던 일이 오래 전 일이건만 어제 일 같다.

언젠가 충무로를 걷다가 길가에 앉아 신기료장수에게 구두를 고치고 있는 중년 여인을 본 일이 있다. 그 여인상이 머리에서 지워지질 않는다. 거리에서 구두를 고치던 중년이 돋보이는 내 나이-생활이란 것이 무엇인가를 조금은 알 듯하다. 내게로 온 이래 손톱 치장 한번 한 일이 없이 푸른 세월을 다 보낸 아내를 보면, 살아가는 길이 우연처럼 생각된다.

세사(世事)는 무릇 인연으로 맺어지는 것이라 하던가. 남남끼리 만나 분수대로 인생을 가는 길목에 오동나무 씨가 날아와 반려가 된 것도 그런 것이라 할까.

좁은 뜰에 나무의 성장이 너무 겁이 나서 가지 끝을 잘라 주었다. 여남은 자 가량으로 키는 머물렀지만, 돋아나온 지엽(枝葉)이 또 무성해서 지붕을 덮는다.

이 오동의 천수는 예측할 수 없고, 내가 이 집에 머무는 한은 그늘 덕을 입게 될 것이다. 이사를 하게 되면 벨 생각이지만, 오동은 벨수록 움이 나와 다음 주인에게도 음덕을 베풀 것이다.

요새 사람들은 이재에 밝아 오동을 심지만, 선인들은 풍류로 오동을 심었다. 잎이 푸를 때는 그늘이 좋고, 낙엽이 지면 빈 가지에 와 걸리는 달이 좋다. 여름엔 비 듣는 소리가 정감을 돋우고, 가을밤엔 잎 떨어지는 소리가 심금을 울린다.

오엽(梧葉)에 지는 빗소리는 미상불 마음에 스민다. 병자호란 때 강화성이 떨어지자 자폭한 김상용(金尙容), 그분은 다시는 잎 넓은 나무를 심지 않겠다 하고, 오엽에 지는 빗소리에 상심(傷心)과 장한(長恨)을 달랬다 한다.

달은 허공에 떠 있는 것보다 나뭇가지에 걸렸을 때가 더 감흥을 돋운다 하였지만, 현관문을 열고나서면 오동나무에 걸린 달이 바로 이마에 와 닿는다. 빌딩가에 걸린 달은 도심의 소음너머로 플라스틱 바가지처럼 보이지만, 내 집 오동나무에 와 걸리면 신화와 동화의 달로 되돌아 간다. 그리고 소녀의 감동만큼이나 서정의 초원을 펼쳐 주고, 어린 시절의 고향을 불러다 준다.

선조 때 문신에 오음(梧陰)이라고 호를 가진 분이 있다. 그의 아우 월정(月汀)과 더불어 당대의 명신이로 불린 분이다. 호는 인생관이나 취향에 따라 짓는 것이라 하지만, 아우 되는 분의 월정에선 재기가 번득이고 감상적이며 맑고 가벼운 감이 있으나, 오음에서는 중후하고 소박하고 현묵함을 느끼게 한다.

두 분의 성품이 그랬는지는 알 수 없으나 오음 쪽이 깊은 맛이 난다. 내 집 오동나무의 그늘을 따서 나도 오음실 주인(梧陰室主人) 쯤으로 당호를 삼고 싶지만, 명현의 이름이나 호는 함부로 따 쓰는 법이 아니라고 한 할아버지의 지난 날 말씀이 걸려 선뜻 결단을 못하고 있다.

처서까지 오동은 성장을 계속해서 녹음은 한껏 여물고 짙어진다. 음 7월을 오추(梧秋) 또는 오월(梧月)이라고 부르는 뜻을 알만하다. 예부터 오동은 거문고와 가구재로 애용되고 있는 것은 누구나가 알고 있는 일이다.

편지에 쓰이는 안하(案下)니 하는 글자 외에도, 책상 옆이라는 뜻으로 오우(梧右) 혹은 오하(梧下)라고 쓰는 것을 보면, 선인들은 으레 책상을 오동으로 짠 것 같다. 동재(桐材)가 마련될 때는 친구에게도 나누어서 필통도 깎고 간찰꽂이도 만들어 볼까 한다.

　무료하면 오동나무를 쳐다보게 되고, 그럴 때마다 찌든 내 집에 와 뿌리를 내린 오동나무가 그저 고맙기만 하다.

(1979. 한국일보 신춘문예 수필 당선)

실락원(失樂園)

천방지축 세상 물정을 모르던 시절로 돌아가고 싶다. 가진 자와 없는 자 사이의 갈등과 변화하려는 세력과 이를 저해하려는 세력 간의 다툼을 모르던 때가 그립다. 그 때로 돌아가 가난에 허덕여 찢어진 고무신 짝을 벗어내 던지지 못한 일들이 오히려 아프고도 정겹게 다가온다.

여우가 죽을 땐 태어난 곳을 향한다던가. 앓으나 누우나 고향산천의 이 골짝 저 산모퉁이 오솔길을 따라 간다. 낮은 산자락과 논배미 따위에 붙여진 이름도 흘러간 시간을 짚어보게 한다. 냇물이 합수(合水)된 웅덩이에 개구리처럼 뛰어 들던 곳. 인가도 거치지 않아 맑게 흐르는 물을 손으로 떠 마시던 곳, 이런 곳이 사람 살 곳인 줄도 모르면서….

마을의 꼭대기에 자리 잡은 내 집 뒷동산엔 철따라 꽃이 피었다. 축동(築垌)을 멀리 내려다보면서 사흘에 한번 오는 우체부를 보곤 했다. 제복이 양복이어서 처음 보는 아이들의 눈에 신기하였다. 소년시절 시골은 그런 모습으로 조용하였다.

축동 끝 언덕 위엔 고목이 울창해서 철따라 찾아드는 새들의 낙원이었다. 뻐꾸기, 꾀꼬리, 붉은 댕기로 치장한 딱따구리 등이 새끼를 쳤다. 이따금 딱따구리가 고목을 쪼아대는 소리가 마을의 적막을 깼다. 물

논에 봄볕이 한가로우면 황새가 먼저 와 우리가 건져 먹을 우렁이를 다 먹어치웠다. 이렇듯 딱따구리나 황새를 보아오던 내게는 귀 설지 않은 익숙한 놈들인데, 요새 이것들의 씨가 말라 사라져 간다고 하여 야단법석이다. 과학이 발달하니까 할 일도 많은 세상이 되고, 그놈들이 사람보다 대우를 더 받는 꼴이기도 해서 바뀌는 세태에 입안이 씁쓸해진다.

산야에는 먹을 것이 있었다. 논두렁의 싱아와 찔레도 꺾어먹고, 달게 익은 오디를 따먹었다. 이렇던 것이 지금은 모두가 돈으로 바뀌는 것을 보면서 아득한 그 시절로 나는 돌아가 보곤 한다. 그리고 슬프도록 아름답던 진달래에 취하곤 한다.

서울에 처음 왔을 때이다. 이상한 것이 한두 가지가 아니었으나, 흙으로 짓지 않고 시멘트와 벽돌로 지은 집들이었다. 물을 사먹는 일도 기이하였고, 어딜 가나 옥로수(玉露水) 같은 물을 마음껏 마시던 일을 생각하면서 별세상에 왔구나 하였다. 더욱 기이했던 것은 한 낮에도 대문을 걸어 잠그는 일이다. 날이 밝으면 밤이 이슥할 때까지 잠그지 않았던 시골 버릇으로 이상한 나라에 온 것 같았다. 어린 속으로 생각하기에도 인심이 야박하였다.

할아버지의 거처인 사랑채에는 항상 개방되어 있었고, 해가 저물면 누구나 길 가던 사람이 쉬어갔다. 그때의 나들이옷은 아버지나 할아버지나 흰 두루마기이다. 그런 옷을 입은 길손을 보면, 사람을 의심하지 않는 때여서 어린 마음에도 정겨웠다.

지금 나는 유약한 어린 시절을 회고적 감상으로 그리고, 궁핍하던 시절을 미화했다. 그러나 이것은 나의 회고적 감상이 아니고 유약한 미화도 아니다. 내가 가야할 방향을 잃은 듯 세상이 동물을 닮아가고 인류이 깨진 까닭이다. 사람들은 안락의자에 앉아 지구 반대편 사정도 손바닥 보듯 하면서, 더 없는 행복을 누리며 산다고 믿는다. 그런데 궁상맞은 얘기를 왜 하느냐 하겠지만, 세월은 이미 구원받지 못할 곳으로 떨어졌다. 살인을 하고도 죄 지은 줄 모르고, 거금을 훔치고도 예삿일로 여긴다. 아직도 가슴에는 뒷동산의 꽃들이 보이지만, 신기루가 된 채 먼 곳으로 사라졌다.

　누님들이 오르내리며 산나물을 뜯던 동산-그 동산에, 도시를 스친 바람이 분다. 사람이 없는 그 동산에 낙엽처럼 윤리의 시체가 쌓인다.

(2005. 5.)

홍은동(弘恩洞) 참새

뜰에서 쌀가마니를 퍼 옮기다가 쌀 톨을 흘렸더니 어떻게 알았는지 참새들이 날아들기 시작했다. 삽시간에 여남은 놈이 담장 위에 한 줄로 앉더니 저희끼리 지껄이기만 하고 땅으로 내려앉으려 하지를 않는다. 날만 새면 창문 앞 전선에 와 앉아서 나와는 마주 보는 사이인데도, 고놈들은 내 눈을 기기만 하고 곁을 주려 하지를 않는다.

한참 듣고 있자니까 고놈들의 지껄이는 소리가 여느 때와는 다르다는 것을 알았다. 한 놈이 유독 '쩍쩍'하면, 저쪽 끝의 놈이 '쪼쪼'하고 묘한 소리로 응답을 한다. 포식거리가 생겼지만 경계하라는 것이 분명했다. 그러면서도 연신 나를 내려다보다가 정면으로 시선이 마주치면 포르릉 날아갔다 이내 되돌아와서 또 야릇한 소리를 내는 것이었다. 내려앉아 먹자커니, 안 된다커니 하는 모양이다.

고놈들의 눈치를 채고 짐짓 안보는 체하며 가마니를 털고 나서 마당에 흩어진 쌀 톨을 그대로 두고 방안으로 들어왔다. 그리고 반쯤 열어 놓은 창틀에 눈만 내밀고 내다봤더니, 그제서야 내려앉아 쪼아 먹기 시작한다. 그런데 그 쪼아 먹는 품이 더없이 얄미웠다. 한 번 쪼고는 머리를 들어보고, 또 한 번 쪼고는 고개를 든다. 그러다가 내 눈매가 흔들리는 듯하자 일제히 담장 위로 날아오른다. 모이가 다 없어질 때까지 쳐다보는 법이 없는 닭과는 너무도 다르다.

그 꾀에 혀를 차면서 다시 창 밑으로 몸을 숨겼다. 잠시 후 조심스레 머리를 들었을 땐, 고놈들은 앞서보다도 더 민첩하게 담장으로 날아올랐다. 그리고 나서 아까와는 또 다른 목소리로 까불대던 몸짓도 뻣뻣해져 가지고 고개를 곧추든 두 놈이 주고 받는다. 한층 경계하라는 모양이었다.

하는 양이 가소로워 다시 움츠리고 앉아 지켜보았다. 이번엔 더 동안이 떠서 내려앉기 시작했으나, 내가 머리를 쳐들었을 땐 담장 위가 아닌 아주 먼 곳으로 날아가 버렸다. 더 버틸 수가 없어 얼마 후 나가봤을 땐 깨끗이 주워 먹고 간 뒤였다.

어느 날 창가에 와 노는 놈들을 보면서 혼자 웃음을 금치 못했다. 앞집 굴뚝 가에서 노는 탓으로 고놈들의 몸뚱이가 굴뚝새처럼 돼 있는 것이다. 제 놈들이 약은 체는 해도 목욕은 못하는구나 하였다.

겨울, 포동포동 살 오른 놈을 보고 참새를 잡아먹던 시절을 떠올렸다. 눈 내린 겨울 아침, 여물(쇠먹이)을 썰고 나면 나락이 떨어진다. 사방이 눈에 쌓인 고놈들이 그것을 그대로 지나칠 리 없다. 함빡 내려앉는 곳에 채반이나 맷방석을 고이고, 고임대에 새끼줄을 매서 문구멍으로 끌어들인다. 눈치 빠른 놈이라 해도 덫 속으로 들어가지 않고는 못 배긴다. 이때 방안에서 줄을 낚아채는 촌동(村童)들의 계교엔 놈들의 꾀인들 도리가 없다. 그런데 걸려들지 않는 놈이 있어 다시 덫을 놓아보지만 그때는 이미 이쪽이 어리석은 꼴이 된다.

참새의 꾀에는 옛사람도 혀를 찼다. 큰 놈은 꾀가 많아 아예 잡을 수가 없고, 잡히는 놈은 먹이를 탐내는 새끼참새라고 했다. 먹는 데만 눈을 파는 새끼참새를 비유해서 공자(孔子)도 후손에게 훈계를 한 글이 보인다. 새끼참새의 속성을 잘 관찰한 교훈이다.

약삭빠른 자를 가리켜 참새 알 굴레 씌워 걸방으로 멘다 한다. 이를테면 신문에 내는 부고에 자녀가 외국에 나가 있는 국명을 표시하는 것도 그런 예이다. 친구로 사귀어도 자녀들과는 안면도 없이 지내는 세태 속에서, 해외거주 자녀이름을 상관도 없는 사람에게 광고를 한다. 부하직원의 사정은 외면하면서도, 상사의 가족 생일까지 수첩에 적어 가지고 다니는 이도 있다.

명함에 '특선작가'라고 박아가지고 다니는 일, 박사학위를 가짜로 받는 일, 줄 사람은 생각지도 않는데 문학상을 타겠다고 나서는 것 따위는 참새 알 걸머메고도 남는 꾀다.

참새는 외양부터 그렇고, 짖는 소리나 몸짓 등에 어수룩한 데라고는 없다. 내 집 곁에 살면서도 그토록 눈을 흘길 수가 없는데, 그러면서도 놈들은 인가를 멀리 떨어져 살려고는 하지 않는다.

내가 사는 홍은동 일대는 얼마 전까지만 해도 시골이었다. 그러나 지금은 도회의 복판이 되고 말았다. 조금만 벗어나도 살기 좋은 시골이건만, 무얼 바라고 고놈들은 서울 복판에 눌러 사는지 알 수가 없다. 어쩌다 서울에서 살게 된 나처럼, 놈들도 별수 없이 그렇게 됐다는 말인지, 날개를 가지고도 공해 속을 벗어나지 못하는 꼴을 보면, 옮겨만 앉아도 부동산 재미를 보던 세월에 주변 없이 한군데서 15년 동안을 붙박여 사는 나나 다를 게 없다. 약은 체하면서 살고는 있지만, 고놈이나 나나 헛약은 게 분명하다.

(主婦生活 1980. 4.)

운심무심(雲心無心)

잿빛 구름 속에서 겨울 해가 얼어붙으며 저물어 가던 1950년 12월 4일 임진강 상류 듬밭 나루터에는 함박눈이 쏟아지고 있었다.

동란(動亂)의 전세(戰勢)가 불리해지자 남(南)으로 향한 나의 마지막 길에는 포성(砲聲)이 진동했고, 나룻배 선상에는 앞길의 고난을 예고나 하는 듯이 눈발이 강바람에 어지럽게 흩날려 시야(視野)를 가렸다.

언제 이 배를 또 타볼 것인가.

상잔(相殘)의 일진일퇴(一進一退) 속에서도 누대(累代)의 산소 곁을 떠나지 못해 남아 계신 아버지와 어머니를 생각하며 강(江)나루를 건넜다.

그로부터 29년.

어머니의 얼굴은 지금도 나루터에 쏟아지던 그날의 함박눈의 눈발에 가려 명멸(明滅)한다.

남아(男兒)가 청운(靑雲)의 뜻을 품고 향리를 떠나는 거야 무슨 애깃거리가 되겠는가. 그러나 혈육들이 한(恨)을 품고 서로 돌아서야 했던 산하(山河)——시간이 흐름에 따라 고향 생각이 나면 머리를 들어 밤

하늘의 성좌(星座)로나마 그 위치를 찾아 봐야 하는 회포를 모르는 사람에게는 남의 일이다.

민통선(民統線) 북방인 고향으로 가는 길목의 그 나루터를 찾은 것은 종다리가 우는 봄날이었다.

30년 가까이 떨어져 눈설어진 지형(地形) 속에서도 옛 모습대로의 강벽(江壁)과 그 강벽 위의 느티나무 한 그루가 먼저 반기고 있었다.

강물은 여전히 흐르고 있었지만, 쉬어 가던 옛 주막은 풀 속에 주춧돌로 남아 있을 뿐, 낯익은 얼굴들은 남북(南北)으로 갈려 보이질 않는다.

출입경작인(出入耕作人)의 손길이 닿은 논도 낯이 설어지고 무성한 풀밭에는 접근을 막는 금줄이 쳐져 지뢰가 묻혀 있는 것을 알려 준다.

아직도 끝나지 않은 일촉즉발(一觸卽發)의 이 원죄(原罪) 선상(線上)에서 나는 무엇을 생각해야 한다는 것일까.

하늘에다 대고 웃을 수도 없는 인간(人間)의 작위(作爲)에 잠시 눈을 감아 볼 수밖에 없다.

바람이 한 줄기 신록(新綠)의 향훈(香薰)을 안겨주고 지나가면 지뢰밭엔 도로 정적(靜寂)이 아물어 들고 노랑나비 한 마리가 빈터를 난다.

담배 한 대를 피어 무니 가슴에 서리는

—어쩌다 이 꼴이 됐노.

—이 원죄는 너무하다.

〈비잇종 빗쫑 비이 비이 비이〉

산새 한 마리가 지뢰밭 금줄에 와 아까부터 울고 있다.

그 새소리는 아무리 들어 봐도 산새의 울음소리가 아니다.

—이제 울음일랑 거두세요. 어머니.

하늘 어딘가를 날고 계시다가 지뢰밭 금줄에 와 앉으셨을 나의 어머
니.
……

이 가혹한 역사를 누가 만들었다고 할 수 있을 것인가. 한을 품고
어머니가 산새가 됐다 해도 내가 이 일을 어찌해야 한다는 것인가.

하늘엔 구름만이 떠가고 있을 뿐이다. 인간사를 모르며 떠가고 있을
뿐이다.

구름은 무심하다.

(湖西詩選 제4집 1980. 10.)

가난한 마음

B씨가 고안해서 사용신안 특허를 제출한 재떨이는, 가정에서는 물론, 병원 학교 호텔 등 큰 건물 화장실 벽에 편리하게 걸어 놓을 수가 있다.

꽃꽂이로도 쓸 수 있고, 연필꽂이가 되기도 해서, 사무실 책상 마구리나 아이들 공부방에도 달아줄만 하다. 여러 가지 색깔이 고운데다가 모양도 예쁘고 아름답게 만들어져 있다.

이 재떨이 사업에 많은 돈을 들여 놓고 B씨는 꿈에 부풀어 있었으나 예상과는 다르게 암초에 부딪히고 말았다. 까닭이 있었다.

어느 빌딩 화자아실엘 들어갔더니, 벽에 붙여진 자리엔 걸어놓는 갈고리만이 남아 있고 재떨이는 모조리 없어져 있었다. 그리고 소변기 옆마다 모두 녹슨 깡통이 철사끈에 매달려 있었다.

나는 서울에 살면서 도심(都心)의 빌딩 안에 들어섰을 때, 웅장하고 화려한 규모에 눌려, 승강구나 계단 쪽을 얼른 못 알아내서 서울에 처음 온 시골아이처럼 어리둥절할 때가 있다. 그리고 나서 새삼스레 현대의 풍요 속에 살고 있음을 의식하곤 했다. 어쩌다 화장실에라도 들어설라치면, 건물의 깨끗한 시설에 더욱 그런 것을 실감했다.

그런데, 앞에서와 같이 깨끗한 화장실에 녹슨 깡통이 매달려 있는 것을 보고, 풍요 속에 가난의 누더기가 붙어있음도 보는 것이다. 그럴 때마다 내 몸에 붙어 있는 누더기로 보여지면서 귓전에 요란한 소리를 듣곤 했다.

—잘 살아보자, 가난을 벗자….

도약이니, 고도성장이니 하는 말에 힘주던 때였던가. 10평 남짓한 아파트를 지어 주택난을 던다는 소식 한편에, 〈지하 3층에다 에스컬레이터 궁전주택〉이란 요란한 풍요(?) 소식에 감탄할 일도 있었던 것이다. 그리고 잘 살아보자는 집념-가난의 한(恨)이 얼마나한 것이었길래 10평짜리 저쪽에, 그토록 한을 푼 것이었을까 했다. 그것으로 과연, 가난한 마음은 풀어진 것일까 했다.

화장실에 걸어놓은 재떨이를 떼어가는 가난, 지하 3층, 에스컬레이터 궁전주택으로 푼 가난-.

가난은 집요하고도 참으로 한스러운 것이다.

(湖西文學 제7집 1981. 10.)

한 다리를 들고 오줌을 누시오

2차 대전 후, 강대국의 예속에서 독립한 나라들은 후진국이란 레텔에다 으레 연상케 하는 것이 하나 있다. 걸핏하면 벌이는 구테타ー. 엎치락뒤치락하는 정변에서 쫓아내고 쫓겨나고 하는 것을 보면, 마치 치기어린 아이들이 벌이는 놀음판이다. 권좌에 앉는 구실이 민생(民生)을 구한다는 것일 테지만, 잿밥에 눈독을 들인 인상이기도 해서 그 나라 백성들이 측은하기까지 하다.

권좌와 부귀영화는 같은 뜻으로 이어지지만, 돈에 얽힌 부정적인 면은 어느 때고 있어 오는 얘기이면서도 한 나라의 정권이 무너지는 이면에는 동서(東西)가 한 가지로 그 부정적 돈의 가치에 기인하고 있음을 보게 된다.

정치적 비리 뒤의 부패된 양상의 근원은 돈의 그러한 부정적 가치로 귀결이 돼 왔음은 우리의 경우도 그것이 수십억 수백억의 부정 축재자의 이름으로 공개가 되기도 했다. 제3공화국 비화(秘話)가 도하 각 일간지에 실려 나오다가 중단이 됐지만, 불과 3년 전까지의 그 영욕의 얼룩들을 망연히 바라다보면서 돈이란 과연 무엇인가를 생각해 보지 않을 수가 없다.

정의로운 사회를 위해서 본연히 일어서지 않을 수 없었던 혁명정신도 결국은 이전투구(泥田鬪狗)의 파노라마로 보여준 사실들….

해방 30유여년-. 우뢰같은 진폭으로 만들어져 나오곤 했던 신조어(新造語)들을 기억에서 되살릴 필요는 없으나, 거의가 정치적 소산이던 이변들을 그러한 신조어로 익히며 역대 공화국을 겪어온 터다. 그 중에서도 백미(白眉)격이라 할 수 있는 〈부정선거〉나 〈부정축제〉 따위는 불망비(不忘碑)처럼 잊혀 지지 않는 말들이지만, 역시 부정선거나 민주주의가 같은 말이 되고 있던 시대의 민권(民權)의 대명사 4.19의거나 또는 민족해방의 대명사 8.15, 그리고 사회적 비중이 어느 때보다도 컸던 5.16정신도 결국은 산마루에 걸렸던 한조각의 구름임은 어쩔 수가 없다. 여윈 땅에 뿌리를 박고 생명력을 버티어 내듯 살아온 것은, 적자생존(適者生存)의 섭리를 익혀온 셈이기도 하지만, 한결같이 영욕의 얼룩이 가르쳐 주는 것은 절대자의 심판이다. 지구가족 가운데의 그런 무대들의 반복이, 번번이 인간의 촌극임을 보면서, 그 권좌가 탐욕의 자리임을 보아왔을 뿐이다.

탐욕에서 시작해서 탐욕으로 끝이 난 역사들-그렇듯 두 차례나(자유당, 공화당) 부정축재자들로부터 재산을 환수 받은 국민의 한 사람이 된 꼴이지만, 그것은 불청객으로 잔치상에 앉은 것만큼 떳떳한 기분은 아니다.

애국 전열에서 벗어난 최 모가 냉방에서 고구마로 끼니를 잇고 있는 만해(萬海)를 찾아갔을 때, 만해는 없다 하라고 만나주질 않았다. 딸아이에게 거금(巨金) 백 원을 쥐어 주고 돌아가자, 만해는 아내를 쫓아보내 되돌려 줬다는 얘기가 전한다. 나라를 판 대가로 주는 작위(爵位)와 거금을 받지 않은 한말(韓末) 지사들의 그것도 만해의 그것처럼 돈

의 정탁(淨濁)을 가려 보여준 교훈이다

귀를 막고 눈을 멀게 하는 것이 돈의 속성(屬性)이긴 하나, 부정축재를 단죄한 인간이 자신들이 그 단죄를 당한다는 것은, 선악과(善惡果)를 딴 인간만이 걸머진 업보(業報)가 아닐 수 없다. 돈과의 거리를 두기도 어렵거니와 밀착이 돼서도 아니 되는 것을 말해 준다.

돈은 벌 때보다도 쓸 때가 어렵다고 하는 것은, 제 돈을 쓰면서도 지탄을 받는 까닭이고, 그것은 옳게 쓰는 사람이 있다는 반증이기도 하다. 깨끗이 벌어서 빛나게 쓰는 사람이 흔하지 않은 까닭에, 〈재떨이와 부자는 쌓일수록 더럽다〉고 속담이 말하기도 한다. 그러나 욕을 먹는 한이 있어도 부자가 돼 보고 싶어 하지 않는 사람은 없다.

그런 사람이 부자가 되는 비결을 학자에게 물었다.

"선생님은 대학자이시니, 뭣이든 잘 아시겠지요. 큰 부자가 되고 싶은데 어찌하면 되겠습니까?"

학자는 쉬운 일이라고 대답했다.

"오늘부터 한 다리를 들고 오줌을 누시오."

사람이 그런 자세로 오줌을 눌 수는 없다.

"한 다리를 들고 오줌을 누라니요. 그건 개가 아닙니까?"

"그렇소! 개가 되는 거요. 사람다우면 큰 부자는 될 수가 없소."

학자의 대답이 옳은가의 여부는 제쳐놓고-. 돈을 벌자면 남다른 데가 있어야 한다는 것만은 부인할 수가 없다.

고종 때 박떠돌이라는 사람은 무식했으나 하루아침에 부자가 됐다. 이(李)모 대신(大臣) 눈에 들어 궁내부(宮內府) 주사가 되고 난 그는, 돈 벌 연구를 했다. 낚시거루만한 헌 짚신 한 켤레를 유리병 알콜에 채워, 사무실 구석에 모셔놓고 날마다 절을 했다. 모오리스라는 영국인이 그것을 보고 그토록 위해 바치는 사유를 물었다.

박떠돌이는 대대로 전해오는 가보(家寶)—조상 박혁거세(朴赫居世)가 신던 짚신이라 했다. 모오리스의 귀는 번쩍 띄었다. 옳다! 저것은 대영(大英) 박물관의 소장(所藏)감이다. 당장 본국으로 가져가면 한몫 볼 것이 틀림없다—.

몸이 달아, 모오리스는 1만 달러까지 주마고 했다. 버티던 박떠돌이는 못이기는 체하고 헌 짚신을 내주었다.

하루아침에 부자가 됐다는 이런 얘기는 돈을 벌자면 정직할 수만은 없다는 논리를 내세우기도 한다.

재벌이란 용어의 사용 빈도가 늘어났고, 1981년도(작년) 수치(數值)로 GNP가 1인당 1,600달러를 넘어서고 있다고 한다지만, 이러한 수치는 후진국의 가난을 벗어버린 것이라고 한다. 하지만 돈과 인연이 먼 사람에겐 여전히 인연이 먼 얘기에 불과할 뿐 아직도 도시 근로자의 절대 생계비가 모자란다는 주장이 있는가 하면, 편재하는 부(富)를 분배하는 쪽으로 힘을 기울여야 한다는 소리가 들리기도 한다. 그러나 이러한 풍요 속에서 〈한탕주의〉 의식은 젊은이 골수 속에서 대낮에도 흉기를 들고 고개를 쳐든다.

돈이란 무엇인가. 최선의 주인이며, 최악의 주인이라고 프란시스 베이컨(영국의 철학자)은 말했다. 돈은 쓸 때가 어렵다는 것을 일깨우고 있지만, 속 빈 자의 주머니 속에 들어가면 오장육부를 뒤집어 놓는다. 실업가도 아니고 상인도 아닌 사람들이 권력형으로 수십억 수백억을 쌓아 놓았다는 얘기는 돈의 그런 속성을 말해 준다.

장개석(蔣介石)이 본토에서 밀려날 때 원조국의 무기가 암시장으로 먼저 나돌고, 상해(上海)에는 외국어를 상용하는 특수 부유층 대문 앞에, 자고 일어나면 굶어 죽는 자가 생긴다는 외신 보도를 종전(終戰) 후(2차 대전) 읽은 적이 있다. 돈이 최악의 주인이었음을 보여 준 예다.

돈은 오물과 흙 같다(錢本糞土)고 한 선인들의 말을 보아도 돈의 악덕(惡德)은 예부터 있어 온다. 아첨하는 자는 돈이 모이지 않는 것을 근심한다고 한 장자(莊子)의 경구(警句)라던가 문신(文臣)은 돈을 사랑하지 않고 무신(武臣)은 죽음을 아끼지 않는다고 한 말들은 돈의 무용론(無用論)을 말한 것은 아니고, 부덕(不德)을 경계한 말이다.

나는 반생을 가난뱅이로 살아가고 있으면서도 부자가 돼 보겠다는 생각은 해 본 일이 없다. 가난을 핑계하는 말이 되겠지만, 내게 당해선 허황되고 부질없는 생각일 따름이며, 지금까지의 얘기가 아무나 부자가 되는 것이 아니라는 것을 말했듯이, 그렇게 자신을 알고 있는 까닭이다.

돈 없이는 살아갈 수가 없다는 것을 모르는 것은 아니나, 그렇다고 해서 한 다리를 들고 오줌을 누면서까지 돈 벌 생각은 할 수가 없는 것이다.

(湖西文學 제8집 1982. 11.)

갈등의 편력(遍歷)

1. 잡초 속의 뜬구름

담 밑으로 모은, 폭 30㎝ 길이 4m쯤의 화단에서 이른 봄부터 눈발이 날리기까지의 계절을 보게 되는데, 어떤 이가 와 본다면 나를 보듯 화단의 무계획과 무성의, 그리고 나태성을 거기서 보게 될 것이다.

씨를 뿌리고 매 가꾸는 것이 아니라 자연 상태로 내버려 두고 있는 까닭이다.

오래전 뒷산에서 캐다 심은 진달래와 다 지고난 국화분 뿌리를 옮겨 심은 것, 그리고 더덕씨를 구해 뿌린 것과 역시 뒷산에서 긁어 온 부엽토에 섞여온 마(山藥)씨, 종로 5가 길거리에서 사다 심은 산나리꽃 한 뿌리가 애초에 심은 것 중의 전부이다.

이것들이 봄이면 싹을 틔워 화단을 어우러지게 하고 있으나 여기에 불청객인 잡초가 끼어들어 잡동사니 화단이 된다. 바랭이 정도를 제외하고는 이 화단에 나는 손을 대지 않기로 하고 있다.

우선 민들레가 절로 나서 봄을 피우다가 솜털을 달고 어디론가 날아간다. 제비꽃도 반가운 불청객의 하나다. 언제 심었었는지도 모르는 나팔꽃에 고양이밥, 거기에다 또 심은 기억도 없는 코스모스·분꽃·해바라기·봉숭아 씨 따위가 절로 싹을 터서 그것도 하나 둘 정도 가을바람에 흔들린다. 산약(山藥)과 더덕은 얽어지고 틀어져서 넝쿨의 정취가 산간(山間) 그것을 방불케 하는데, 누가 봐도 게으른 자의 표본일 수밖에 없다. 허나, 아예 나는 머루·다래·칡 등속을 심어 숨 막히는 마음을 벗어났으면 한다.

임어당(林語堂)의 말을 빈다면, 이 세상에는 망집(妄執)이 없는 사람은 없다. 하필이면 불교도(中國)에다 그는 망집(妄執)의 표본을 들어 두 가지로 크게 분류하기를 명성(名聲)과 부귀(富貴)로 나누었지만, 요약한 말이 매우 흥미롭다.

"전설에 의하면, 옛 건륭(乾隆)황제가 여행을 하다가 바다에 많은 배들이 오가는 것을 보고 신하에게 묻기를, '뱃사람들이 하는 일은 무엇이냐'고 물었다. 신하가 대답하기를, '소신의 눈에는 두 척의 배가 보일 뿐입니다. 배의 이름은 〈명성(名聲)〉과 〈부귀(富貴)〉'라고 합니다."

임어당(林語堂)은 이렇게 요약하고, "교양 있는 사람은 부(富)의 유혹을 물리칠 수는 있어도 명성의 유혹을 물리치기란 위대한 인물이 아니고선 어렵다."고 설파(說破)했다. 내게 당해선 부질없는 예거(例擧)가 되나, 인간에게 두 가지의 망집(妄執)이 없다면 사실 그것은 성인(聖人)이던가 무능력자의 두 가지 중 하나이리라.

그런 의미에서 조그마한 망집을 나는 그의 말에 붙여 보고 싶다. "문인(文人)은 이야기 줄거리나 구상은 전혀 잊고, 아름다운 설경(雪景)이나 봄밤의 정취묘사에만 몰두한다. 저널리스트들이나 정치가들의 자서전에는 대개의 경우 회상록이 많은 것에 반해, 문인의 자서전은 유쾌한 하룻밤의 회상이라든가, 친구와 더불어 어느 계곡에서 놀던 추억이 위주가 된다."고 하고 그는 다시 반문을 하고 러드야드 키플링(1865~ 1936. 영국작가. 시인)이나, G. K. 체스터튼(1874~1936. 영국작가. 비평가)은 그들 생애의 중요한 일화 가운데서 〈인간〉만이 얘기되고 있고, 〈꽃, 새, 산, 냇물〉의 얘기는 왜 전혀 없느냐고 하고 있는 것이다.

이러한 면모를 그로부터 보게 될 때, 나는 한 걸음 나아가 화단을 가꾸지 않아도 되는 나의 게으른 구실을 조금은 변명할 수 있을 듯하다. 인위적(人爲的) 유한(有限)과 자연의 무한성(無限性)을 보는 것이라고나 할까. 잡동사니 화단에선 〈불가항력(不可抗力)〉이란 사유(思惟)의 구름이 돼서 아침저녁으로 내게 다가서고 있는 것이다.

2. 설익은 회귀열(回歸熱)

내가 산문을 쓰게 된 것은 1979년 이후부터가 되는데, 흔히 수필은 다루기 쉬운 장르로 생각을 한다.

"수필의 문학성이 논란의 대상이 되고 있는 사실은 수필문학을 위해 다행한 얘기이나 분명하게 말할 것이 있다면, 아직도 수필을 문학의 영역(領域)으로 보지 않는데 있다는 사실이다. 수필을 쓰는 사람이나 독자들이 파적거리로 누구도 쓸 수 있는 글로 아는 안일한 문제가 된다. 바꿔 말하면, 문학정신의 결여인 것이다. 이른 바 신변잡사를 문장력에 의해 엮어 내면, 잡담 이상의 '수필'이 된다고 생각을 한다."(拙文(졸문) 『수필의 잡문성과 문학성』에서)

나는 수필의 형식을 빌어 말하고 싶을 때, 갈등과 맞서는 작업을 한다. 다만 어떻게 말하느냐(픽션)가 아니라 무엇을 말하느냐(주제의식)이며, 수필이 안고 있는 과제를 의식할 따름이다. 한 사람의 독자를 얻는다면 작품 생명이 하루아침에 머문다 할지라도 나의 발자취이기를 바라 자족하려 하며, 이것은 나의 갈들의 작업을 이어나가게 하는 소이(所以)이기도 하다. 아직도 자리가 잡히질 않았다는 증거일 것이다.

지금에 와서 돌아보면, 글을 써 보겠다는 관심은 꽤 오래되는데, 1945년 초여름 선배 동직(同職)의 서가에서 타골의 시집을 꺼내 읽은 일이었다. 어렴풋이나마 이것이 관심을 갖게 된 동기가 되겠으나, 실은 용부(庸夫)의 뒤늦은 생각이었다.

2차 대전이 고비를 넘고 있을 때다. 서울에서 내려온 문학소녀 B가 촉탁교사로 옆자리에 와 있었다. 그는 일인(日人) 시인이 쓴 시 한 편을 내게 적어 주고 전쟁이 끝나자 서울로 돌아갔다. 타골의 시를 읽는 것을 보고 그는 내게 시를 아느냐고 했으나 나는 문외한이었다.

1945년 8월 15일, 역사적인 그날로부터 두 달이 지나 가을로 접어들고 해방의 열기는 더 술렁였다. 일제(日帝)의 강제징용을 피해 도망다니다가 경기도 K군에서 면서기로 둔갑을 하고 몸을 피하고 있던 Y가 전쟁이 끝나자 나를 찾아 왔다. 두 번째 찾아왔을 때, 그는 동인시지(同人詩誌) 한 권을 주고 갔다.

나는 그가 시를 쓰고 있는 것을 모르고 있었으며, 그의 작품이 실린 동인지도 처음 대했다. 그것은 해방 후 최초로 나온 동인지가 아니었던가 하는데 〈시탑(詩塔)〉이라고 기억한다.

그때까지도 막연히 시를 읽고 월간지의 작품들을 뒤적이며 서점을 드나들었다. 그러면서도 시작(詩作)을 해보겠다는 생각은 하지 않았다.

1949년 10월, 겨울을 재촉하며 아스팔트 위엔 가로수 잎이 뒹굴고 있었다. 을지로 6가에 있는 신문 게시판을 지나다가 〈신인시단〉 설치

기사를 문화면에서 보았는데, 지금의 중앙의료원 건너편에 있었던 〈태양신문(太陽新聞)〉이었다. 누구에게든지 문을 열어 놓고 있다는 말에 3편의 시를 보내 놓고 날마다 그 앞을 지나다녔다. 한 달이 훨씬 지나 단념을 하고 있을 때, 어느 날 Y가 찾아와 술 한턱을 내라는 말에 그것이 활자가 된 것을 알았다.

시를 써 보고 싶은 생각은 비로소 용기를 가지게 된 셈이었으나 자신은 서질 않았다.

12월 어느 날 두 번째로 실려 나왔을 때, 신문사 문화부를 찾았다. 지금의 시경(市警) 건물 5층이었다. 담당기자가 편집국장에게까지 소개를 해서 당황을 했지만, 좋은 작품을 많이 쓰라던 문화부장의 격려도 잊혀지지 않는다.

1950년 봄이던가 명동(明洞)의 시공관에서 베토벤 9번이 처음으로 연주됐을 때, 그날밤 우연히 문화부 기자를 로비에서 만났다. 장만영(張萬榮), 김기림(金起林) 두 시인을 만나게 해 주마며 원고를 보였다고 했다. 그러나 나는 두 시인을 만나지 못했다. 습작품을 들고 다니는 것이 쑥스러웠고, Y에게도 스스럼없이 보일 수가 있었는데도 용기가 나질 않았다. 문화부 기자의 호의를 저버린 것이 지금도 마음에 걸리지만, 그는 연전에 작고한 무용계 원로 조택원(趙澤元) 씨의 자제였다. 편집국에 갔을 때, 검정 두루마기를 입고 있었던 그의 미남형 풍모와 멋이 인상 깊다.

그 무렵 신간 시집은 거의 읽은 것으로 기억되는데, 비운의 시인 윤동주(尹東柱) 유고집을 비롯해서 몇몇 시집들이 기억에 남고 고서점에서 구한 신조사판(新潮社版) 세계문학전집의 근대시인집(近代詩人集)도 곁에 두고 읽었다. 프랑스의 프랑시스 쟘, 이탈리아의 여류 아다

네그리, 러시아의 에세닌, 미국의 칼 센드벅을 즐겼지만, 쟘은 지금도 즐겨 읽는 것 중의 하나다. 동정과 연민과 애정이 도란도란 다가서는 그의 음성-. 무거운 짐을 싣고 배촉대는 나귀의 가련한 모습이 보이고 상처 입은 불쌍한 동물과 가난한 마을 사람에게 정을 쏟고 있는 그의 시에서 광대무변한 신의 은총이 함께 하고 있음을 보곤 했다.

제약받지 않는 분방한 서정에 이끌리면서도, 나는 칼 센드벅에 매료되기도 했다. 유동적인 단순 언어로 수식없이 현실을 드러내 보이는 그의 전통타파에 이끌린 까닭은, 시를 수용하는 나의 태도에 있어서 그것은 심상의 모순에서 비롯되는 갈등을 스스로 안고 있음을 보이는 것이기도 했다. 자연과 관조에 침잠하면서도 시점(視點)은 오히려 상황(狀況)으로부터 떼지 못하는 당착을 나는 그래서 지금도 버리지 못하는 것인지도 모른다.

시를 읽으면서 한편으론 체홉의 단편 정신에 눈을 팔기도 했다. 예술이 천부의 소질에서 가능하다는 것을 알면서도 누구에게도 꿈의 자유가 있음도 알아서였을까, 나의 문학에 대한 집착은, 그러나 한계를 느껴 보기도 했다.

순수와 참여로 혼돈하던 시대를 보내고, 대전(大田)과 인연을 가지게 된 것은 1950년대 중반이 된다. 소위 〈국민방위군〉이란 대열로 마산(馬山), 진주(晉州)까지 끌려내려갔던 전쟁의 쓰라린 체험을 겪고 북상(北上)길에서 주저앉아 소정(素汀)선생의 천으로 동인회의 끝자리를 차지하게 되었다.

이것이 오늘에 이르고 있으나 적어도 나의 문학하는 태도라 할까, 진지하게 도전을 해 본 것은 이 때가 아니었던가 한다.

그러나 시를 쓴다는 것은 의욕의 문제가 아니라 기량의 문제였고,

방법에 있어서도 방향이 잡히지 않고 있었다. '시(詩)'는 나뭇잎이 피는 것처럼, 물이 흐르는 것처럼 자연스럽게 쓰여져서는 안 된다. 피는 나뭇잎, 흐르는 시냇물을 지배하는 것은 자연의 법칙이다. 가치의 법칙은 아니다. 시(詩)는 우선 〈지어지는 것이다〉. 시적(詩的) 가치를 의욕하고 기도하는 의식적 방법론이 있지 않으면 안 된다. 이런 시론(詩論)을 들고 다니기도 했다. 앞에서 말했듯이 아다 네그리나, 프랑시스 잠에 빠져들면서도 상황의 시론(詩論)에 매달렸던 것은, 그것이 나의 갈등의 편력(遍歷)의 시발이었음을 고백하지 않을 수 없다.

〈호서문학(湖西文學)〉이 산고(産苦)를 치르면 나의 나태성도 가중되고 원고를 내라는 편지를 받고서야 스스로 채찍을 대보곤 했으나, 문학 태도엔 여전히 회의적이었다. 이것은 나의 능력에 대한 자신(自信)의 상실이었다.

50대 중반에 들면서 따라와 붙는 것은 욕구적 충동을 표백해야만 하는 허욕만이 남았다. 체념과 회한과 갈등 그리고 그런 것들과 조용한 대산(對産)같은 것이라고나 할까. 이것을 수필이란 형식으로 빌고 있으나, 조용해야 할 대좌는 여과(濾過)되지 않는 갈등으로 맞서게 된다.

몽테뉴가 수상록(隨想錄)을 쓰기 시작한 것은 45세 이후부터라고 하지만, 그는 "내가 무엇을 아는가" 했다. 그의 미학(美學)에 비해서, 오늘의 인파(人波) 속에 갈등과 맞서야 하는 나의 회귀열(回歸熱)은 또 하나의 갈등을 배태한다.

설익은 회귀열(回歸熱)이리라.

(湖西文學 제9집 1983. 12.)

아름다운 모습

명문 대학에서 미술공부를 한 M씨를 우연히 종로에서 만났다. 20여 년 전 출판사에서 함께 일한 적이 있는 그는 내게 추상화 한 폭을 그려 준 일이 있다. 그와 헤어진 이후 몇 번인가 풍문으로 소식을 듣고 있었으나, 나는 늘 그의 뒷소식이 궁금했다. 부인과의 불화를 털어놓으면서 고민하던 모습이 머릿속에서 떠나지 않았던 까닭이다. 부인의 인격과 교양에 불만이라는 그는 미술인이어서 그랬던지 남다른 감성을 지닌 사람이었다.

그가 가정문제를 내게 털어 놓고 얘기했을 때, 그 무렵 그는 출판사 제본부에서 일하는 아가씨 하나를 사귀고 있었다. 하지만 편집부나 공장 사람들은 그들의 사이를 이해하려 하지 않았다. 한 쪽은 명문 대학 출신이요, 한 쪽은 초등학교 밖에 다니지 않았던 까닭이다.

내가 출판사를 그만두고 난 후, 그들의 사이가 끝내 이루어지지 않은 것은 알고 있었으나, 그들의 사이만은 이해하고 있었다. 한 쪽이 무엇에 이끌려서 그랬는지 정확하게 말할 수는 없지만, 두 사람의 사랑의 이유만은 생각해 보곤 했다.

사람에 따라서는 같은 조건 하의 상황이라 해도, 처지에 따라서 생각하는 마음과 보는 눈이 달라진다. 가령 병원에서 일하는 간호원이 밖에 있으면 평범한 사람에 불과하나, 병원 안에 있으면 모두가 아름답게 보이는 것과 마찬가지다. 머리에 모자를 쓰고 까운을 입은 공장의 여종업원도 그렇게 보인다고 하는 사람이 있다. 제본부에서 일하는 아가씨가 M씨의 눈에 들었던 것도 아마도 그런 이유에서가 아니었던가 한다.

앉아있는 신사보다 일하는 근로자가 성스럽게 보인다고 프랑클린이 말했다고 하듯이, 일하는 여인은 더 아름다워 보이는가 보다. 콧노래를 부르면서 일하는 아가씨들을 제본부에서 보았을 때, 나도 그들이 아름다워 보였다. 그들 중에는 동료끼리 결혼한 젊은이도 있었지만, 적은 노임으로도 부지런히 일하던 밝은 표정이 아직도 아름다운 인상으로 내 뇌리에 남아 있다.

얘기가 달라지나, 광복 직후 나는 지금의 부천시인 소사읍(素砂邑)에 한때 머물던 일이 있었다. 그 무렵 소사읍에는 부평의 미군부대에 다니는 주민들이 많았다. 그들 대부분은 성실한 생활을 한다기보다 들뜬 기분으로 하루살이 같은 인생을 살고 있었다. 저녁마다 나의 하숙집 둘레에서는 새벽녘까지 술판이 벌어지곤 했다. 잠을 자려 해도 그 젓가락 장단에 잠을 설치곤 했다. 그들은 다 지어 놓은 농사는 걷어 들일 생각은 않고, 미군부대에서 물건을 빼내다가 술판을 벌이는 것이 일과였다.

그 시절 소사에는 유한양행의 제약공장이 있었다. 아침저녁으로 출퇴근하는 학교 길에서, 나는 그 공장에 다니는 아가씨들과 마주치곤 했다. 그때마다 공연히 얼굴이 달아오르는 것을 감추지 못했다. 총각신세를 면치 못하고 있는 때이기도 했으나, 그들 중엔 누군가가 나와 인연이 있을 것만 같아서였다. 시골길 좁은 논두렁에서 마주칠 때마다,

말 한마디 건네지 못하면서 그런 생각을 왜 했는지 모른다. 고향을 잃어버리고 떠돌던 시절이라 고달픈 생활 탓이기도 했을 터이지만, 그보다는 일하는 아가씨들의 아름다움에 이끌렸던 게 아닌가 한다. 지금도 그렇지만, 팻션 모델에게서보다는 일터의 여인에게서 여성의 아름다움을 더 느끼게 된다.

간혹 TV 화면에서 근로 여성들의 일하는 모습을 보지만, 생활전선의 고달픔을 딛고 일하는 그 모습에, 생활인의 아름다움을 다시 확인하곤 한다. 다만, 내심으로 바라는 것은 분별없는 허상(虛像)들이 땀 흘려 일하는 사람들의 마음을 어둡게 하는 사례가 없었으면 한다. 물줄기를 찾아 올라가면, 그 물줄기의 가녀린 근원을 볼 수 있듯이, 오늘의 한국의 높은 건물을 헤치고 보면, 거기엔 모두 일하는 사람들의 소박한 꿈과 땀이 배어 있다.

일하는 사람의 모습엔 고달픔이 따를지언정 근심은 없다. 그리고 일터에서 부지런한 사람의 표정엔 어둠이 실리지 않는다. 내가 만나던 시골길의 아가씨들도 그런 아름다움을 지닌 사람들이었다. 이제는 초로(初老)를 넘은 길에 서 있을 터이지만, 어디선가 지난날의 일하던 고락(苦樂)을 되새기며 평온한 여생들을 보내겠지 해 본다.

(湖西文學 제12집 1986. 10.)

우리 동네 나으리 집

　백련산 기슭으로 옮겨 앉은지 20년이 된다. 골짜구니인 이 마을로 처음 들어왔을 때는 너무 조용해서, 밤만 되면 깊은 산중 같았다. 둘레가 모두 빈 터인데다가 마을 앞에는 버스도 다니질 않았다. 남들은 개발(開發)에 따른 경제성을 따져 옮겨 다녔으나, 나는 조용한 환경만을 생각해서 한 곳에 붙박혀 왔다. 그러던 것이 빈틈없이 집들이 들어차기 시작, 지금은 전후좌우로 밀집한 이웃의 말소리가 집안까지 들린다. 밤낮으로 소란한 인적과 동네 앞을 달리는 차량의 물결소리가 새벽 썰물 소리처럼 세차다. 좁고 더러운 골목을 누항(陋巷)이라 한다더니, 조용해서 좋던 마을이 글자대로 누항이 됐다.

　후면의 넓은 터에는 내 집보다 큰 집이 들어섰다. 내가 집을 짓고난 뒤에 들어선 것이지만, 모 국장이라는 사람이 지은 것이다. 대문 앞이 넓어서 그곳엔 늘 아이들이 모여들곤 한다. 마땅한 놀이터가 없는 까닭이다. 아이들은 육중한 철대문을 위지해서 술래잡기도 하고 좀 큰 녀석들은 축구공을 날리기도 했다.

　누가 한 말인지는 모르지만, 이 집에는 '나으리 집'이라는 호가 붙었다. 옛날 같으면 당연한 호다. 어느 날 칼날 같은 여자의 목소리가 그

집 대문 앞에서 왁짜지껄 했다. 장독대에 올라 넘겨다보았더니, 어린 여자아이 하나가 붙들려 울고 있질 않은가. 야로를 치는 내용인 즉, 대문에 기대지 말라는 얘기다. 어린 것을 다루는 짓이 상식을 벗어나기에 오지랖 넓게 한마디 하고야 말았다.

그런 일이 있기 전의 일이다. 나으리집 아이가 던진 축구공이 날아들어 내 집 장독 뚜껑을 두어 차례 깬 일이 있다. 처음 당하는 일이 아니긴 했어도, 아이들의 짓이어서 가볍게 일러둘 수밖에 없었다. 나으리 집에서는 물론 알 리가 없는 일이다. 하지만 훈계 삼아 그 일을 한마디 곁들였던 것은, 자식을 기르는 젊은 여자의 짓으로는 지나치고 있었던 까닭이다.

그런데 그 자리를 면키 어려웠던지 어금니를 드러내듯 역습을 하고 나섰다. 뚜껑 값을 다 물어 줄 터이니 청구를 하라는 얘기다. 예로부터 이르기를 논 이웃과 마을 이웃은 잘 만나야 한다고 해온다. 나으리 집의 내조상(內助相)을 보는 듯해서 얘기를 끊고 돌아서고 말았다.

그 일이 있고 나서 그랬을 리는 없을 터이지만, 동네사람 입에는 나으리 집이 오르내리고 있었던 모양이다. 새마을 사업으로 골목이 보도블럭으로 단장이 돼 가고 있을 때, 무슨 까닭인지 그 집 문전만이 빠지고 있었다. 마치 이 빠진 모양이어서 동네가 어울리질 않았다. 그 후, 도망쳤을 리야 없겠지만 그들은 소문도 없이 어디론가 사라지고 말았다.

나으리집 주인은 그 후로도 몇 차례 바뀌었다. 어느 날 새로 이사를 와서 짐을 푸는 주인에게, 이웃이 되었노라며 환영 인사를 건넸다. 자신이 밝힌 것은 아니지만 무슨 금융기관의 '장'이라 했다. 기사가 문을 여닫아 주는 차에 실려 아침마다 느즈막하게 나가는 것을 보고, 그도 나으리집에 살만한 사람이라 여겼다.

하지만 그런 것에 개의할 것 없이, 나는 고무신짝을 꿰고 내 집 뒤인 그 집 문 앞을 드나들었다. 그런데 이런 내 몰골이 그의 눈엔 자신의 직장 늙은 사환만도 못하게 비쳤던 모양이다. 열등의식이라고할 사람이 있겠으나 그것은 천만의 말씀이 된다. 비록 내 집이 작고 초라하긴 하지만 나으리집에 대해 하등에 내가 거리낄 일이 없고, 그가 타고 다니는 승용차로 말해도 그런 것은 이미 부(富)나 권세를 과시하는 상징물이 아니다. 그럴뿐더러 좀도둑이나 사기꾼까지 몰고 다니는 물건이니, 열등의식은 당치도 않은 얘기다. 하지만 내가 그 집으로부터 당한 것은 그런 것이 아니었다.

내 집 식구들은 앞문 못지않게 뒷문으로 드나든다. 뒷문을 들어서자면 나으리집 대문 앞까지 바싹 다가서야 한다. 어느 날 산책길에서 돌아오면서 대문 앞에 나와 있는 주인과 마주쳤다. 그런데 먼발치에서부터 턱밑까지 다가가는데도 무슨 까닭인지 고개를 돌려 외면을 한 채, 나를 보려 하지를 않는가. 인사에 선후(先後)가 있을리야 없지만, 기왕 ㅇ 이쪽이 먼저 환영하노라는 예의를 갖춘 바가 있다. 그러니 나으리집 주인이 고개를 외로 꼬고 있는 심중(心中)에 둔감할 수야 없다. 편하게 생각하면서 외면을 당해주고 말았다.

폭우가 내리던 지난해에는 그들로부터 두 번째로 외면을 당해 주었다. 쥣문 밖 배수구가 막혀 나으리집 문 앞이 물바다가 되었다. 그런데 저들의 문 앞인데도 나를 본 안주인이 뚫어 달라는 얘기다. 하반신을 오물에 적시며 물을 빼기 시작했다. 물이 거의 빠진 뒤에야 우비에 우산까지 받혀 쓰고 장화까지 신은 주인께서 나타났다. 처음부터 공치사를 들으려고 한 짓은 아니지만, 그래도 그의 입에서 '한마디쯤은' 하고 예절을 기대해 보았으나 그것은 계산착오였다.

　나으리집안에는 영리한 개 한 마리가 산다. 주인집 창가보다도 내집 창가가 더 가까운 곳에 있는 놈이다. 우유배달 시각에 어김없이 새벽잠을 설치게 해서, 어느 날 아들아이가 나가 시비를 벌였다. 그 놈은 영양상태가 매우 좋아서, 짖어대는 소리가 여늬 개와는 다르다. 섬쩍할 만큼 댓차고 힘차서, 나의 약한 심장을 뛰게 한다. 밤낮으로 지나다니는 이웃들인데도 안하무인이어서, 유치원생까지 근접을 못하게 한다.

　나는 내가 사는 모습이 초라하기도 하지만, 어떤 때는 뒷문을 잠그지 않고 잘 때마저 있다. 이런 집을 나으리집이 이웃하고 있다는 것은 애초부터가 잘못된 일이다. 화장지 주무르듯 몇 백 몇 천억을 주무른 여인도 있지만 나으리집 이웃은 그런 이웃이라야 했을 것이다. 하지만 처음부터 잘못된 인연이니 도가 없다.

　지금도 나는 나으리집 개소리에 시달리며 지낸다. 그 소리를 마다해도 주이는 거만은 버릴 수가 없다고 한다. 그거야 누가 말릴까마는 이웃에 폐를 끼치지 않으려면 다만 사람이 윗길이어야 한다. 그런 생각을 해보는 것이지만, 이런 생각은 나으리집에서 들려오는 개소리만도 못하다는 생각을 하면서 살아간다.

(湖西文學 제13집 1987. 11. 30)

마서방네 호떡집

소설가 향원과 명동을 지나다 호떡집이 눈에 띄어 들어섰다. 60을 넘긴 나이들인데도 소년시절의 입맛을 못 잊어서였다. 청소년들이 자리를 메우고 있어서 주눅이 들린 채, 옛 맛을 생각하며 꿀떡(군 것)을 주문했다. 그런데 먹어 보니 옛 맛 같지가 않아 서로 말하기를, 가난하던 시절의 입맛이 지금에 와서는 고급스러워진 까닭이라 했다. 여하간 흙설탕 녹은 것을 꿀이라며, 옷섶에 흘린 것을 핥아먹던 얘기를 주고받으면서 두어 개씩 먹었다.

그때 우리들에겐 부잣집 아이가 아니고선 용돈이라는 것이 없었다. 게다가 군것질을 한다는 것은 부당한 일이어서 한 주(週) 동안의 생활지표인 주훈(週訓)으로까지 군것질은 금지했다. 입안에 먹는 것을 넣고 거리를 다니는 것도 예의에서 벗어나는 일이어서 도덕 점수와도 연결이 되었다. 그래도 또래끼리 모여 호떡집엘 드나들었는데, 여유가 있어서 그런 것은 아니었다. 학용품을 사고 남은 우수리가 모이면 몰래 들락거렸던 것이다.

읍내에 있는 마서방네 호떡집은 소설 속에나 있음직한 집이었다. 주인의 옷도 그래서, 기름때가 묻은 앞섶은 윤이 나도록 반들거렸다.

사시사철 검정 옷이었고, 갈아입는 것인지도 알 수가 없었다. 언젠가는 홀태바지 가랑이 솔기가 터진 곳으로 가운데 것이 비주룩이 내밀어, 우리들은 웃어죽는다며 배를 잡았다. 마서방은 그런 일에도 개의치 않고 그저 호떡만을 구웠다.

탁자 위에는 손잡이만 때가 벗겨져 있는 양은주전자가 놓여 있고, 몇 개의 사기컵과 아무렇게나 뚜들겨 만든 나무의자가 전부였다. 중·일(中日)전쟁이 터진 때라서 장개석(蔣介石) 총통의 사진도 없고, 국민당 정부의 국기인 청천백일기(靑天白日旗)도 걸려 있지 않았다.

끄름에 그을린 벽과 천정이 개인 날이나 흐린 날이나 우중충했다. 지금 같으면 타일을 붙여 가게 안을 꾸몄을 터이지만, 바닥도 흙바닥인 채 울퉁불퉁했다. 구석에는 조개탄이 쌓였고, 마서방은 연신 호떡을 빚어서는 두꺼비집 가마 속에 넣었다.

우리들이 들어서면 그는 흥이 나는 듯 콧노래를 불렀다. 그럴 때마다 장난기 반으로 고향이 어디냐고 물으면 되풀이하는 장난이 그도 언제나 같은 대답을 했다. 공자가 태어난 산동성(山東省)-양반이라는 것을 강조하면서, 중국인 발음으로 대답했다.

그는 오줌을 누고와도 그 손으로 그냥 호떡을 빚었다. 우리들은 그런 것 따위에는 상관하지 않고, 꿀이 흐를까봐 먹는 데만 정신을 팔았다. 그런 호떡도 두어 개 이상은 사먹지 못하고 언제나 부족한 입맛을 다시며 일어섰다. 향원과 나는 호떡을 먹으며 서로가 그 시절을 회상했다. 먹을 것이 지천인 지금의 아이들은 이해하기 어렵다고 할 얘기다. 그런데 위생시설로 보나 가게 속치장으로 보나 그때와는 다른 명동 번화가의 호떡이건만 지난날의 맛이 아니다. 입맛에도 고향이 있음을 생각하면서, 마서방네 호떡집을 다시금 회상했다.

호떡은 떡에 오랑캐 호(胡)가 붙은 말이다. 소년시절에 빵에 왜(倭)를 붙여 왜떡이라고 하는 말을 할아버지로부터 들은 일이 있다. 호떡은 왜떡과 함께 이 땅에 개항(開港) 바람이 불면서 들어온 것이 아닌가 한다. 우리들이 홀아비 마서방네 호떡집을 드나든 때는 일본이 대륙침략의 불을 붙이기 시작한 때였다.

마서방의 침실은 가게 옆에 붙어 있었다. 언제나 비어있는 그 방에 어느 날 한복차림의 젊은 여인이 들어있는 것을 보았다. 우리들은 나이든 홀아비가 장가를 들었구나 했다. 그때 우리들 중에는 장가를 든 녀석들도 있었는데 녀석들은 중국 사람은 여자가 귀하다느니, 그것이 커서 마누라가 달아난다느니 하는 말을 했다. 아무 것도 모르던 나는 그런 줄로만 알고 방안에 있는 여인을 이상한 눈으로 보기도 했다. 지금 생각하니 멍청이 같은 얘기이다. 얼마 후에 마서방의 방은 다시 비어 있었다.

그에게는 돈이 많다는 소문이 따르기도 했다. 호떡을 팔아서 돈을 모았을 것이라는 얘기였는데, 한 때 그의 목에는 붕대가 한동안 감겨 있었다. 풀린 뒤에 보니 흉기자국이 끔찍하게 나 있었는데, 밤손님의 소행이었다는 말을 들었다. 우리들은 그만하기를 다행이라고 여겼다.

마서방네 호떡집은 아침저녁으로 다니는 학교 길가에 있었다. 문턱에 기대서서 우리를 바라보는 그에게 반갑다는 인사를 건네다가도 돌변해서 장난기로 골려주기도 했다. 그것은 어린 소견에도 중국인을 멸시하는 소행이었다. '장꽤'하고 부르면 히죽 웃다가도 '짱꼴라'하면 쇠부지깽이를 들고 쫓아 나왔다. 우리들이 그런 짓을 한 것은 침략을 시작한 일제의 교육 탓이었는데, 세월이 흘러서 잊을만큼 되었는데도 그때 일이 엊그제 일만 같다. 조무래기들에게까지 놀림을 받으며 남의 나라에 와서 호떡을 굽던 마서방…. 그때 나이로 보아 지금은 이 세상 사람이 아닐 것이지만, 지금 만난다면 철없는 짓이었음을 말하고 싶다.

팻국이 흐르던 옷을 입고 푼돈을 모으며 홀아비로 살던 마서방, 한꺼번에 떼돈을 잡으려고 정신을 파는 세태 속에서 생각하면, 그의 삶이 도인(道人)같게만 여겨진다. 논어 속의 말들이 평범해서 진리인 줄을 모르듯이, 조무래기였던 우리들은 마서방의 그런 생활을 알 리가 없었다.

(湖西文學 제14집 1988. 12.)

어떻게 살아야 할까

　배 곯은 시절을 겪은 세대들이 주먹밥을 만들어 젊은이에게 파는 화면을 보았다. 6.25 전쟁의 비극과 고난을 잊지 말자는 뜻의 행사이다. 그런 경험이 내게 없었다면 나도 사먹어 보려 했을 것이나 '국민방위군'이라는 이름으로 몸소 겪은 일이다. 20일을 걸어서 마산까지 가는 동안에 하루 두 덩이의 그것으로 목숨을 이었다. 그래서 화면을 보면서 그저 그때를 망연히 회상하였다.

　그런데 조금은 허탈감을 느꼈다. 그것이 소년들의 호기심의 대상일 뿐, 민족사적 고난의 역사의식이 없어 보인 점이다. 오늘의 처지에 비추어 지난 일을 거울삼아야겠다는 것이 보이지 않을 뿐더러, 어려움을 겪은 선인(先人)들의 발자취를 이해하려 하지 않는 자세이다. 이런 것에 이해가 가지 않는 것은 아니나, 그보다도 오늘의 세대를 그런 것에서 보는 듯해서 씁쓸하였다. 자식에게만은 배곯지 않게 하려는 것이었음을 모를 리 없으나, 어떻게 살아야 하는가에 대해서는 일깨우지 않고 있음을 본 셈이다.

　우리는 사회적 병폐가 무엇을 가져오는가를 체험하며 산다. 앞으로도 그럴 것이지만, 그래서 말하기를 권세가 10년을 못 간다 하였고,

재물이 3대를 못간다 하였다. 동서양이 고금(古今)을 통해서 보인 것은, 이런 진리를 외면한 댓가로 치른 갈등의 역사였다. 그래서 따뜻이 입고 배부르면 남의 사정을 모른다 하여 '난의초식(暖衣草食)'이란 경구(警句)가 생겼다.

책을 읽지 않는 사람도, 이러한 병폐의 원인인 이기주의가 세상일을 어떻게 바꿔 나갔는가를 안다. 금세기(今世紀) 들어와서 세계지도의 색깔을 붉게 만든 것이 그것이다. 제정(帝政) 러시아가 무너진 것도 그런 것이고, 중국대륙의 색깔을 변하게 한 것도 그런 것이다. 오늘에 와서는 이런 역사가 새로운 문제로 다시 나타나지만, 아무튼 더불어 살아야 한다는 진리를 외면한 대가치고는 비싼 대가이다. 우리는 그런 실상을 지금도 보며 살아간다.

사람은 첫째 먹어야 하고 심신(心身)을 쉬어야 할 집이 있어야 한다. 전처럼 배곯는 사정이 없어지긴 했으나, 이즈막에 와선 집 문제로 나라 안이 소란스럽다. 10여 평짜리에 사는 이가 있는가 하면, 13억을 한다는 89평 집도 있다 한다. 새삼스러울 것도 없는 얘기이나, 그 동안 집을 지어왔다고는 하지만, 아이들의 딱지놀음 같은 것이었을 뿐, 집 없는 사람에겐 그림의 떡에 지나지 않았다. 89평 짜리 집— 한 칸 방이 없다 해서 서럽다 하는데, 언제부터 이처럼 잘 살게 됐다는 것인가 위화감이라는 말을 자주 듣는다. 자유를 방종(放縱)으로 누리는 사람에겐 귀에 들릴 까닭도 없는 말이다. 이념이란 말도 새삼스러울 것이 없다. 더불어 살려하지 않는 부도둑에서 생겨난 말이다. 월남의 고딘 디엠 정권이 무너진 것도, 이란의 왕정(王政)이 사라진 것도 그런 것이다.

나는 호화주택이 어떤 것인지 구경해 본 일이 없다. 주택 공간이 식구 비례로 필요한 것이 상식이라면, 89평 집은 과연 식구가 많아서인

가. 멍청이 같은 소리를 한다고 하겠지만, 23년간 나는 17평짜리에서 한 곳에 푹 박혀 산다. 3세대가 살게 되면서 절대공간이 모자라는 것을 겪으나, 내 사정이긴 하지만 투기꾼을 잡는다는 정책에 얽혀 늘릴 도리가 묘연해져 간다. 이런 말이 자랑거리가 될 리 없지만 부끄러워할 이유도 없다.

장사를 하는 것도 아니고 사업가도 아니면서 호화주택에 사는 사람의 얘기를 대면, 내가 도둑이 아닌 바에야 흥될리 없다. 예금을 실명제로 해야 한다던가, 재산등록을 해야 한다는 말을 들은 지도 오래이다. 정재(淨財)라는 말이 있다. 깨끗한 재산이라는 뜻이다. 그러나 이 시대는 떳떳하지 못한 치부(致富)의 자유와 일부층이 돈을 물 쓰듯 한다는 자유 속에 산다. 이름난 사람에게 이런 병폐를 말해보라면 말 못하는 사람이 없다.

지난 해에, 세종 때 명재상인 맹사성(孟思誠) 고택(古宅)을 온양으로 가본 일이 있다. 정승집 치고는 규모가 작고 검소해서 오늘의 보통사람 집과 다를 것이 없다. 일본의 어느 재상도 25평쯤 집에 산다는 말과, 허술하기 짝 없게 사는 방콕 시장의 청백리(淸白吏) 얘기도 들은 바가 있다. 그런 생각에 고택을 둘러보며 대동기문(大東奇聞)에 적힌 정승의 일화를 도새겼다. 병조판서가 만나러 갔다가 때마침 내리는 소나기를 만난다. 그런데 여기저기서 비가 새는 것을 보고 돌아와 그는 자신의 집을 부끄러워한다. 정승의 집이 저렇거늘, 어찌 분에 넘치는 집을 지니겠느냐며 호화 행랑(行廊)을 헐어냈다. 그 정승에 그 판서였구나 하면서 나는 고택을 지키고 서 있는 우람한 은행나무를 우러러보았다.

이런 얘기가 지금의 젊은이들에겐 귓등으로도 들리지 않을 것이다. 한 사람(王)의 아래요, 만민의 윗자리인 정승이, 그리고 오늘의 장관격인 판서가 왜 그렇게 살았을까 하는 자가 있을 것이다. 그보다 무능하다고할 자가 있을 것이다. 그동안 우리는 구호를 내걸고 잘 살아보자는 노래를 불렀다. 그것이 그렇게 했건 안했건 간에 배곯는 사정에서 벗어나 자유와 민주라는 말을 내세우며 살아간다.

하지만 '자유'라는 말만큼 뜻을 되새기게 하는 때가 지금처럼 없다. 더불어 살아야 한다는 자율(自律)의지와 책임이 따르지 않는 한 누구도 그것은 쉽게 누릴 수 없는 까닭이다. 사회병리를 진단하는 사람들은 말 못하는 이가 없지만 중환자를 진단하듯 저마다 말한다. 유식한 말로는 도덕이 무너졌다하고, 쉬운 말로는 질서를 지켜야 한다고 한다. 핑계 없는 무덤이 없듯, 한쪽에서 희다 하면 한쪽에서 검다 한다. 그리고 말과 행동이 각각 자유이다. 붉은 신호등 길에 젊은 여인이 어린이의 손을 끌고 건너는 것도 그런 것이고, 인격 파산자가 의정단상에 서겠다는 것도 그런 것이다.

올여름도 피서 인파에 강산이 몸을 앓는다. 한쪽에선 해외로까지 피서를 가고, 한쪽에선 회국 물품이 들어온다 하여 소란이고…. 이런 상황 속에서 어떻게 살아야 할까. 생각의 샘이 솟지 않는 한 자유의 길은 멀고 험난하다.

(湖西文學 제17집 1991. 11.)

공중전(空中戰) 이후

　광복을 이틀 앞둔 8월 13일 하오 2시께, 푸른 하늘에서 별안간 우뢰소리가 터졌다. 태평양 전쟁에서 전쟁광(戰爭狂) 일제(日帝)가 패색(敗色)의 숨을 몰아쉬던 때였다. 그 해 여름은 어린 것들마저 근로동원으로 내몰려 방학을 몰수당하고, 방공호 파는 일이 일과였다.

　우뢰소리를 듣는 순간 그것이 공습이라는 것을 직감하였다. 경험해 본 일도 없이 공습이라고 생각한 것은 학교가 목표물이라는 저들의 선전과 훈련 탓이었다.

　눈길이 닿는 곳이면 어디고 전쟁 수행 표어로 덮였고, 침략전을 하면서도 동양평화를 위한 성전(聖戰)이라 하였다. 미국과 영국을 악마와 짐승의 나라라는 뜻으로, 귀축미영(鬼畜米英)이라 부르고, 비전투원인 학생들까지 무차별 살육을 한다 하였다. 그렇게 허구헌 날 방공훈련을 하였다. 그러나 8월 13일에 벌어진 사건으로 그것은 모두 거짓임이 드러났다. 먹이를 후려친 독수리처럼 두 대의 미군기가 불을 뿜고 떨어지는 일군기를 뒤로 운동장 상공으로 유유히 사라졌다.

　그날 학교에서 멀지 않은 김포비행장(당시는 일군 군용비행장) 일대에는 일곱 대의 일군기가 떨어졌다는 소식이 들렸다. 비전투원이 공격을 받았다는 말은 물론 들리지 않았다.

나는 난생 처음으로 그날 혼비백산(魂飛魄散) 하면서도 손에 땀을 쥐고 비행기 싸움을 구경하였다. 서로가 엎치락뒤치락 쏘아대는 기관포 소리에 천지가 뒤집혔다. 한가롭던 백로들이 푸른 논에서 날아올라 저공(低空)으로 쫓고 쫓기는 비행기에 뒤섞여, 비행기가 백로이고 백로가 비행기였다.

일인(日人) 교장이 철모를 쓰고 놀란 토끼처럼 이리 뛰고 저리 달렸다. 등에 멘 교육칙어(敎育勅語)가 개불알처럼 달랑거렸다. 교육칙어란, 저들의 왕이 국민에게 내린 교육지침이다. 국경일에는 신주 받들 듯이 꺼내다가 엄숙하게 낭독을 한다. 낭독이 끝날 때까지는 머리를 숙이고 들어야 한다. 재난(災難)이 일면 그것부터 꺼내서 안전한 곳으로 옮겨야 한다. 이처럼 절대 불가침의 신성한 것으로 떠받들던 것이 등에 매달려 달랑거리던 모습이 우스웠다.

방공호 속에서 공중전을 지켜보던 아이들이 소리를 쳤다. 일장기를 그린 비행기가 불길에 싸여 떨어진 것이다. 아이들과 함께 보면서도 일인 교장은 미군기라며 우겨댔다.

내가 하숙집으로 돌아왔을 때, 두 동강이 난 일군기가 앞 논에 떨어져 있었다. 소년 항공병 하나가 마을 사람들이 덮어 준 낙하산에 덮여 기체 옆에 누워 있었다. 조금 전까지 하늘을 날던 소년의 시체에서 선혈(鮮血)이 쏟아져 논바닥을 물들였다. 그것을 보면서 전쟁의 실상을 실감하였다. 그리고 돌아오지 않는 아들을 기다리는 한 모정(母情)이 눈에 어렸다.

해가 저물고, 일군 헌병이 마을에 나타났다. 살기등등하며 마을 사람들에게 시체운반을 요구하였다. 그러나 팔자에 없는 시체라며 나서기를 주저하였다. 하지만 일본도를 빼든 협박을 이기지는 못하였다. 보국대 면제 약속을 받은 몇몇 사람이 나서서 기차역까지 메어 냈다. 그리고 이틀 뒤에 그들은 자신들의 말대로 팔자에 없는 송장을 친 꼴이 되었다. 해방이 된 것이다.

나는 일인 교장과 별다르게 지낸 사이가 아니었다. 그러나 그가 남기고 간 말이 반세기가 되도록 지금까지 귓전에서 떠날 줄을 모른다. 우리들 젊은 교원 앞에서 그는 보따리를 싸며 말하였다. 망해 돌아가는 자의 비명 같기도 하고 체념 같기도 하였다. 그러나 그것은 체념도 아니고 비명도 아니었다.

지금까지는 한 나라(일본)의 통치만을 받아왔지만, 앞으로는 고달플 것이오. 미국도 섬겨야 하고 소련도 받들어야 할 터이니, 지금까지 당신네가 겪어온 처지는 행복했다 해야 할 것이오. 20년 후에 다시 봅시다. 잘들 해보시오…. 가시가 돋친 말이었다.

앞일을 내다보는 사람이 있다. 오늘에 와서 생각해 보면 그 자처럼 앞을 내다본 말이 없다. 해방과 더불어 한국의 하늘에서 사라졌던 저들의 깃발이 20년 만에 다시 올려지고, 사라졌어야 할 침략국들은 가실 줄을 모른다. 모르는 것이 아니라 새로 들어와 자리를 잡으면서 체질화되어간다. 조상으로부터 이어온 성명 방식이 일인식으로 굳어지고, 한국인의 말이 일본어로 동화돼 간다. 그리고 '총독부' 건물 앞에는 오늘도 감회어린 표정으로 온 저들이 사진을 찍고 간다.

(湖西文學 제18집 1992. 12.)

파주(坡州) 나들이

친구 서넛이서 종종 파주길엘 나서는데, 일요일이나 토요일을 피해 불광동 터미널에서 버스에 오르면, 서울을 벗어나는 기분을 흡족히 누린다. 파주에는 하루 나들이에 적합한 유적지가 많다. 보광사 근처를 찾기도 하고, 율곡(栗谷) 선생을 모신 자운서원(紫雲書院)엘 가기도 한다. 그곳엔 선생의 묘소와 선생의 어머니 신사임당 묘소도 있다.

지난해 초겨울에는 광탄(廣灘)에 있는 윤관(尹瓘) 장군 묘소를 참배하였다. 장군은 내게 28대조가 되는 분인데, 묘소를 성역화해서 잘 가꾸어 놓았다. 몇 해 전에는 나와 같은 윤씨인 B출판사 사장이 시조(始祖)가 탄생하였다는 파평면(坡平面)의 용연(龍淵)을 보고싶다 하여 광탄 출신인 탄암 형을 앞세우고 초여름의 하루 길을 나섰다.

우리는 그날 임진강변의 황희(黃喜) 정승 영정(影幀)을 모신 곳을 먼저 찾았다. 그리고 화석정(花石亭)으로 해서 용연을 돌아 하루해를 맑게 보냈다. 황 정승 유적지에는 눈앞에 흐르는 임진강 강벽 위 반구정(伴鷗亭)이 있는데, 이 정자는 한국에서 손꼽히는 정자로 이름난 건축물이다.

나는 정자가 아름다워서이기도 하지만, 반구정이라는 이름에 이끌리는 사람이다. 반구라 함은 갈매기를 벗한다는 뜻이다. 정자에 올라 명재상(名宰相)의 풍도(風度)를 그려보는 것도 좋지만, 이곳에 오르면 또 다른 감회가 인다. 강 건너로 보이는 북쪽이 휴전선이어서 가슴을 스치는 강바람이 심금을 새삼스럽게 흔드는 것이다. 강기슭에 쳐놓은 철조망에서 반세기를 갈라놓은 이념의 허구성을 보며, 분단의 상처를 더듬어 보게 되는 까닭이다.

분단의 현장이 지척인 이곳에서 쓸쓸한 심회를 삭이며 발길을 화석 정으로 옮겼다. 전방의 초여름 산야에는 인적이 드물어 한층 적막감이 감돌고, 임진강변에 서리는 회포는 몇 번을 보아도 비감하다. 화석정에 대해선 다 아는 일이지만, 왜란에 소실됐다 복원된 정자 앞에서, 율곡 선생의 경륜을 되새기게 한다. 임진왜란은 세상이 알듯이, 제 편의 이익에만 매달리던 당시의 관료배들에 의해 불러들여진 외침(外侵)이 아니었던가. 율곡 선생은 이것을 내다보고 양병론(養兵論)을 내세웠지만, 그분의 뜻이 받아들여졌다면 치욕의 국난은 없었을지도 모른다.

용연에 닿아 나는 나의 시조가 못에서 탄생하였다는 설화를 되새겨 보았다. 지금의 못의 물이 시조가 탄생한 때부터 있어오는 것이라면 못의 물은 천 년의 세월이 고여 있는 셈이다. 나는 못물 위로 스쳐간 먼 세월을 보면서, 면면이 이어져 내려오는 이 강산에 살고 있다는 사실을 생각하였다. 초여름의 아름다운 산과 들을 둘러보면서 아프리카의 밀림 곡이나, 모래바람의 사막에 던져지지 않은 것에 감사하였다.

파주 길에서 돌아올 때면 고양리(高陽里)를 거친다. '벽제관 싸움'이라는 역사를 배웠지만, 이곳이 그 싸움터이다. 임진왜란 때 명(明)나라 군사를 이끈 이여송(李如松)이 이곳 벽제관에서 크게 패했다하여 일제(日帝)가 교과서에서 자랑하던 싸움이다. 광탄에서 고양리로 넘어오는 길목이 좁은 골짜구니를 이룬 곳인데, 이곳을 지날 때면 대국이라고 거들먹거리다가 작은 나라 꾀에 넘어간 허세를 보는 듯하여 무심히 지나쳐지지가 않는다.

파주 땅은 내 고향과는 약 백리 거리의 고장이지만, 나와는 인연이 있는 곳이다. 젊었을 때 실없었던 일 하나가 회상된다. 광복 한 해 전 90리 길을 걸어서 월롱면(月籠면) 대고모 댁으로 나오던 길에 중간의 친구 집에서 하루를 묵게 되었다. 그런데 이튼 날 아침 난데없이 친구의 누이가 사랑방으로 불려나와 나를 당황하게 하였다. 사유인즉, 누이가 있거든 달라고 했던 우스갯소리를 곧이듣고, 내가 선을 보러온 것으로 알았던 것이다. 그때의 나는 결혼을 할 때가 아니어서 성사가 되지 않았지만, 그 시절로 말하면 남의 집 규수를 보고 안한다는 것은 상상도 할 수 없는 일이었다. 나는 그때 얼굴을 들지 못하는 규수를 훔쳐보았지만 후덕하게 생긴 용모였다. 지금 생각하면 안 되길 열 번도 잘한 일인데 후일에 들으니 친구 누이는 잘 산다고 하였다. 내게로 왔다면 평생 동안 가난보따리를 면치 못했을 것이다.

나는 지금도 종종 파주 나들이를 하지만, 파주 땅은 선현들의 유적이 많을 뿐만 아니라, 외가가 있었고, 대고모 댁이 두 곳 있던 곳이어서 고향을 잃은 나로서는 남다른 감회를 앞세우며 나서는 곳이다.

(湖西文學 제19집 1993. 10.)

세월

　나보다 스무살 쯤 나이가 많은 '용학'은 노래를 잘 불렀다. 마을 사람들이 머슴살이를 하는 그에 관해 아는 것은 성이 '조'이고 이름이 용이었다.　그런 까닭에선지, 그가 부르는 노래에는 언제나 애조(哀調)가 실리고 수심(愁心)이 어렸다. 신고산타령, 정선아리랑, 담바구(담배)타령 등을 잘 불렀는데, '동래나 울산 담바구야…' 하고 그가 부르는 노래 대목에서 나는 울산의 지명을 처음으로 알았다.

　담바구타령을 들은 이후에 울산에 대해 조금 더 알게 되었다. 프로펠라 비행기가 신비롭게 보이던 시절, 만주와 일본을 잇는 항공 노선이 군사상으로 부산 상공을 비켜 울산을 거친다는 것을 보통학교 지리(地理)시간에 배웠다. 그리고 울산 땅을 처음 밟은 것이 1958년 초 충청도에서 피난살이를 하던 때였다.

　울산군 서생면 바닷가 조그마한 학교에서 시를 스는 교사와 편지를 주고받는 횟수가 잦아지면서 그에 이끌려 경부선 열차에 몸을 실었다. 해 저문 부산역에 닿았을 땐 때마침 눈발이 흩날려 혼자서 여정(旅情)의 고독함을 달래었다. 눈발이 부딪는 동해남부선 야간열차의 차창에 기대 전쟁의 상처와 고독감을 달래며, 가출한 사람의 마음처럼 시름을 덜었다. 한적한 간이역에 내려섰을 때, 밤은 이슥하고 빈 하늘엔 별이 촘촘하였다. 전깃불 없는 마을에 개 짖는 소리가 시정(詩情)을 돋우었다. 주인공을 만나는 길은 거기서 다시 8킬로를 걸어야 한다. 빈집 같은 여인숙에 여장을 풀었을 때, 흙내가 나는 방에는 등잔불이 가물거려 한껏 여정을 돋아 주었다.

바닷가 마을에서 처음 만난 그와 며칠 묵고 헤어졌다. 그 후 그는 시정(詩情)을 담아 시골 생활을 내게 전했다. 그러던 그로부터 음신이 끊기는가 싶었을 때, 밤바다에서 변을 당했다는 그의 부음을 받았다. 나는 만나고 헤어지는 일 모두가 불가항력(不可抗力) 같은 것이라고 생각하였다. 그의 부음을 들은 것이 그러하고, 편지로 그를 사귄 것도 그런 것이다. 울산과의 인연으로 그곳의 소설가 상지와 그곳 문우들을 새롭게 만난 것도 그런 것이다.

상지가 뒤늦게 펴낸 소설집 축하모임에서 서울의 친구 몇몇과 그곳 문우들과 함께 하였다. 그날 밤, 동리(東里) 선생과 2시가 넘도록 문학을 논하였다. 그러던 동리(東里) 선생도 세상일과 멀어져가려 하고, 소설집을 내놓은 상지도 먼저 떠났다.

담바구타령을 부르던 용학의 뒷소식이 묘연한 것도, 애달픈 일의 하나이다. 그는 6.25가 나기 전, 내 고향 마을을 탈출해서 남으로 내려왔다. 의지할 데가 없어 내가 몸담고 있는 집에서 머슴을 살았다. 공산당 치하에서 마음에도 없는 무슨 무슨 간부가 되었을 때, 그는 유난히 큰 눈에 두려운 빛을 감추지 못하였다. 아무 것도 모르고 순하기만 한 그에게 감투가 씌워지던 세월-그 세월의 흔적이 가시지 않고 있는데, 살아 있다면 용학은 지금 어디서 무엇을 하는지 생각이 간절하다.

(湖西文學 제20집 1994. 11.)

선생님 생각

"… 새로운 교육제도를 만드는 것은 이름 높은 교육자이로되, 젊은 이를 올바르게 이끄는 것은 무명의 교사로다. 그가 사는 곳은 어두운 그늘, 가난을 당하되 달게 받는다. 그를 위하여 부는 나팔 없고, 그를 태우고자 기다리는 황금마차 없으며, 금빛 찬란한 훈장이 그 가슴을 장식하지도 않도다.…" 무명교사 예찬론의 한 대목이다.

내게는 선생님이 여러 분 계시다. 그분들은 무명교사 예찬처럼 사회에서 대접받는 일 없고, 명성을 드날리지도 못한 분들이었다. 지금은 세상을 뜨셨는지 조차 알 길이 없지만, 살아계신다 해도 어디에 계시는지 묘연하다. 지금 내가 뵙는다면 필연코 선생님은 옛 제자를 보시는 감회로 노안에 희색을 띠실 것이다. 그 노안을 뵙고 싶은 마음이 안 계신 부모를 뵙고 싶은 마음과 다를 바가 없다.

세상이 어수선할 때마다 선생님 앞에 어린 시절로 돌아가서 해묵은 말씀들을 털어놓으며 응석이라도 부리고 싶다. 해방을 맞고, 분단의 비극을 겪고 고향을 잃은 억울한 사연, 정변을 치르면서 민권을 도둑맞은 일 등…. 강우규(姜宇奎) 의사가 일경(日警)인 제자를 믿고 한 말이 빌미가 돼서 그분은 제자에게 체포가 됐다지만, 선생님도 그분과 같이 내가 무슨 말씀을 하든 어린 시절의 제자로 믿고 가슴 속 말씀을 들려주실 것이다.

보통학교 때의 어느 시간이었다. 검소하게 살아야 한다고 하시면서 입고 계시던 옷이 10년을 입어 온 것이라고 하셨다. 불의와 타협할 줄을 모르시던 분이어서 남처럼 편하게 사신 분이 아니었다. 민족상잔의 와중이던 피난지 대전 시장거리에서 우연히 만나 뵈었을 때, 선생님은 교단을 떠나셨다며 배낭을 걸머지고 계셨다.

'기회가 있으면 만나게 될 걸세.' 하시면서 돌아서시던 수척하신 뒷모습을 뵈면서, 점심 한 끼를 대접해 드리지 못한 것이 지금까지도 죄만스럽다. 적치(赤治)하에서 부역(附逆)을 했다 해서 고생을 하셨지만, 교장직을 내놓으시고 공주에서 구멍가게를 하신다는 말씀을 들은 지 오래이다. 뵐 길이 아득할 뿐이니. 개나리 피던 교정을 회상하면서 그 때의 선생님을 그려볼 밖에 없다.

유태인 속담에 인생의 학교엔 휴가가 없다고 한다. 지금은 평생 교육이란 말도 있고, 나 밖의 사람은 모두 스승이라고 한 사람도 있다. 하지만 내 곁에는 이제 무명교사 예찬 같은 스승이 안 계심을 슬퍼한다. 교사는 있어도 스승은 없다는 말은 누가 한 말인가.

참고서를 사다가 정가보다 낮게 나누어주시던 선생님, 자작시를 낭송해 주시던 선생님, 국제 아동 작품전에 쓸만한 것이 안 나온다고 역정을 내시던 선생님, 그 여러 선생님들로부터 배우면서 나는 종아리를 맞아본 일이 없다. 그런 내가 단 한 번 회초리를 맞은 일이 있다. 그러나 이제는 그 사랑의 매를 맞아보고 싶어도 매를 주실 분이 없으니, 흘러간 시간이 한스러울 뿐이다.

(湖西文學 제20집 1994. 11.)

자존심(自尊心)

　대설(大雪) 소동의 눈 길이 채 녹기도 전에 한 차례 폭설이 내리고, 연이은 강추위 속에 이번엔 더 큰 눈이 내렸다. 우수절(雨水節)이 지나도록 나는 거의 갇혀 지냈다. 갑갑하기가 짝이 없었지만, 겨우 지탱하는 시력을 보호하느라 신문도 끊고 지내면서 불만이면서도 TV와 라디오를 끼고 지낸다.

　하지만 이런 것들에서 흘러나오는 소리가 심기를 뒤집기 일쑤여서 스위치를 끄게 한다. 그리고는 거실에서 내다보이는 하늘을 바라보는 것이 소일(消日)거리처럼 되었다. 스위치를 끄기는 해도 자존심을 병들게 하는 영상들이 어른거려 머릿속을 떠나지 않는다. 밖의 사람들이 우리를 부패공화국이라 한다는 것도 그런 것이고, 가난한 나라사람들의 불법체류를 미끼로 노임(勞賃)을 떼어먹는다는 것도 창피한 일이다.

　밖에는 쌓인 눈이 처연하고, 설해를 입은 농민들의 참담한 모습에 마음이 어둡다. 눈의 무게에 무너진 시설물 속에 수천 마리의 닭이 폐사한 앞에서 할 말을 잃고 있는 농민의 사정이 정쟁만을 일삼는 무리들과 겹쳐 답답하기 이를 데 없다. 정직하게 사는 사람들, 노력한 만큼만을 바라면서 사는 사람들의 암담한 상황에 하늘이 그저 무심하다. 시어미에게 당한 분풀이를 부뚜막에 한다는 며느리 격으로 TV 스위치를 끄기는 했지만, 흐르는 세월이 허탈하고 다른 나라 지도자가 부러워진다. 자리에서 물러나고서도 존경을 받는다는 모습을 보면, 별 수 없이 초라해지는 것이 자존심이다.

조선왕조 정조(正祖)때 영상(領相)인 채제공(蔡濟恭)의 일화(逸話) 속 자존심이 부럽다. 가난한 그가 산사(山寺)에서 공부하던 시절에 부귀한 집 자제(子弟)들로부터 업신여김을 당한다. 세모(歲暮)에 시 한 수씩을 짓자며 호기를 부리는 자들에 끼어 채제공도 시를 짓는다.

'秋風故栢鷹生子 雪月空山虎養精(추풍고백응생자 설월공산호양정)' ─채제공의 이 시를 놓고 그들은 이것도 시냐며 비웃었다. 그들이 시의 뜻을 알 리가 없다. '가을바람 마른가지에 매가 새끼를 쳤구나, 눈 덮인 달 밝은 산엔 호랑이가 정기를 기르고…'한 이 시를 당시의 재상이 아들을 불러 뜻을 묻고 말한다. 가을에는 매가 새끼를 칠 수가 없는 때인데도 새끼를 쳤다고 했으니, 그 꼴은 제 모습이 아닐 것인즉, 이것은 못난 너희들을 빗댄 것이고, 달 밝은 설산(雪山)에 호랑이가 정기를 기른다 했음은 채제공 자신의 기상을 드러낸 것이니라. 채제공은 과연 영상에까지 오르고 천주교 박해 때 신도들을 관용한 역사에 남는 인물이 된다.

나는 채제공의 의연한 국량(局量)의 그 자존심이 좋다. 사람 볼 줄도 모르는 속물들의 철없는 것들을 시 한 수로 눌러놓은 그 자존심이 통쾌하다. 시의 뜻도 모르는 것들을 앞에 놓고, 연민의 혀를 찼을 그의 우월적(優越的) 자존심.

자존심은 속되지 않아야 자존심이고 인내가 바탕일 때 자존심이 된다. 아는 얘기가 되지만, 한(漢)의 무장(武將) 한신(韓信)의 그 자존심이 장하지 않은가. 덩치 큰 몸에 남루한 옷을 걸치고, 허리의 장검(長劍)을 철그럭거리며 어슬렁거릴 때, 부랑배들이 그를 희롱한다. 차고 있는 장검으로 나를 쳐보라 하고, 못 치겠으면 가랑이 밑으로 기어나가 보라 한다. 한신은 아무 말 않고 엎드려 기어나갔다. 사람들은 그를 바보라 하였다. 칼에 슨 녹을 벗기기 위해서라도 뽑아들어야 했을 칼을 뽑지 않은 바보…. 이런 자존심의 그는 명장(名將)이 되지만, 공법(公法)도 안중에 없이 권세에만 매달리는 오늘의 속물들로 보면, 한신의 그것은 더 바보일 밖에 없다.

자존심을 말하는 것이지만 우리에게 자존이 있었던가. 무너져내린 강산(江山)에 아직도 침략의 표상인 일인(日人)식 치욕의 이름을 떼어 낼 줄 모르는 어리석은 백성…. 이보다 못한 세월이 흐려진다 한들 그것이 무슨 대수로운 일이랴. 친일 매국자의 후손에게 매국한 대가의 재산을 되찾아준 세월임에랴. 나라를 판 자는 호강을 해도, 순국한 열사의 후손은 가난한 시대. 우리에게 자존심이 있었던가.

(2001. 4)

수필인의 격(格)

　지금까지 우리는 많은 수필론을 대해 왔고, 좋은 수필이 되게 하는 요소가 무엇인가에 대해서도 관심과 노력을 기울여왔다. 이에 따라 좋은 수필이 지니는 품격에 대해서도 상당한 안목을 지니게 되었고, 그런 수필을 써내기에 힘써 온 것이 사실이다.

　그런데 이러한 수필문단에 필자가 나서서 고언을 하려 하는 것이 주제넘다 하겠으나, 그런 것을 알면서도 감히 나선 것은 지금까지와는 달리, 수필을 쓰는 사람의 격에 대해서는 말하지 않아 온 까닭이다. 그것은 개인의 인격을 허는 일이 되어 꺼려온 때문인데, 이러한 풍토가 이제는 방관만 해서는 아니 될 지경에 와 있어 감히 열언코자 하는 것이다. 이것은 본인을 위해서나 후진을 위해서 간과할 수가 없다는 점에서 하는 것임을 이해하기 바란다.

　우선 수필인의 격이란 무엇인가부터 보기로 하자. 사람뿐이 아니라, 가공된 모든 물체엔 격이 따른다. 격이란 주위 환경이나 사정에 어울리는 분수나 품위를 이르는 말이다. 여기서 분수와 품이라는 말에 유의할 필요가 있다. 그러므로 사람의 격이 낮다고 한다면 천격(賤格)이란 말이 되고, 그것은 모욕적인 말일 수도 있다. 그런데 근래에 와서 언급하기조차 힘든 몇 가지 유형의 낮은 격의 수필을 통해 천격의 수필인임을 스스로가 드러내는 것을 보게 된다.

사람은 자유롭되 불문율(不文律)의 사회적 규범에 묶여 산다. 하지만 불문율이라 해서 그 규범에서 벗어난다면, 스스로가 천격임을 면치 못한다. 이런 현상이 지금 문단에 염치도 예양도 없는 모습을 드러낸다. 이 같은 현상에 필자는 몇 가지 형태로 나타난 수필인의 격 낮은 사례를 짚어보고자 하는 것이다.

1. 과공은 비례 – 아첨

어느 시대 어떤 사회에도 인간의 아첨은 있어 왔다. 아첨을 개인의 성향으로 돌리면 애기할 거리는 더 없지만, 이것이 공개적으로 만천하에 드러나는 문필의 경우가 되면, 개인의 일로 머물지 않는다. 아첨이란 남의 마음에 들려고 간사와 요사를 부려 비위를 맞추어 알랑거리는 것이라 하였다. 천격이란 뜻이다. 이 아첨은 사석에서 당사자끼리면 그것으로 충분하고, 밖으로까지 공개할 것이 못되는 부도덕한 것이다.

그런데 이런 아첨이 부도덕하다는 것은 아첨으로 떠받들리는 자가 더 잘 아는 일일 터인데, 그리하여 깨우쳐야 할 일인데, 오히려 '암 그래야지'하고 '에헴'하는 식이어서 후진의 인격을 그르친다. 독자들은 실체적 핵심도 없는 말을 한다 하겠으나 구체적 사례를 들어본다.

한 수필가가 수필로 강사에게 고맙다며 떠받들었다. 그런데 좀 과장을 한다면 기절초풍할 내용이다. 지면 곳곳에 강사의 실명(實名)을 내세우면서 입에 침이 마르고 있다. 이같이 지나친 공경은 예의가 아니다.

아무리 비위가 좋아도 이런 글은 읽어 나가기가 힘들다. 필자는 이 글을 보고, 수필계에 병이 나도 단단히 들었구나 하였다. 그리고 그런 아첨에 떠받들려 천하를 얻은 듯이 오만무치해진 자에 동정이 갔다. 제자에게 문필과 인격이 아닌 아첨을 가르친다면, 그것은 수필발전을 저해할 뿐이다. 이런 것은 드러내 말할 거리도 못 되지만, 언제부터 누가 아첨하는 글로 떠받들고, 떠받들리라 했던가.

수필에서 실명을 거론하는 것을 더러 볼 때가 있다. 그러나 이런 것은 아무나 거론하는 것이 아니다. 거명되는 인물이 독자에게 거부감 없이 받아들여져야 한다. 자신의 스승이라 해서 내세우지만, 독자에게 거부감이 없어야 하는 것이고, 자신의 스승이라 해서 내세우지만, 독자에게 공감이 가지 않는다면 두 사람 다 같이 멸시의 대상이 될 뿐이다.

실명을 들어 써야하는 글이 따로 있다. 이른바 회갑, 고희기념 문집 등에 써주는 글이다. 여기에는 주인공의 장점만을 쓰고, 더러는 과장하면서 추켜세운다. 그러나 독자들은 이런 글의 본질이 그런 것임을 아는 까닭에 그대로 받아들인다. 하지만 기념문집 속에 있을 때만이 그렇고, 이것을 떼어내 별도의 수필집이나 다른 지면에 옮겨놓으면, 그 글은 아첨한 글로 변신한다. 기념문집에 넣는 글은 좋은 점만 쓰되 그것이 아첨이 되지 않게 품위 있게 써야 한다.

2. 오만 무치한 자존망대(自尊妄大)

사람은 저마다 자존심으로 산다. 그런데 수필인에게 이것이 지나치면 오만 무치와 자존망대로 빠져 그것이 자신의 불명예로 드러나는 것인지를 모른다. 이런 격의 수필인은 반드시 독선적이고, 그 주변에는 아첨이 꼬여든다. 그리고 아부하지 않는 자는 무참하게 배척한다. 이 아첨과 오만 무치는 필연적으로 야합해서 그것이 자승(自乘)되면서 이

성을 잃는다. 그리하여 글 장난질을 하고, 속문도 명문이라 내세워 야합을 한다. 그러면서 제 자랑의 방법도 노회(老獪)하다.

　이처럼 독재자의 카리스마적 마술에 걸려 속문을 쓴 자가 깨어나질 못하게 한다. 이 같은 자의 오만한 유형의 글 한 가지를 상상해보기로 한다.

　호(號)는 살아있을 때 서로가 부르기 좋게 자신이나 친구 또는 윗사람이 지어주는 것이고, 거꾸로 아랫사람이 윗사람에게 그것도 죽은 자에게 지어주는 것이 아니다. 이런 것인데 백두(白頭)인 자기 선조의 비석을 세우고, 그리고 행적을 거짓으로 새긴다. 없던 호까지 지어 붙이고 나서 해명하기를, 자신이 지금 명문가가 됐으니 이쯤이면 그럴 만도 하지 않느냐 했다 하지. 사실이 이런 유형의 글을 썼다면, 이 오만 무치 앞에 할 말이 없다. 후진들이 따를까 걱정된다.

3. 제 자랑과 문학비

　고향이 낳은 문인을 위해 선후배, 친지, 제자들이 문학비를 세우니, 비용을 기탁하라는 광고문을 보았다. 그 광고지면을 보는 순간, 주인공이 언제 세상을 떴던가 하였다. 그랬으나 건재하였다. 나는 한 번 더 놀랐다. 살아있는 자가 제 손으로 공적비를 세우는 시대. 죽은 사람에게 세워주는 것으로만 알았던 내가 멍청이인지 모른다. 삼문문사(三文文士)가 제 손으로 명문가라고 내세우는 세태, 그런데 저 잘나서 하는 제 자랑을 왜 팔불출이라 했는가.

　팔불출의 첫째 조목이 제 자랑이다. 하지만 제 자랑은 남이 해야 자랑이 되는 것이고, 제가 하면 팔불출이다. 팔불출이 돼도 좋다는 듯이 얼굴 가죽이 두꺼워져 가는 시대. 그러므로 팔불출이 팔출세(八出世)

가 돼가는 문필가의 모습 앞에서 나는 숨소리만이라도 크게 내보자고
해본다.

　한 편의 수필 끝에 약력이 나열되는 것을 본다. 그것이 본문을 읽는
것보다 흥미가 더하다. 한 페이지의 반 가깝게 열 손가락이 모자란다.
무슨 회사 간부에서부터 새마을운동 무슨 부장, 무슨 교회 무슨 단체간
부 등… 있는 대로 내세운 이 제 자랑을 나도 힘이 못 미쳐 못했지,
한때 그런 것을 부러워했다. 미숙하고 어리석었다. 글 쓰는 사람이면
글 쓰는 일과 관련 있는 것이 내세울 거리다.

　당선소감도 그러하다. 이제 수필가가 됐으니 수필에 대한 각오와 다
짐보다 남편이(아내가) 어떻게 해서 고맙다느니 하고 공개한다. 이런
것은 사적으로 사석에서 할 말이고, 지면에 공개할 것이 아니다. 지도
강사의 실명을 공개적으로 밝혀 고맙다 하는 것도 그러하다.

(2004. 2)

어리석은 자의 희망

　세상에는 아는 일이면서도 모르는 일이 공공연히 벌어져왔다. 가령 헌정사(憲政史)이래 쌓이고 쌓인 정치 불신요인이 가시지 않는 일도 그런 것 중의 하나라 하겠다. 비생산적이고 부도덕한 정계에 대한 책임은 일차적으로 정치권에 돌아가나, 유권자에게도 있음은 말할 것이 없다. 이래서 알다가도 모를 일인데, 선거로 심판 받아야할 정치인의 자질이 점점 저급화 돼가는 느낌에서 벗어날 수가 없다. 지난 5년 동안 소수 세력과 다수 세력의 정계구도 속에서 소모적 정쟁에 나는 세상의 재미를 못 느끼며 살아왔다. 세상 사는 재미란 별 것이 아니다. 힘 없는 자들이 마음 편하면 그것이 재미다. 그런데 입만 열면 잘못은 상대편에게만 있다는 식으로 갈카다리고 헐뜯고 하는 말에 진절머리가 났다. '뭐 묻은 개가 겨 묻은 개 나무란다'는 격의 인상만을 받아왔다.

　더 알 수 없었던 일은, 지난 16대 대통령 선거 때의 유세이다. 모두가 부패를 몰아내고 깨끗한 정치를 하겠다는 것이었다. 처음 듣는 구호가 아님은 말할 것이 없다. 당연한 다짐이고 알 수 없는 말이 아닌데, 무엇이 알 수가 없다는 것인가. 유세자들의 생각이 진정으로 그렇다면, 그런 의안은 누가 언제 내놔도 국민의 지지로 뜻을 이룰 것이다. 그런데도 선거를 맞아서야 내세우는 그것이 알 수 없다는 얘기이다. 나는 씨가 먹지 않는 말로 들을 수밖에 없었다. 그 까닭은 밖에서 우리를 부패공화국이라 한다 하지 않는가. 부정부패방지법 하나를 제대로 만들지 않으면서 깨끗한 정치를 하겠다는 것이니 그것이 알 수가 없다는 말이다. 정치의 정도(正道)란 무엇인가.

정치인 또는 국회의원 하면 국민에 의해 뽑힌 지도급 인사라는 뜻에서 서민들로부터 존경을 받아야할 계층이다. 그런데 앞으로 잘될 줄로 믿어 볼 밖에 없는데, 지금까지의 의정사(議政史)로 보아 존경은커녕 시중의 잡인(雜人)만도 못한 언행으로 모멸의 대상으로 전락하고 있다. 물론 일부이긴 하지만 이렇듯 명예롭지 못하게 지탄을 받는 일은 오늘에 시작된 일이 아니다. 그런 중에도 존경받는 인사가 있어왔음은 말할 것이 없다.

아무려나 이번 대선도 외면하고 싶은 모습으로 끝이 났다. 그러나 이전투구의 끝이 당선 무효소송으로 이어지는 것을 보면서, 참으로 정권욕이란 앞뒤를 가리지 못하는 것이구나 하였다. 그러면서 더러운 당쟁에 제구실하는 인물이 그렇게도 없는 것인가 하였다. 어리석은 자의 말일 것이나, 나는 정치판의 소모적 싸움이 허구한 날 이어지는 것을 보면서 성숙해져야 할 앞날이 요원하였다. 이렇게 겪고 보니, 그런 정치판에 재미를 느낄 자가 있을 리 없다. 지도자쯤 되자면 의연하고 대범한 데가 있어서 거목의 그늘 같은 여유를 지녔으면 한다. 그처럼 그릇이 큰 사람이 그리웠다. 소수에도 도량을 보여 대인답기를 바라왔다. 앞으로 다시 계속될지도 모르는 일이겠으나, 이전투구판의 선거가 끝나니 지루한 늪지에서 빠져 나온 느낌이다. 속이 그렇게 후련할 수가 없다. 정치의 잘못을 가리는 것은 단상에서 벌이는 다수의 싸움판이 아니라, 그것을 가리는 것은 차기의 국민들이 해내는 몫이다. 나같이 어리석은 자가 바라는 것은 정치의 바퀴가 약간의 소리가 나더라도 우선 굴러가게 했으면 하는 일이다. 다수를 믿고 발목만 잡지 말고, 품위 있게 상대를 추키기도 하면서 정말로 보기 좋은 의사당이 되게 할 수는 없는 것일까. 한 걸음 나아가 부도덕한 자는 자진해서 나서지 말았으면 하는 것이고, 그리하여 정치권 모두가 존경받는 세상이 되었으면 한다.

이런 말을 하는 것은 내가 아무 것도 모르고 하는 얘기인지도 모른다. 음모니 술수니 하는 용어가 있는 줄 모르면 가만이나 있으라고 할 사람이 있을지도 모른다. 하지만 이제는 체통을 봐서라도 성숙한 의정 단상으로 바뀌기를 기대한다. 면책특권이라 해서 흠담하는 말도 그만 들었으면 한다.

(2003. 2)

배고팠던 이야기

　배고픈 것보다 배부른 얘기가 낫기는 한데, 배들이 너무 부르다보니 사회가 제정신이 아니게 어지러워져 간다. 배곯았던 일을 말하면, 요새 아이들은 라면이라도 사먹지 왜 배를 곯았느냐고 한다지만, 자라나는 세대들이 배고픈 사정을 모르며 자란다. 이래서 사람의 길을 벗어나는 일이 생기지 않을 수가 없다.

　굶주린 시절을 말하라면 해방 전의 일이 생각나는데, 우리는 그때 견디기 힘든 사정을 겪었다. 패전을 앞둔 일제(日帝)는 조선에서 생산되는 쌀을 강제로 빼앗아 갔다. 대신 중국 대련(大連)에서 나는 콩깻묵을 들여다 배급하였다. 이것은 논에 주는 거름용으로 사람은 먹을 수가 없는 것이다. 목에 넘어가지 않는 콩깻묵 밥을 하숙집에서 먹으면서 나는 어느 때가 돼야 그것을 면하나 하는 생각뿐이었다. 20대 초반이었던 그때의 나는 돌을 삼켜도 삭힐 만큼 식욕이 왕성한 때였다.

　그때 객지(客地)살이를 하는 동료가 셋이 있었다. 우리들의 배고픈 사정을 안 수석교사가 궁리 끝에 마을 유지의 모심기를 돕고 밥을 얻어 먹게 하였다. 우리는 반나절 정도 모를 심고 점심상을 받았다. 일제가 빼앗아 가긴 했어도 농사를 많이 짓는 사람은 그래도 여유가 있었다.

보관했던 벼를 찧은 쌀밥에 햇완두콩을 두어서 입에 넣기가 바쁘게 목구멍을 타고 넘어갔다. 청년훈련소를 담당한 K씨는 수북이 담은 일곱 공기를 비웠고, 나와 또 한 친구는 여섯 공기를 비웠다.

패전을 앞둔 일제는 식량증산에 총력을 기울였다. 운동장 귀퉁이까지 밭을 일구고, 실습지에도 감자를 심었다. 그 실습지를 담당한 7월의 어느 일요일, 학교에 나온 K씨가 나를 보고, 감자 좀 캐먹자고 하였다. 나는 일인 교장에게 책망당할 것을 각오하고, 주먹만한 것을 한 소쿠리 캐서 숙직실 가마솥에 쪄냈다. 그리고 교장에게 이것이나 먹고 양해하라는 뜻으로 수북이 담아 관사로 보냈다. 우리는 배가 부르도록 먹고 나서 다음날 일이 꺼림칙했다. 그런데 아침에 출근해서 마주치자 교장이 먼저 말하기를, 어제는 참으로 맛있게 먹었다면서 깍듯이 인사를 하질 않는가. 나는 뜻밖에 그 말을 들으면서 배고픈 것에는 누구도 당해낼 자가 없구나 하였다.

전시(戰時) 체제하의 그 시절에는 모든 물자가 통제되었고, 조선 사람에겐 더 심했다. 집에서 기른 돼지를 잡는데도 허가를 받아야 했고, 군수품인 쇠가죽이 모자라 돼지까지 가죽을 벗겨 바쳐야 했다. 쇠가죽 구두는 특권층이나 신었고, 나는 서울에 사는 매형 덕에 돼지가죽 구두 한 켤레를 겨우 얻어 신었다.

사정이 이러고 보니 쇠고기는 1년에 한두 차례밖에 먹을 수가 없고, 시골 사람들은 개를 잡아먹는 것이 고작이었다. 개는 털을 그슬려서 먹어왔는데, 일제는 껍질을 벗기게 하여 방한용 군수품으로 빼앗아 갔다. 그 뿐만이 아니고 산토끼 가죽도 내라고 해서 토끼사냥은 학교 행사가 되기도 하였다. 토끼몰이를 했을 때, 그물에 꼬리가 긴 여우 한 마리가 걸렸다. 우리들은 뜻하지 않은 포획물에 산을 누벼 기진맥진한 속에서도 신바람이 나서 환성을 질렀다. 그물을 쓴 여우를 사로잡을 수가 없어서 반에서 제일 힘세고 나이 많은(18세) 녀석이 몽둥이질을 하였다. 그런 북새통에 여우를 내리친다는 것이 담임선생님의 정강이를 후려쳐서 선생님은 죽는다고 소리를 지르는 바람에 우리는 허기진 배를 움켜잡고 깔깔댔다.

실습지의 감자 캐먹던 얘기로 되돌아가나, 어느 날 술을 좋아하는 일인 교장이 우리 젊은 교사를 관사로 불렀다. 퇴근 후 시장하던 터라서 맛있는 것이라도 나오겠지 하고, 도둑놈 주릿대 바라듯 한다는 격으로 잔뜩 기대에 부풀어 있었다. 이윽고 전깃불 없는 어둑어둑한 방에 취기어린 교장이 술 주전자와 작은 항아리 하나를 들고 나왔다. 그 시절 특수층이 아니면 청주는 구경도 못하던 때라서 나는 교장이 따라주는 술잔을 후딱 비우고 항아리 속의 것을 듬뿍 집어 입에 넣었다. 그런데 이 노릇을 어쩌랴. 삼킬 수도 없고 뱉을 수도 없는데 짜다 못해 쓴맛에 비리기가 짝 없는 날 조개젓이었다.

배곯았던 얘기를 했지만, 아무래도 이것은 자랑거리가 못되는 얘기다. 하지만 그런 일이 어찌 부질없는 얘기라고만 할 일인가. 때때로 나는 그 시절로 돌아가 배고팠던 추억 속에 잠겨본다.

(1997. 8)

꿀과 꽁보리밥

먹을 것이 지천인 요즈음은 꿀맛이라는 감정어는 실감하지 못한다. 그러나 악식(惡食)인 꽁보리밥도 없어서 못 먹던 때엔 보리개떡도 꿀맛이고 밀범벅도 꿀맛이었다. 너무 먹어 살을 빼려다 죽기까지 한다는 요즈음의 소동으로 본다면 상상도 못할 일이다.

산골길을 걸어서 다니던 학교 길에서, 나도 어지간히 배를 곯으며 시장끼에 시달렸다. 손주놈이 말하기를 배고프면 사먹지 왜 그랬느냐고 하는데, 저희들처럼 쓰는 용돈뿐만이 아니라, 먹을 것이 없어서 그랬다는 것을 말해도 이해하질 못한다. 주전부리라야 여름철 길가의 묵은 밭 산딸기 따위와 울안의 앵두 따위가 고작이다. 여하 간에 산딸기 따위가 익기 시작하면, 우리들은 그것이 유일한 주전부리거리여서 그것을 따먹고 길섶 샘물에 엎드려 생수로 배를 불렸다. 그리고 나서 배가 부른 녀석은 이상(李箱)의 권태 속 아이놈들처럼, 길가 밭고랑에 엉덩이를 까고 한 무더기씩 내지르곤 시원해 했다.

아득히 흘러간 이런 일 따위를 회상하면서 농장을 하는 동서네게 갔다가 잘 익은 앵두와 살구를 따들고 왔다. 초등학교와 유치원짜리 손주놈에게 좋은 선물거리로 생각하고, 제 할미가 저희들 집으로 가져다주었다. 그랬더니 다음날 맛이 없어서 먹질 않았다는 것이 아닌가.

녀석들이 안 먹은 것을 생각해보니, 이유가 짐작이 갔다. 허구한 날 입에 달고 있는 것이 인공미가 가해진 것들인데, 그것이 어찌 천연의 맛을 그냥 놔두겠는가. 살구는 징그러워서 못 먹었다고 하는 것인데, 그 말이 무슨 소린가 하였더니 살구벌레가 있었던 모양이다. 내가 그놈들 때에는 먹을 것에 주렸던 때라 훌훌 불어내고 먹었다. 지금은 먹을 것이 흔해진 터라 놈들이 나와 자연의 품에서 벗어나 있는 것을 보면서 배고픔을 모르는 녀석들의 세태가 허탈해진다. 이제 무엇을 주어 그것들을 끌어안아야 할 것인지, 가난 속에서도 행복스럽던 날들이 그리워진다.

배곯았던 일을 말한다면 6.25와 같던 때가 없다. 전선에선 아직도 휴전이 되지 않아, 거리엔 피난민이 넘치던 대전에서 혼자이던 나는 하루 세끼만 해결되면 바랄 것이 더 없었다. 한 왕골공예품 공장에서 그렇게 지내던 때의 꽁보리밥의 맛은 글자대로 꿀맛이었다. 주인집 식구들의 밥에는 쌀이 섞여있었지만, 젊은 기술공과 나는 그런 것엔 눈을 팔 필요도 없었다. 다만 아침 6시부터 복중더위 속에서도 밤늦은 11시를 넘기기가 일쑤여서 늘 잠 좀 흠씬 잤으면 하는 것이 소원이었다.

어느 날, 밤 일을 하다가 나이 지긋한 책임기술자의 제의로 세 사람은 꿀을 먹자고 하였다. 웬 꿀이냐 하겠지만 양봉을 하는 사장동생이 팔다가 가져다 놓은 것이다. 전쟁 중이어서 꿀 소비가 잘 안되었던 모양으로 드럼통으로 서너 개 가량은 됨직하였다. 젊은이와 책임기술자는 너무 달다면서 반 컵 정도를 마시고, 나는 아예 초롱을 입에 대고 들이마셨다. 고향에는 재래봉이 있어 내게는 꿀을 먹어본 솜씨가 있어온 터였으나 마음 놓고 먹어본 일이 없었기에 꿀 본 김에 양껏 마셨던 것이다. 물론 주인의 허락이 있어 마신 것이 아니어서, 말하자면 훔쳐 먹은 꼴이다. 그런데 이렇게 먹은 꿀이 동티가 날 줄이야 누가 알았던 가.

젊은 기술공과 나는 여느 때처럼 다음 날 밥상을 받았다. 그런데 꿀 맛 같기만 하던 그 꽁보리밥이 영 목구멍을 타고 넘어가려 하지를 않지 않는가. 밥알이 입안 가득히 왕모래가 되어 막무가내로 넘어가질 않는 것이다. 주인 쪽을 힐끗 본 젊은이가 입가에 웃음을 흘렸다. 몇 숟갈을 뜨다말고 젊은이와 나는 상을 물렸다. 그러자 처음으로 듣는 위로의 말이긴 했지만, 안주인이 놀랍다는 듯이 어디가 아프냐고 물었고, 우리 는 그저 아니라고만 하였다. 그랬더니 이번엔 더 아이구 이를 어쩌나, 얼마나 고단하게 일들을 했으면 밥을 다 못 먹는담 하고 걱정이 뿌앴 다. 하지만 젊은이와 나는 여전히 꿀 먹은 벙어리였을 뿐이었다.

그런데 놀랍게도 다음 날 보리밥사발에 생각지도 않은 쌀알이 보석 처럼 박혀 나오질 않았는가. 우리는 점점 진퇴양난이 되어 꿀 먹은 벙 어리가 되었다. 그 후로 1주일 간을 못 먹으면서 이실직고하려 했으나 그것이 그렇게 되지를 않았다. 쌀을 섞어주는 안주인이 미안해지면서 점점 사태가 꼬였던 것이다.

꿀 먹은 벙어리라는 속담은 꿀맛이 기가 막혀 농아자가 표현하지 못 한다 해서 나온 말이다. 말하자면 말 못할 사정을 두고 하는 소리인 데, 지금은 꿀 먹은 벙어리가 아니라, 뇌물을 꿀처럼 먹고 나서도 말 못하는 자가 없다. 나는 생각하지만, 그 때 꿀 좀 먹었기로서니 그것이 무엇이 그렇게 말 못할 사정이었던가 하는 것인데, 사실을 말한다면 우리는 그때 주인으로부터 능률이 안 오른다는 가시 돋친 말을 늘 들어 오던 터였다. 이런 판국에 이실직고 했다간 공연히 미움만 더 살 것이

뻔하다. 그러니 젊은 기술공의 의견대로 내친 김에… 하고 그냥 뻗을
수밖에 없었다. 쌀을 섞어주지만 않았어도 그 자책은 덜했을 것인데,
그럭저럭 1주일쯤 후부터 우리는 보리밥 그릇을 다시 비웠다. 때를 맞
춰 보석처럼 박히던 쌀톨이 밥그릇에서 자취를 감춘 것은 말할 것이
없다. 우리야 보석이 어찌 됐건 꽁보리밥은 여전히 꿀맛이었다.

(2001. 7.)

촌모 씨의 하루

진료실 앞에서 같은 질환으로 온 환자의 말을 듣고, 촌모 씨는 일말의 기대를 걸고 있다. 그는 지금 파킨슨병이 진행 중인데, 이 병은 3년에 걸쳐 진행을 하다가 결말이 난다고 한다. 2년째인 지금의 상태가 부자유하기는 해도 아직은 문밖출입을 할 정도에 와 있다.

그러나 요 23개월 동안에 펜을 잡는 일도 자유롭지 않고, 단지 내 산책보행도 힘들어져 간다. 그런데 진료실 앞에서 만난 환자는 발병한 지 30년이 됐는데도 등산을 한다는 건강체였다. 그래서 나도 촌모 씨의 증세가 현재의 상태로 머물러주었으면 하고 바란다.

그러나 이런 희망은 그저 희망일 뿐, 앞일은 나도 모르고 촌모 씨도 모른다. 그렇다고 무덤까지 가지고 가야 하는 병이라는 말을 의사로부터 들은 이상, 촌모 씨는 정신박약아처럼 탄평하게만 들어 넘길 수는 없는 일이었다. 그러면서도 그가 분명하게 말할 수 있는 것은 자신의 나이가 80에 다다라서 살만큼은 살았다는 것을 확인한다는 사실이다.

나는 촌모 씨의 이런 사생관(死生觀)을 한두 번 들은 것이 아니어서, 그가 또 다른 말로 말한대야 별다를 것이 아닌 것을 안다. 그런 까닭에 인생론자의 말처럼 심오할 것도 없어서 관심이 없다.

한마디로 말해 구질구질하게 살 까닭이 없다는 얘기이다. 사람이 살자면 앞이 있어야 하고, 그렇게 해서 의욕이 생겨야 하는 것인데, 그런 것이 아니라면 무엇 하러 사느냐가 촌모 씨의 지론이다.

그저 사는 것만을 목적으로 하고, 그런 것에 의미를 두는 이가 있기도 하나, 촌모 씨의 경우는 그것이 아니다. 아무튼 오래 살라고 하는 말을 듣는데, 그럴 때면 그것처럼 헛바람 나는 소리는 없다고 생각한다. 그리고 친구끼리 입버릇처럼 하던 말—어느 날 자는 듯이 편하게 하고 뇌어보는 것인데, 이 같은 소망도 역시 헛되다는 것을 알고 있을 뿐이다.

그런 까닭에 그가 신앙에 의지하고자 하는 까닭을 이해할 수가 있다. 그보다도 그는 요즘 들어 부쩍 과거에 대해—지금도 그렇긴 하지만 어찌 그토록 자신이 속물적이었던가 하는 자책에 빠지곤 한다. 그러면서 지난날의 할아버지 말씀을 회상한다. 사람은 성명 석 자 정도 적을 줄만 알면 된다고 한 말씀이다.

이 말씀은 고사(故事)를 인용한 말씀이지만, 오늘의 야만화돼 가는 문명사회를 내다보신 말씀이어서, 촌모 씨는 때때로 음미해 보곤 한다. 구석구석의 속물화를 말하는 것이지만, 죽은 뒤에나 세우는 문학비 따위를 제 손으로 새겨 세우는 판국이 되었다.

나는 촌모 씨가 조금은 편벽스러운 데가 있다는 것을 알고는 있지만, 그가 이 같은 속물적인 것에 타기(唾棄)하는 것은 바른 일이라고 생각한다. 이를테면 옳은 것은 그르고, 그른 것은 옳다는 식의 정상배(政商輩)의 짓거리라든가, 흥정으로 무슨무슨 상을 탄다는 일 따위가 촌모 씨를 편벽스럽게 한 것이라고 믿는다.

나는 촌모 씨의 이런 성벽(性癖)에 관심을 갖지만, 그가 속물적인 것에서 벗어나 보려는 것은 찬동할만한 일이다. 이렇듯 그는 스스로가 고립하고, 자신에게서 멀어져가려는 것인데, 이처럼 자초하는 그의 고립이 그에겐 당연해서 이상하달 것이 없다.

그리고 그는 아파트 13층에서 내다보다가 혼자 중얼거린다. 성명 석 자보다 더 많이 배워서 고급도둑질을 하는 자들을 두고 하는 소리인데, 그의 중얼거리는 소리를 들으면 나도 절로 입이 거칠어져간다. 사기꾼, 협잡꾼들….

그리고 전기가 없어도 살던 시절로 돌아가 인간성이 건강하던 때를 그리워한다. 촌모 씨는 오늘의 문명사회가 인간을 버려놓았다고 생각하는 사람이다.

늘 하던 버릇처럼 촌모 씨는 창밖을 내다보다가 밖으로 나선다. 단지 내를 돌다가 벤치에 앉아 행인의 뒷모습을 무념히 보고, 나무를 스치는 바람결을 보고, 고개를 들어 하늘을 보기도 한다.

그런데 이런 것들이 평소와 다를 것이 없는 것들인데도 촌모 씨는 '아, 하늘이 깨끗이 비었구나' 한다. 그리고 먼저 간 친구를 생각하기도 하는데, 촌모 씨에게는 그 친구가 유일한 친구였다. 촌모 씨가 그 친구를 경외(敬畏)하는 이유는 무엇보다도 속물적인 데가 없는 인격면이다. 가족 말고는 눈물을 흘린 일이 없는 촌모 씨가 그 친구의 영전에선 오열을 터뜨렸다.

촌모 씨가 단지 내를 돌 때는 걸음걸이가 남 보기에 좋지 않다. 하지만 자전거를 탄 아이들이나 아기를 손잡고 가는 여인의 모습이 그에겐 아름답다.

한 가지 우울한 것은 단지 내의 길목 노점상 주인이 하품을 하는 모습이다. 노점상의 한가한 좌대가 내일이라고 달라질 리가 없다. 그러나 벤치에 앉아서 보는 하늘이 끝없이 푸르고 넓어 그는 또 아, 하늘이 가득하다 하고 숨을 들이마신다.

그리고 그 하늘을 보면서, 만유(萬有)의 시초이자 귀착지가 바로 거기지 하고 하늘을 바라본다.

(2001. 7.)

낙엽을 보며

　인생의 결실을 상징하는 가을을 말해보라는 것인데 붓이 나가질 않는다. 명문가(名文家)라야 할 주문을 공연히 받은 것을 생각하면서, 둔필(鈍筆)을 자탄(自嘆), 붓방아만 찧는다. 말 잘하는 사람은 어디서나 청중의 마음을 사로잡고, 글 잘 하는 사람은 어떤 주문이든 독자의 심금을 울린다.

　그런데 그렇지가 못한 얘기를 제 몸 추듯 해봐야 신통할 게 없다. 누구나 쉽게 쓰는 신변잡사일 줄 밖에 모른다는 얘기가 될 법할 일이므로 거창하게 인생의 결실이니 하는 말을 쉽게 할 수가 없다.

　불과 10여장 안팎으로 신변의 얘기 속에 의미가 실리는 글이어야 하므로 내가 인생을 운운할 처지가 아니다.

　평생 동안 매문(賣文)을 하지 않았다고 한 수필인이 있다. 나도 그렇다는 얘기는 아니지만, 편집자가 주문한 내용의 글은 이미 두어 차례 쓴 일이 있고 보면, 같은 말 또 할 밖에 없고, 짧은 글 팔아먹는 격이랄 밖에 없다.

　아무려나, 다 하는 말이지만 가을은 결실의 계절이오, 사색의 계절이라 한다.

이런 얘기를 하기로 한다면, 젊은이의 경우와 노년의 경우가 다를 것이고, 전원(田園)의 경우와 도시의 경우, 그리고 농경사회와 공업화 사회가 각기 다를 것이다.

여하간 가을엔 결실이라는 명사가 붙는데, 이것은 다분히 흙과 더불어 사는 사람에게 하는 말이고, 도시인들에게는 감상적인 말일 뿐이다. 전천후(全天候)라는 말이 생겨났듯이, 도시인은 태양과 무관하게 살아가고 있지 않은가.

오상고절(傲霜高節)―서릿발을 이기고 나서야 피어나는 국화의 지조를 기어코 꺾어 봄에 피워내고, 그 꽃의 무너진 지조를 도시인은 즐긴다. 비정한 일이다.

미각(味覺)도 바뀐 도시인에겐 가을의 의미가 있을 게 없다. 고작 고전적인 독서의 계절이니 하는 것이 진부하게 귓전에 남아 있을 뿐이다. 거리의 낙엽 한 잎에서도 천하의 가을을 보면서도, 그 낙엽의 무게에 사람이 왜소하다는 것을 모른다. 그러면서도 더러는 그것을 애상하며 비감(悲感)하다 한다.

작은 내 집 창으로 내리는 가을볕이 한가롭다. 하늘에 뜬 구름이 도심 속에 사는 자의 그림이다. 다만 허전한 것은 거두어들일 것이 없다. 소슬한 바람 속에서 가을이 슬프다(秋日多悲懷)고 한 옛 시인이 돼 볼 밖에 없다. 한 잎 낙엽에도 상심(傷心)하던 젊음은 가고―, 가을은 그저 자연일 뿐이다.

사상(史上) 처음으로 일궈낸 민주화의 가을―연일 뉴스 속의 가을은 달아오르지만, 내 집 작은 뜰에 내린 가을 하늘은 평화롭기만 하다.

전원을 거둬들이는 자에겐 가을은 배반하는 일이 없고, 낙엽의 무게와 그 무게를 거역 못할 질서가 있을 뿐이다.

그런 속에서 농기구를 씻는 자연으로 돌아가고 싶다. 욕망으로 살면서도 한 잎의 낙엽에서, 마음이 가난해져 보려 한다. 그러면서도 낙엽 한 잎에 공연히 의미를 붙이려 한다.

(1987. 10.)

메밀묵 파는 소리

　밤이 이슥했는데 메밀묵 장수의 외침 소리가 들려온다. 동지 지난
지가 달포가 되긴 했으나 밤은 아직도 한껏 길다. 외침 소리가 점점
멀어져가도 불러 세우는 이가 없다. 꼬리를 끄는 여운에 골목 안은 적
막하기만 하다. 서울의 세시 풍속인 이 외침 소리가 근래에 와선 시나
브로 없어지는 듯 싶더니, 요즈음 와서 다시 들려온다.

　불과 30여 년 전만 해도 서울의 주택가에는 구멍가게가 드물었다.
밤이 이슥해서 출출해도 주전부리를 쉽게 할 수가 없었다. 그래서 생겨
난 것이 골목을 누비는 장사치들의 목청이다.

　발걸음소리도 얼어붙는 골목의 그 목청에는 지난 날이나 지금이나
서민의 애환이 실린다. 밤공기를 가르는 소리가 처량하고 안쓰러워서
시적(詩的) 동기를 자아내기도 한다.

　'메밀묵-'하고 외치고 다니지만, 요새 사람들의 구미에는 맞지 않는
음식이다. 내가 기억하기로는 만두를 사라는 소리도 들은 것 같고, 울
릉도 호박엿을 사라고 하는 소리도 들은 적이 있다. 한 번도 사 먹어본
일은 없으나, '밤엿'을 사라는 소리를 듣고 희한한 엿이 다 있구나 했다.
밤(栗)으로 고은 엿인 줄 알았더니, 밤에 파는 엿이라 해서 그렇게 외치

는 것이라 한다.

아무려나 이런 소리들은 이제 사라져가서 들어볼 데가 없어져 간다. 어쩌다 간간이 들려오는 메밀묵 장수의 소리가 유일하게 남은 성싶은데, 밤길을 누비는 그 육성이 우직스럽게만 들린다. 길 잃은 철새의 소리 같기도 해서 애상 같은 향수를 불러일으키기도 한다. 그럴 때마다 귀를 모아 들어보지만, 불러 세우는 이가 없다.

이윽고 사라지고, 골목 안은 다시 적막에 싸인다. 그 동안 서울의 모습도 변해서 구멍가게가 촘촘히 생긴데다가 온갖 것이 구색을 갖춰 한 집 걸러 가게이고, 두 집 지나 가게이고 보니 그럴 수밖에 없다. 그래도 혹시 불러 세우는 이가 있나하고 귀를 세워보지만, 여전히 외침 소리만이 골목을 빠져나간다.

나는 외침 소리의 주인공을 그려보았다. 목청으로 보아 이십 안팎이니, 낮에 배우고 밤에 일하는 주경야독(晝耕夜讀)하는 친구인가. 메밀묵 말고 잘 팔리는 도너스나 아이스크림을 가지고 다닐 일이지… 하면서 바뀌는 입맛들을 회상해 보았다.

메밀묵의 맛으로 말하면, 먹어본 사람이라야 하는데, 입에 밴 사람이 아니고서는 별 맛이 있는 음식이 아니다. 그 맛에 향수(鄕愁)를 느끼는 사람이라야 안다. 입맛은 변하기도 하지만 여간해서 잊혀지지 않는 것이 또 입맛이다.

지난날의 입맛을 잊지 못하는 것은, 맛에도 고향이 있다는 얘기와 같다. 창문을 흔드는 바람 속으로 메밀묵을 팔러 다니는 것도 맛의 고향을 찾는 사람 때문일 것이다. 메밀묵 파는 소리가 사라지고, 그 여운만이 남는 골목 안은 다시 고요하다.

(1987. 2.)

봄 오는 통일로에서

정초에 나누던 덕담의 여운이 사라진 지 오래인데, 선거를 전후해서 어지러웠던 일들은 아직도 머릿속에서 가시질 않는다. 새봄의 감회를 써보려 하나 잡히는 것이 없다. 신문도 없고 TV도 없는 곳에 가서 잠시 있고 싶은 심정이다. 세상 얘기 한 마디쯤 못 채울까마는 그런 얘기라면 언변 좋고 글 잘하는 사람들이 떠맡고 있다.

아무튼 겨울을 벗어나는 일이 우선 반가운 일이다. 지난해에 치른 민주화 열기만큼이나 소망스러운 마음으로 다가오는 봄을 맞고 싶다. 꽃 피는 봄이 오지만, 그보다는 더 화해의 봄이고자 해본다. 이런 봄 말고 우리에게 다른 소망이 있다면 어떤 봄이 되는 것인가. 이렇게 생각하니 붓끝이 더 나가질 않아 붓방아를 찧다말고 대문을 나섰다. 무턱대고 종점까지 버스를 타는 것이다. 오늘은 통일로를 달리는 금촌행 버스.

북으로 이어 닿는 4차선 대로다. 이 길은 지난날 왕조의 사자(使者)들이 굴욕적으로 대륙을 오가던 길—지금은 비원의 상징이 되어 분단의 상처를 안고 있다. 백범 선생이 통일의 협상길에 나섰던 이 길에서, 나는 일련의 비극들을 조용히 삭여야 한다. 휴전선이 고향인 나는 어려서부터 이 길을 다녔다. 한국인의 정서적 표징이던 초가마을들이 모두가 양옥으로 바뀌었다. 분단의 상황도 그렇고 사람의 마음도 그렇고—상전벽해(桑田碧海)란 이런 것인가.

들판에 내리는 햇살이 아직은 겨울 속이다. 그러나 흐르는 냇물에는 봄기운이 떠 흐른다. 나지막한 산자락에 내리는 햇살이 밝고 한가롭다. 서울의 소음을 벗어나 극지(極地)에 온 기분이다. 통일로를 달리는 마음은 그래서 더 허전하다. 향방 없이 나선 길이긴 했어도, 그곳의 H교사를 만나볼 일이 있다.

중학 교사인 그에게 중매를 서보려는 생각이다. 그러나 돌아서는 길은 헛걸음이 되었다. 임의로 안 되는 것이 중매 서는 일이긴 하지만, 배필을 만난다는 것은 하늘이 정하는 것이라 하던가. 누구나가 행복을 추구하지만, 행복이란 과연 어디에 있는 것인지.

금촌 시가지를 벗어 나오자, 공터에서 서커스단이 공연을 한다. 한가한 마음이 되어 내키지 않으면서도 공연장엘 들어섰다. 여남은 살짜리 어린 여자아이가 가마득한 곳에서 외줄을 탄다. 바로 저것이다—인생이란, 무대 위의 곡예사⋯. 외줄을 타는 저 소녀를 두고 한 말이지 않은가. 하지만 서커스단 트럼펫의 애련한 가락과는 달리, 단원의 말은 의연했다. 어린 곡예사들은 단장과 단원들의 2세요, 가업인 예술을 잇고자 하는 것이니 다른 눈으로 보아주지 말기를 바란다고 한다. 의무교육 취학마저 포기해가며 바람처럼 떠도는 삶이지만, 인생이 별것이냐며 반문을 한다. 나는 나도 모르게 그렇다고 하였다.

밖에는 새해 볕이 상서롭게 내리고 있어도 장내에는 냉기가 써늘했다. 10여 명 밖에 안 되는 관객의 박수소리에 공연장은 쓸쓸하였다. 청년은 내 말을 동정으로 들었던지, 한마디 말을 더 붙인다. 자신도 고아로 자라 예술단원이 된 것을 긍지로 여긴다 하였다. 하지만 나는 그 말이 자조(自嘲) 반, 체념 반으로 들려 눈을 감고 생각해 보았다.

　오늘은 동으로, 내일은 서로, 정처가 없는 그들의 삶—달관이 될 수 없는 그들의 냉혹한 현실을 뒤로, 나는 돌아오는 통일로에서 소리 없이 내리는 봄빛에 망연히 서 있고 싶었다.

(1988. 1.)

장바구니와 책

사회적 행사로 문화행사가 연중으로 벌어지고 있으나 그럴 때면 신문이나 방송이 관심 밖에 있었던 이런 일들을 일깨우곤 한다. 그 중의 하나가 독서주간 행사이다. 그런데 책을 읽으라고 하는 것이 마치 공부 안 하는 아이들에게 공부하라는 것 같아서 책을 많이 읽는 나라 사람들이 볼 때는 후진국 행사로 볼밖에 없을 듯하다.

아닌 게 아니라 우리나라 사람들의 독서량을 선진국에 비하면, 그 비율이 비교할 수가 없을 정도여서 차마 숫자로 제시할 수가 없다. 책을 안 읽는 요인을 여러 가지로 돌리는 이가 있으나, 그것은 무엇보다도 책을 가까이 하지 않는 버릇 때문이라고 한다.

책을 가까이 하는 것은 일종의 습관이고, 이런 버릇은 어려서부터 붙여야 하는데, 그렇고 보면 그 버릇은 가정에서 시작돼야 한다. 그것은 어머니인 주부에서부터라야 하고, 이런 논리에 따라 독서운동은 여성계에서 일어나야 할 것이 자명해진다. 그러나 책을 읽어야 하는 필요성을 내세운다는 것은 모두가 아는 일이어서 새삼스러울 뿐이다. 자아의 계발을 위해서나, 사회에서 뒤지지 않기 위해서라도 책은 뗄 수가 없는 것인데, 산업화 사회가 빚는 탈 인간화를 막기 위해서라도 책과는 멀어질 수가 없다. 그런데 독서주간을 전개해야 할 만큼 우리의 현실은 침체상황이 부끄러운 실정이라고 한다. 이런 현상의 요인이 단순한 것은 아니지만, 책 안 읽는 풍토만은 남의 탓으로 돌릴 거리가 아니다.

얼마 전 선진국 출판계를 돌아보고 온 친구의 말을 들었다. 독일에서 새벽 전철에 올랐을 때 본 광경이라며 중년 여인들이 하나같이 새벽차 속에서 책을 꺼내 읽더라고 하였다. 무엇을 하는 일들인가 물었더니, 청소하는 아주머니들이었다는 것. 말하자면 우리나라에서 말하는 환경미화원이다. 가까운 이웃나라만 해도 주부들의 장바구니엔 책이 들어있다 한다. 그들의 전철 속에서도 인상적이었던 것은 행상노파가 책을 읽는 일이었다고 한다. 남녀노유가 다 책 읽는 모습을 보고 그것이 국력임을 알았다고 한다. 나는 그 말에 공연히 부끄럽기도 하고 샘바리치면서 감동하지 않을 수가 없었다.

출판사가 책이 안 팔린다는 사정으로 보면, 이런 현실이 더 한심하나 서울 중심가의 몇몇 대형 서점엘 들르면 그나마 조금은 위안이 되기도 한다. 서가에 그득히 꽂힌 신간을 볼 수 있기 때문인데, 그러나 이 책들을 보면서 느끼는 것은 과연 모두가 읽을 만한 책이냐 하는 점이다. 보도매체들은 베스트셀러니 해서 상술을 편다지만, 그런 광고에 부정적인 소리가 없지도 않다.

책을 읽고자 하는 사람들에겐 말할 것도 없이 양서가 필요하고, 그 양서를 고르는 안목이 따라야 한다. 내용은 고사하고 제목만으로도 책이 팔린다고 하니 양서를 선택하는 문제는 소홀히 할 일이 아니다. 양서만을 공급한다는 이웃나라의 도서관 운영이 그래서 또 부러웠다. 인구 3만의 시민에게 읽고 싶은 책명을 설문으로 회답을 받아서 도서관이 구입 비치하고, 개별적으로 통보를 해 준다는 것. 그런데 관심을 끄는 일은 시민이 원한다 해도 양서에 들지 않으면 제외하고, 읽을 만한 책만을 공급한다는 것이었다. 그러니까 광고의 홍수 속에서 현혹되는 일이 없으니, 나는 생각하기를 우리는 어느 때가 돼야 이렇게 될까 하였다.

장바구니에 책을 넣는 주부들, 양서를 선정해서 개별통지를 해 주는 도서관, 우리와는 모두 먼 얘기가 된다. 독서로 국력을 키우는 의식이 부러울 뿐이다.

(1984. 11.)

만나고 헤어지는 것

라일락 향기가 골목 안에 은은한 밖에선 사람 사는 소리들이 떠드레 하나, 내 빈 방안에는 아침부터 전화벨 소리조차 잠잠하다. 현관문을 나며 들며 화단 앞에 서 보고 머리를 들어 먼 산을 바라본다. 온종일 집안에 있어도 무료할 것은 없으나, 머무는 듯 흐르는 꽃잎에 마음도 따라 흐른다. 사람과 사귀는 일이 살아 움직이는 표상(表象)임을 모를 리 없지만, 언제부턴가 마음을 열고 지낼 수 있는 이웃이 아쉽다는 생각을 해오면서 지낸다. 사람과 사람과의 우연일 수도 있으나, 그런 관계가 모두 원만하지는 않다. 그래서 부단히 만나고 헤어지는 것을 인연이라 하는 것 같다.

먼 듯 가까운 듯, 봄날은 이울어져가고 빈 방안엔 적막이 가득하다. 대문간엘 나서 본다. 우체부가 다녀갔을 시각이다. 오늘은 떨어져 있는 우편물도 없다. 빈 방에는 시계가 시각을 저미는 소리만이 들리고, 그 소리는 어제와 오늘, 현재를 아무 일도 없다는 듯이 울리고 있다.

평생 동안에 한 사람이라도 지기(知己)의 벗을 가진 사람이 있다면 그는 행복한 사람이다. 생광스럽게도 그런 친구 하나가 내게도 있었다. 그런데 언제부터인지도 모르게, 20여 년을 대해오던 그 친구와 나는 간격을 두기로 했다. 님은 옛님이 좋고, 신정(新情)도 구정(舊情)만 못하다고 했지만, 나는 지금 그런 구정과 멀어지려고 하는 것이다. 떼어놓고 보아야 할 사람은 떼어놓고 보아야 하는데, 20여 년 동안 그가 써온 베일 속 실체를 나는 가까이서 보게 되면서부터였다. 20년 교분을 걷어 들이며, 그 허물은 피차간에 전가시킬 필요가 없었다.

서로의 관계와 결별(訣別)하면서 나는 그에게 보내야 할 말을 못했다. 못한 것이 아니라 할 말을 얻지 못한 것이었다. 지금에 와서 하라면, 고사(故事) 하나를 들밖에 없는데, 16세기 왕조사 한 페이지 속에 나오는 인물…. 폭군의 광기 어린 정치 무대에 인면수심의 인물이 등장한다. 이른바 갑자사화(甲子士禍)의 주역…. 그가 정가에 불씨를 던진 간신(奸臣)에게 그의 친구가 결별사(訣別辭)를 보낸다.

—산에 묻혀 있으니 아무 것도 보지 못하네. 산길은 험해 어둡기가 칠흑(漆黑)같으네. 그대에게 보낼 것이 없으니 무엇을 보내야 할까. 바위에 걸려있는 한 조각 저 달이나 보내노라.

이들 우정의 단절을 새겨보면서 절교를 선언한 쪽의 심경(心境)을 점쳐보았다. 본업을 밀어놓고 간사한 장사꾼이 된 자에게 나의 이런 글귀의 의미가 얼마나 소용이 있을 것인지는 모른다. 그러나 이 명문의 절교 선언은 오늘까지 전해 내려오고 있었으니, 앞으로도 전해져 갈 것이 분명하다.

느지막하게 내가 인간관계를 정리하는 것은 미숙했던 나의 발자취를 정리해 보고자 함이다. 어제가 옛일이 되어 가는 인심의 기미를 바라보면서 미련하게 살아왔다는 생각을 할 때도 있다. 카멜레온이 되어 인생가도(人生街道)를 달리는 선수를 잡고 말해보라면, 그들은 결코 패자일 수가 없다.

신문지면에서 선비 논쟁이 벌어지고 있을 때였다. 무슨 잠꼬대냐는 듯, 선비정신 무용론의 목청이 높았다. 그 목청에 과민했던 것이 부질없는 일이었지만, 제 손으로 돌에 새겨 비를 세우고, 제 손으로 기록한 공적(?)으로 상패를 가슴에 다는 마당에 선비정신을 말한다는 것은 개 발에 편자 격이다.

나는 지금 이렇게나마 20여 년 교분에 결별사를 쓴다. 이별의 사연을 쓰기엔 한나절 봄날이 너무 화창하다. 시계추 소리에 심회(心懷)를 띄우면서 옛 스승이 뵙고 싶어진다. 스승에게 철없는 제자가 되어 운동장에서 뛰놀던 시절로 돌아가고 싶다.

(1988. 5.)

갈대숲에 묻힌 마을

　고향얘기를 해보라면 나는 할 말이 없다. 고향에 대한 얘기가 없다는
것에 의문을 달 사람이 있을 것이나, 할 말이 많아 뒤집어 말할 뿐이다.
우선 고향이란 말부터 되새겨 보자. '자기가 태어나 자란 곳, 또는 그
지방'이라 했고, '제 조상이 오래 누려 살던 곳, 시골 또는 타관' 등으로
풀이한다. 이렇게 보면 서울이나 그 밖의 도회지의 토박이 사람들을
빼고 나면, 오늘의 도시에 사는 사람들은 모두 시골에서 모인 사람이어
서 고향이란 말은 시골이란 말로 요약이 된다.
　'그리운 고향'을 말한다는 것은 그래서 오늘의 도회를 이룬 사람들이
시골을 잃어가고 있음을 일깨우기도 한다. 그런 도회의 2세(世) 3세에
게 시골이란 말은 이미 고향이란 개념에서 멀어졌고, 의식주(衣食住)
의 방식에서도 고향은 사라진 지가 오래이다. 자연 속에 자라면서 키운
서정은 메말라 정서를 병들게 하는 일이 가속화된다. 나도 그런 중에
한 사람이고, 자식놈들도 그렇게 고향을 잃은 지 오래이다.
　내 고향은 경기도 연천군 왕징면 기곡리이다. 집 뒤가 장단군과 경계
선으로 갈려있다. 이렇게 명시(明示)하기는 하였어도 고향이 없는 것
이나 다름없다. 시골에서 자라 고향의 한(恨)을 풀지 못하면서 서울에

서 반생을 넘겼다. 다행하게도 해마다 제철이면 뒷산에 와서 우는 뻐꾸기 울음에 향수를 달랠 수 있어 좋다. 내가 고향이 없다고 한 것은 도시 문화에 병들어 사는 것도 그런 것이지만, S자로 그어진 휴전선에 하필이면 아래쪽으로 구부러진 선의 북쪽으로 들어가 있어 하는 말이다. 성급한 사람들이 고향방문 신청을 해야겠다는 말을 하지만, 나는 집도 절도 없이 된 꼴이어서 오라고 해도 갈 집이 없다.

판문점엘 가본 사람이면 완충지대가 어떤 곳인가를 안다. 길을 따라 갈대가 우거진 곳이면 그것이 논밭이고, 마을은 숲으로 변해 흔적을 찾을 길 없다. 그렇게 변한 마을을 말해주는 것이 숲속에 섞여 있는 대추나무다. 그 옛날 신의주로 닿던 국도는 임진각을 지나면서 그렇게 천추(千秋)의 한인 듯 감개를 무량케 한다. 잡목 숲으로 터널을 이루어 우거진 나뭇가지가 버스의 차창을 때린다. 이런 상황을 생각하면서 나는 지금, 주춧돌조차 찾기 어렵게 되었을 지뢰밭 속 고향집을 그려보는 것이다.

이 봄에도 서울의 내 집 뒷산 백련산에선 뻐꾸기가 울었다. 도회의 호화로운 속에서 듣는 그 놈의 울음이 슬프고 처량하였다. 그 슬프고 처량한 울음의 상징성을 오늘의 도시인들은 알 리가 없다. 서울에서 듣는 뻐꾸기 울음—분단된 겨레가 합칠 줄 모르는 백성들… 하는 것처럼만 들리는 소리. 짐승도 마음 놓고 드나들 수 없는 휴전선 속 갈대숲에 묻혔을 고향을 그리며, 뒷산에서 우는 뻐꾸기 울음에 수심을 달랜다.

(1990. 9.)

새해 아침의 기도

　주님, 올해에도 어김없이 새해를 맞나이다. 누구인들 새해를 맞아 소망하는 일이 없을 수 있겠습니까마는 한 해를 보내고 나서 세월의 흐름에 감회가 새로워집니다. 더러는 희망했던 일이 이루어진 사람이 있을 것이지만, 좌절하는 사람이 있고, 더러는 허리를 한층 졸라매는 이가 있고, 더러는 허리를 펴는 사람도 있을 것입니다. 다짐들이 저마다 이렇긴 해도 뜻과 같이 되는 것이 아니어서 인생이란 속아 산다는 말을 하기도 합니다. 사람에 따라서는 새해면 어떻고 묵은해면 어떠냐며 새해라도 그만, 아니라도 그만인 이도 있습니다. 얼른 듣기에 자조(自嘲)하는 말로 들리나, 현실은 그런 일로 차 있습니다.

　그러나 평범한 것이 진리이듯이, 이 말 속에는 하느님의 뜻대로라는 뜻도 있어서 사회의 구조적 모순이나 비리에 대한 풍자가 되기도 합니다. 하지만 그럴 수만 없는 것이 인생길이어서 해가 바뀌면 연약한 우리는 다시 희망을 겁니다. 내일 지구가 파멸된다 해도 앞을 향한 의지가 꺾일 수는 없는 것이어서 주님의 은총 속에 헤쳐 온 것이 삶의 역사였습니다.

　인생은 무대 위의 배우라고 한 말이 있으나, 아침에 날다가 저녁에

스러지는 하루살이로 탄식하기도 합니다. 그러나 내일을 향한 길목에서 벗어날 수 없는 짐을 진 것이 인생입니다. 이런 짐을 진 것이 공동체이고, 우리는 부단히 이 가치를 높여왔습니다.

해가 바뀌면 새해라 하지만, 새해란 과연 무엇이며, 소망은 왜 또 걸어야 하는 것일까요. 새해의 그 소망이 대인(大人)에게는 대인다운 것이 있고, 소인(小人)에게는 소인다운 것이 있습니다. 이기주의가 소망인 것도 있고, 이웃에 향한 것을 소망으로 하는 이도 있습니다. 나도 소망이 이루어지기를 빌어보는 것이지만, 내 탓이오 해보면서 이 아침에 비치는 햇살이 서로를 어둡게 하지 않기를 비나이다. 밝은 뉴스로 열리는 새해의 하루가 가슴마다 경건하게 저무는 날이 되게 하소서, 질서가 세워져 나가는 것을 보게 되기를 비나이다. 땀 흘리는 자의 복된 해이기를 빌며, 발길이 닿는 곳이면 누구라도 가슴을 틀 수 있게 하소서. 사람의 길이 되살아나 살맛나는 해이기를 빕니다. 어느 때부터 한 말이던가, 윗물이 맑아야 한다고 하였습니다. 하지만 지금은 아랫물이 함께 맑아야 하고, 이것이 민주주의 덕목(德目)이 되게 하여 주소서. 깨끗하지 않은 손으로 던지는 투표지가 윗물을 맑게 할 수는 없나이다.

언제나 요란한 것이 구호(口號)이지만, 조용히 시작되는 해이길 비나이다. 제정신으로 돌아가는 자율(自律)의 바람이 일게 하시고, 그것이 보이지 않는 곳에 빛을 내려 주소서. 남북이 화해가 된다하여 들뜨고 있습니다. 이질적 반세기의 관계가 들뜬 기분으로 풀린다면 이보다 좋은 일은 없습니다. 하지만 이런 기분으로 네거리에 나서보면, 신호등 불빛을 아직도 가릴 줄 모르는 실상들이 보입니다. 어디를 가도 마비된 부도덕의 실체와 만나지 않게 해 주소서.

에스컬레이터를 타고도 계단을 뛰어넘는 바쁜 시절, 새해엔 행보(行

步)가 조금 더디어도 성숙해지도록 지혜롭게 하여 주소서. 성급한 걸음들의 삐걱대는 소리를 듣지 않게 해주소서.

새해란 무엇인가. 흐르는 시간에 획을 그은 것에 지나지 않는 것 – 스스로를 돌아보게 하는 기호일 따름입니다. 윗물과 아랫물이 함께 맑기를 기약해 보고 싶은 새아침, 내 탓이오 – 서로에게 그런 해가 되게 하소서. 전능하진 천주 성부, 천지 창조를 저는 믿나이다. 하늘의 뜻이 땅에서도 이루어지시길 비나이다. 성부와 성자와 성령의 이름으로 아멘.

(2004. 새아침)

서울 뻐꾸기

　이른 아침 뒷산에서 우는 뻐꾸기 울음이 마을에 가득하다. 소나기가 걷힌 뒤라서 물기를 머금은 울음소리가 싱그럽다. 해마다 듣는 소리지만 그 놈의 울음을 듣고 있으면 까닭도 없이 수심(愁心)에 잠긴다. 화창하면 화창한 대로, 궂으면 궂은 대로 처량하기 그지없다. 봄이 깊어져 여름으로 접어들면서부터는 성화같지는 않으나, 간간이 바람을 타는 먼 데 소리가 더 은은하다. 심금을 흔드는 울음소리가 야삼경(夜三更)에 우는 접동새만은 못 해도, 봄날 한나절을 우는 소리엔 애상(哀傷)하지 않을 수가 없다.

　듣는 이에 따라 다르겠으나, 이 강산 깊고 짧은 물줄기의 유역과 높고 낮은 산자락에서 우는 그 놈의 울음은 청상(靑孀)의 한(恨)처럼 들린다. 가난하고 서럽던 역사를 정선아리랑처럼 뽑아내는 것 같기도 하다. 갈라진 산하의 시름을 우는 것 같기도 해서 그 놈의 울음에 고향을 잃은 애상(哀傷)이 도지곤 한다. 한여름을 울고 돌아갈 때는 산딸기 같은 피눈꼽을 달고 돌아간다는 말을 들은 일이 있다. 피눈꼽을 달만큼 우는 것이라면, 그 놈에게도 까닭이 있다는 말인가.

　서울의 복판에서 뻐꾸기 울음을 들을 수 있다는 것은 다행한 일이다.

서울 뻐꾸기가 처량 맞게 우는 것은 서울이 서러워서 그런 것은 아닐 것이지만, 호사스런 세월 속에 묻혀 살면서도 왜 슬프게 들어야 하는 가. 개구리의 소란스런 울음이나 뻐꾸기 울음소리 혹은 귀뚜라미 울음 따위에 마음을 쓰게 되는 것은 삭막한 도시 속에서 아직은 정감의 샘이 남아있다는 증거인가. 새소리 벌레소리 따위를 들으며 산다는 것은 그래도 조금은 다행스럽다. 뒷산의 뻐꾸기는 메마르는 마음 밭에 그렇게 물을 준다.

뻐꾸기 울음을 처량하게 들은 것은 옛사람도 마찬가지였다. 자전(字典)에 적혀 있기를 슬피 우는 놈이라 했으니… 유럽과 아시아 지역에 사는 놈이라 하지만, 우리와 정감의 세계가 다른 유럽 사람들도 슬피 우는 소리로 듣는 것인지는 알 수 없다. 아무려나, 그놈의 울음소리가 들리지 않는다면 서울 속의 봄이 삭막할 따름이다.

뻐꾸기 울음은 분명 '뻐꾹'하고 들린다. 음운 체계에서 오는 의성어가 민족에 따라 다르기는 하나, 민족마다 다르게 표현되는 울음소리가 흥미롭다. 한자명(漢子名)으로 뻐꾸기의 이름은 곽공(郭公) 또는 포곡(布穀)이라 적는데, 일인(日人)들이 말하는 울음소리는, 곽공의 자기 나라 발음 '각꼬오'이고, 중국 사람은 포곡의 한자음 '뿌꾸'이다. 음운체계가 다르면 청각도 다르다는 말일까.

중국인의 뿌꾸 풀이가 그럴 듯하다. 뻐꾸기는 봄에 울기 시작하는 새이지만, 씨를 뿌리라(布穀)는 뜻으로 따다 붙인 것이 농경사회의 대륙인답다. 가뭄 속의 농부들에게 부지런히 씨를 뿌리라며 운다고 노래한 시구(詩句)도 보인다.

서양의 쿠쿠왈츠로 미루어 보아도, 뻐꾸기는 동서양이 한 가지로 서정의 정감을 일깨우는 놈이다. 야성(野性)이 강하기로도 유별난 놈인데, 뻐꾸기가 울 때쯤이면, 나무를 타고 올라 새끼를 잘 꺼내는 소년이 있었다. 꾀꼬리 새끼나 때까치 새끼 심지어는 까마귀 새끼까지 꺼내다 가 길을 들인다고 하던 그가 뻐꾸기만은 어렵다고 하는 말을 들었다. 사람의 손끝에서 자라고 나서도 마음을 주지 않아 우는 법이 없다고 한다. 그리고 보니 창경궁 뻐꾸기 소리를 들어보았느냐고 하던 사람의 말이 생각난다.

우는 모습도 여느 새와는 다르다. 나무의 가장 높은 촛대 끝에 앉아 몸을 돌면서 운다. 방향을 바꿀 때마다 멀리서 들리다가도 이쪽으로 돌면 가까이서 들려온다. 마치 강약(強弱)을 붙여 피아노와 포르테로 우는 격이다. 나는 그렇게 우는 뻐꾸기 모습을 고향 뒷산에서 보아왔 다.

생장(生長) 과정도 특이해서 남다른 습속을 지닌 놈이다. 제 힘으로 새끼를 치지 못하고, 남의 둥지에 알을 낳아 넣는 것부터가 그러하다. 그런 것만이 아니고 신세를 원수로 갚는 놈인데, 알 수 없는 것이 조물 주의 그 조화이다.

남의 둥지—개개비의 집에 알을 낳아 넣으면, 개개비는 제 알보다도 큰 뻐꾸기의 알을 함께 품는다. 뻐꾸기 알은 개개비보다 먼저 깨어나는 데, 이때 희한하고도 기절초풍한 일이 벌어진다. 털도 나지 않은 놈이 움직이기 시작하여 필사적으로 개개비 알을 둥지 밖으로 밀어내 천 길 만 길 아래로 밀어내뜨리는 것이다.

저를 품어 키우는 은인의 알을 하나도 남김없이 밀어내고, 그 놈은 개개비의 품을 독점한다. 이런 광경을 TV화면에서 지켜보고, 배은망 덕으로 생존을 잇게 한 신의 의지와 섭리가 알 수 없는 일이었다. 그런 놈의 울음이 사람의 심금을 휘어잡는다.

너누룩하던 하늘이 또 가라앉으며 한 줄금 비가 시원스레 스쳐간다. 그쳤던 뻐꾸기 울음이 비 걷힌 녹음 속에서 다시 들려오고, 서울의 아침은 소음 속에서 시작이 된다. 녹음의 골짝을 질펀하게 울던 뻐꾸기 울음 그 소리를, 푸른 산정(山情)에 안겨 듣고 싶다.

(1986. 7.)

서울의 대장간

동네로 들어서는 길목에 대장간이 있다. 처음 지나던 날, 음료수 한 잔을 사 마시는데도 자동화가 돼 있는 서울의 복판에서 온몸으로 메질을 해야 먹고 사는 미련스런 생업을 보는구나 하였다. 서로가 모르는 사이이면서도 뒤돌아다봐지는 이가 있듯이, 그런 것을 느끼면서 아침 저녁으로 지나다녔다. 더러는 걸음을 멈추고 메질을 하는 그들을 바라 보곤 하였으나, 돌아설 때마다 살아가는 교훈을 얻는 듯 싶었다.

냉방장치로도 모자라 산이네 바다네 하고 찾아나서는 때에, 땀으로 범벅이 돼 메질을 하는 모습에서 성실한 인생을 달리 찾아볼 데가 없다 는 생각을 하였다.

큰 메를 휘두르는 젊은이와 작은 망치로 지시를 하며 두드리는 주인 이나 그들은 모두 인생의 깊이를 산 만큼의 나이가 아니다. 마음대로 가지지 않는 것이 인생행로(人生行路)라고는 해도, 복중 더위의 불 앞 에서 메질을 하는 자세는 요새 젊은이의 모습으로는 볼 수가 없다. 한 푼을 다투어 정든 일자리도 서슴지 않고 옮기는 때, 대장간은 실로 날 마다 사람을 갈아대도 모자랄 일터다.

살아가는 길에 누구나 평탄하기를 바라지 않는 사람은 없다. 그렇다고는 하지만, 대장간의 메질은 젊은이에게 힘겨운 인생수련의 장이 아닐 수 없다. 배부름을 주체 못하는 자가 있는 한 쪽에 가난을 거느린 사람이 있는 것을 모르는 사람이 없지만, 살을 빼기 위한 헬스클럽이란 것이 있고, 허리가 가늘어지길 바라 굶는 여인이 있다는 말은 대장간 앞에서만은 못할 얘기이다. 그런 생각을 하면서 대장간 앞을 지나 다녔다.

현대문명을 외면한 듯한 고집스런 우직(愚直)에 이끌리면서….

로봇 시대가 열린 때의 서울의 대장간은 그래서 더 미련스럽게 보인다. 시골에서 호미나 낫을 베리는 곳으로만 보면서 자란 내가 동네 어귀에 대장간이 생겼을 때, 적지 않은 호기심마저 일었다.

호미나 낫이 서울에 있을 리 없으니 만들어내는 것이 무엇일까…, 벽돌 담장이 모자라 다시 그 위에 꽂아야 할 쇠창살을 만드는 것을 보고, 그제서야 서울에도 대장간이 있어야 한다는 것을 알았다. 원시와 현대가 공존(共存)하는 이치가 희한할 뿐이었다.

서울의 대장간은 나의 소년시절의 추억과는 상관이 없다. 그런데도 이름만으로도 서울의 대장간은 마음의 고향처럼 향수가 담긴다.

그러나 이런 애착은 어느 날, 사람이 하던 메질을 기계가 하는 것을 보고 올 것이 왔구나 하였다. 그러면서도 무엇인가를 잃어버린 것만 같았다. 편한 생활을 누리면서 이런 생각을 하는 것은 부질없는 감상이지만, 소중한 것을 잃어가고 있다는 생각만은 버릴 수가 없었다. 아닌 게 아니라, 연탄집게 이음쇠가 떨어져 안사람이 들고 가자 대장간 주인은 기계를 부리는 공장주답게 시덥지 않아 하더라는 얘기였다. 또 한군데 기계 장치가 없는 곳이 있어 들고 갔더니, 아이들 군것질 거리도 안 되는 백 원만 내라며 망치질 두어 번으로 선뜻 고쳐주는 것을 들고 왔다.

기계화에 따르는 생산성이나 경영학에 관해 나는 아는 것이 없지만, 대장간의 기계화가 어떤 것인가를 목격한 셈이었다.

소년시절, 동구 밖에서 장단 맞춰 메질을 하던 대장간은 이제 마음에서조차 떠나려 한다. 삶을 달구듯 하던 대장간이 멀어져가는 것이다.

(1983. 5.)

허전한 귀로(歸路)

육당(六堂)은 일찍이 조선유람가(朝鮮遊覽歌)로 백두산에서부터 제주도까지의 한반도 경관을 예찬하였다. 서문 첫 머리에 그는 밝힌다.

"조선을 노래할 것입니다. 그 산하를 노래할 것이며, 산하에 들어 있는 풍물을 노래할 것이며, 산하의 풍물이 날(經)이 되고 씨(緯)가 되어 짜아낸 문화의 비단을 노래할 것입니다."

백두산에서 시작되는 유람가의 서문은 계속 이어진다.

"동방 대륙의 지형상 근본이 되는 동시에 그 인문(人文)의 시조이신 환웅(桓雄)과 단군이 여기 강생(降生)하시고, 또 부여이하의 모든 건국자들의 이를 의지하여 출세(出世) 성업(盛業)한 곳이므로, 예부터 성산(聖山) 영지(靈池)로 숭앙(崇仰)을 한다."

나는 명승고적을 두루 돌지는 못하였어도 가보려는 생각은 간절하다. 유람가 노래대로 국토가 갈라지지 않았다면, 북녘에도 빼놓을 수 없는 곳이 있음은 말할 것이 없다. 그 중에도 금강산을 들게 되지만, 그곳은 기실 고향집에서 가까웠던 탓에 후일로 미룬 것이 오늘에 이르도록 못 보게 된 이유가 된다. 그 시절로 말하면 태평양전쟁이 모든 것을 앗아간 때여서 지금처럼 관광이란 말은 생각지도 못하였다. 분단의 현실에서 관광타령을 하자는 것이 아니지만, 행락(行樂)철이면 동 강난 산하가 되새겨지는 것뿐이다.

나는 여행을 즐기면서도 마음대로 하지 못하면서 살아왔다. 시간으로나 경제 사정으로나 허락이 따르지 않는 까닭이었다. 소년시절에는 지도를 펴놓고 미지(未知)의 곳을 지도상으로 가보곤 하였다. 중국 대륙의 천산(天山) 곤륜(崑崙) 산맥을 넘어보기도 하고, 만주 대륙을 종횡(縱橫)해 보기도 하였다. 이러한 공상은 지금도 마찬가지여서 어디론가 떠나보고 싶어지는 때가 있다.

장백(長白) 태백(太白) 깊은 골에 가보고도 싶고, 그런 곳 풍물과 인심의 기미에 젖어보고 싶다. 어쩌다 서울을 벗어나 차창에 기대면, 강산의 아름다움이 그때마다 새롭다.

인파를 헤치고 가다 길을 멈추었다. '백두산 탐방 사진전시회' 현수막 글자가 걸음을 멈추게 한 것이다. 백두산을 탐방했다니, 국토와 겨레가 갈라져 지금까지 지구 밖 같은 금단의 지역을 누가 언제 어떻게 다녀왔다는 것인가. 설레는 마음을 앞세우면서 전시장엘 들어섰다.

내가 백두산 천지를 안 것은 보통학교 때, 조선어독본 속의 사진이 아닌 그림이었다. 그런 백두산 실경(實景)이 서울의 복판에 왔다니 어찌 지나칠 수 있는 일인가. 백두산은 마음속에 그렇게 자리를 잡고 있었나 보다.

입구에 들어서자 대형 사진—장엄한 천지 푸른 물이 몸과 마음을 한꺼번에 사로잡는다. 다가서려 해도 다가설 수가 없고, 물러서려 해도 물러설 수가 없다. 위대한 것의 실체가 어떤 것인지 말할 수가 없으나 나는 백두산 천지 푸른 물 앞에서 비로소 그런 것을 안 것 같았다.

굉음(轟音)이 천지를 흔들고, 베토벤의 환희의 송가처럼 웅혼(雄渾)

장엄(莊嚴)한 음악이 들렸다. 환청(幻聽)이다. 다시 조국 찬가가 되고, 새벽닭 울음소리가 섞이기도 하였다. 천지 푸른 물에 무지개가 꽂혔다.

전시장 복판에 서서 나는 그렇게 움직일 수가 없었다. 눈을 떴을 때 천지는 고요하고, 백두산 전경은 한 발을 물러서 있었다. 어느 덧 환희의 송가는 비창교향곡으로 바뀌고 굉음이 간헐적으로 들렸다. 눈을 다시 떴을 때는 피아니시모로 멀어지면서 여운마저 사라졌다. 그리고 전시장 복판에 내가 혼자일 뿐이었다.

길림성(吉林省)에서 온 세 여인이 사진으로 함께 와 있다. 반세기를 헤어진 한복차림의 교포에게 건네고 싶은 말이 있어도 할 말이 나오질 않는다. 한복으로 포즈를 취한 세 여인 중 한 여인이 나의 어머니를 닮고 있다. 북녘 땅 어디엔가 누워계시는 어머니─전시장을 돌아 나오는 인파 속 귀가 길이 그날처럼 허전한 때가 없었다.

(1986. 2.)

부끄러운 젊음

  연서(戀書)처럼 쓰면 더 좋겠다는 단서를 붙여 사랑의 사연을 쓰라는 주문인데, 그런 얘기처럼 하찮은 것은 없다. 누구나가 한번 쯤 겪어본 일일 터이고, 또 그런 것은 두 사람만의 사이의 얘기에 지나지 않는 까닭이다. 굳이 들추어 본다면, 철없던 시절의 객적은 얘기에 지나지 않는다.

  태평양전쟁이 마지막으로 막을 내리려는 국면이었다. 공습을 피해야 한다는 소개령(疏開令)에 의해 '경성(京城: 서울)' 사람들이 시골로 내려왔다. 그런 중에 시골 초등학교로 내려온 18살의 B를 만난 것이 해방되기 두 달 전이었다.

  이윽고 일본이 항복을 하고, 광복의 열기가 어수선하게 저물어갔다. 전쟁을 피해 몸을 감췄던 사람들이 제자리를 찾아 돌아갔다. 시골에 있을 이유가 없어진 B도 돌아갈 채비를 하였다.

  그런 것을 안 나는 전깃불도 없어 어둠이 깔린 교무실 구석에서 울적한 마음을 풍금으로 달랬다. 짧은 겨울 해의 퇴근길 그림자들이 빈 교정에 하나 둘씩 사라져가던 어느 날, B는 풍금에 앉아있는 내 앞에 노트 한 권을 놓고 돌아갔다. 하숙방에 돌아와 희미한 등잔불 밑에서 펼

쳤더니 옆 자리가 되고나서부터 나와의 7개월간의 일기가 적혀져 나갔다. 군데군데 애정 시 구절이 인용되고, 네잎 클로바가 갈피 속에 끼워져 있었다.

그녀를 만난 것은 우연이지만 한편으론 필연이라고도 할 수 있었다. 전쟁터에 끌려 나가기를 피해 교단을 택한 나나, 일군(日軍) 위안부-정신대를 피해 서울에서 온 그녀나 마찬가지였다.

패전의 기색이 짙어갔고 조선인의 목이 더 조여들었다. 그런 속에서 두 사람의 시야(視野)는 행복의 상징 같은 녹색 뿐이었다. 운동장은 방공호가 파여져 만신창이가 되었어도 뛰노는 아이들의 소리는 평화로왔다. 교무실 시계추 소리도 한가로웠고, 흐르는 구름도 밝게 보였다.

그 해 여름은 수업이 전폐되다시피 하였다. 강제 징용(徵用)과 징병으로 달리는 농촌 일손을 어린 것들이 메꾸어야 했다. 20일을 연이은 모심기 동원(動員)에서 돌아온 어느 날, 무논에서 게 한 마리를 잡았다. 장난삼아 B의 서랍 속에 넣어놓은 것이 그녀와 편지 쪽지를 주고받는 계기가 되었다. 서랍 속이 더러워졌으려니 하고 있을 때, 귀중한 선물이란 쪽지가 나의 서랍 속에 들어와 있었다.

서울에서 낳아 서울에서 자란 그녀는 논가에 가본 일이 없는 서울내기이다. 발을 벗고 수렁논에 들어선다는 것은 스스로도 자신이 없다고 하였다. 여고시절의 일인(日人)교사 감독 하에서도 근로동원에서 발을 벗지 않았다고 한다. 그러던 그녀가 배정된 동원반을 어기고 나의 동원반으로 묻어와 무논에 들어섰다. 이유를 물었더니 그것도 모르느냐며 되물었다.

전쟁은 막바지로 치달았다. 그랬어도 두 사람의 하늘에는 흰 구름만이 흘렀다. 동원에서 돌아오면 후미진 곳 잔디밭이 지정좌석처럼 되었다. 겨레의 숨통이 조여들고 있었어도 초원의 환상만이 펼쳐졌다. 조국이 격랑(激浪)에 떠밀리고 있었어도 그렇게 두 사람의 젊음은 지푸라기만도 못한 것이었다.

저들은 날마다 대본영(大本營: 총사령부) 발표로 승전을 한다고 하였으나 그것은 날마다 지고 있는 허세(虛勢)였다. 허세는 끝이 나고, 역사는 바뀌었다. 그리고 한 쪽은 가족의 품으로 돌아가고 한 쪽은 분단의 길목에 선 실향민이 되었다. 한 쪽은 평화로운 길의 시작이었고, 한 쪽은 이산(離散)의 한(恨)의 시발이었다. 실체를 말한다면, 지주(地主)의 따님과의 만남이요, 빈털터리 운수(雲水)와의 헤어짐이었다.

아무려나 비 오는 날이면 우산을 받던 그런 젊음은 시간이 흐르면서 시공(時空)에 져 내린 낙엽이었을 따름이다. 미진(未盡)한 것이 있다면, 동족상잔(相殘)의 처절한 속에 살아남아 서울의 지붕 밑에 살면서 세월을 흘린 것뿐이다. 아쉬운 것이 하나 더 있다면, 그녀가 마지막 장 노트에서 말한 대로 간직해 달라던 노트를 간직하지 못한 일이라 할까. 하지만 만나면 헤어지는 법이라고 적어 넣은 '회자정리(會者定離)'의 그녀의 구절처럼 그렇게 잃어버린 것으로 대신한다. 지금에 와서야 그 때의 젊음이 하찮은 젊음이었음을 안다.

(1986. 4.)

어머니

46년 전 1월에 환갑을 맞으셨으니, 내 어머니는 올해로 100세가 된다. 하지만 어머니가 살아 계신지 돌아가셨는지를 나는 알 길이 없다. 고향이 휴전선 안에 들어가 있으니, 치열했던 싸움터에서 동족 간에 겨누고 쏘아대는 총탄에 횡사(橫死)하셨을 것도 같고, 지뢰밭을 넘어오다 저승길로 가셨을 것도 같고, 용렬(庸劣)한 아들 보고지라는 한(恨)으로 눈도 감지 못하고 어느 산모롱이 외진 길에 누워계실 것도 같고….

이렇게 생각하고 저렇게 생각해 보아도 불측한 생각만이 앞선다. 3년 동안 엎치락뒤치락한 무서운 전란 속에서 터럭 하나 다치지 않은 사람도 있음을 보면, 어찌하여 이 꼴이 되었나 싶어 공평하지 못한 섭리가 억울하기까지 하다.

평생토록 어버이 생각을 하는 것은 효 중에서도 큰 효라 한다. 하지만, 내가 어머니 생각을 하는 것은 효가 된다고는 생각할 수 없다. 안 계신 다음에 평생토록 추모(追慕)해 봐야 생전에 하지 못한 효가 무슨 소용인가. 어버이날이 되면 해마다 거리에서 카네이션을 단 부모들을 보게 되지만, 내게 당해 그 날은 한스러운 날일뿐이다. 마음속의 흰 카네이션으로 맺힌 한을 참을 뿐이고, '진자리 마른자리 갈아 뉘시며 손발이 다 닳도록 고생하지네'—어디선가 들리는 노랫소리를 들으면서 어머니 곁으로 가볼 뿐이다.

내가 마지막으로 어머니를 뵈온 것은 1950년 12월이었다. 한국전에 중공군이 끼어들고—, 황망히 하직한 후 다시는 뵙지 못하게 될 줄은 꿈에도 생각지 못하였다. 고향을 잃은 향우회(鄕友會) 사람들이 한 발자국이라도 고향 가까운 곳으로 모이자 했을 때, 임진강 상류 나루터를 건너가서 모인 일이 있다.

민통선(民統線) 너머 옛 마을들은 흔적이 없고, 주춧돌만이 풀숲에 묻혀 있다. 그 빈터에 나비 한 마리가 봄날을 날고 있었을 뿐, 적막한 골짜기엔 아직도 일촉즉발(一觸卽發)의 상잔(相殘)의 숨결이 머물러 있었다. 산새 한 마리가 지뢰밭 금줄에 와 울고 있었다. 그 산새의 울음이 산새의 울음으로 들리지 않아 어머니의 목소리로 들어야 했다.

나는 지금 휴전선이 아닌 서울에서 밤이면 다시 어머니의 목소리를 듣는다. 깊은 산중도 아니건만 돌아가지 못한다며 피나게 우는 불여귀(不如歸: 소쩍새 또는 접동새의 별칭)가 뒷산에서 우는 것이다. 불여귀는 귀촉도(歸蜀道)라고도 하지만, 그 촉(蜀)나라 가는 길보다도 어렵게, 분단된 강산(江山)을 피나게 우는 울음을 흘려들을 수가 없다.

어머니가 환갑을 맞으시던 해, 그때까지도 나는 철이 없는 아들이었다. 북으로 가는 길이 막히자, 당신의 생신 자리에 아들이 돌아오지 못할 것을 생각하고 어머니는 마음이 편치 않으셨다 한다.

그때 38도선을 넘어 고향집에 닿았을 땐, 식구 모두가 한자리에 모이게 된 것을 기뻐하셨다. 하지만 나는 그때의 환갑잔치 상이 초라했던 것이 무엇보다도 가슴 아프다.

어머니는 우리 5남매를 키우고 고생만 하다가 가셨다. 30년 가까이 나가 있던 아버지가 돌아올 때까지, 제사 받들고 시부모 모시면서 대들보같이 대소가(大小家) 거느리는 맏며느리 자리를 지켰다. 손수 낳은 명주로 옷 한 벌을 못해 입으셨던 어머니―, 전에는 더러 꿈속에서나마 뵐 수가 있더니 웬일인지 몇 해 전부터는 꿈속에서조차 뵐 수가 없다. 어머니의 모습이 담긴 단 하나의 사진을 못 챙긴 것이 또 하나의 풀리지 않는 한이 된다.

할머니 무릎에 안긴 나의 모습으로 보아, 아마도 내가 두서너 살 때쯤이니 1925년쯤이 아닌가 한다. 고향집 다락 속에 간직해 뒀던 그 사진에는 아버지만이 보이지 않고, 작은 아버지 세 분과 작은 어머니 세 분, 그리고 딸린 식구 대가족이 담겨져 있다. 그 사진 속의 젊으셨던 어머니 얼굴이 보고 싶다. 살아있을 때의 어머니 상을 조각해 놓고 아침저녁 나며 들며 인사를 한다는 친구가 부러워진다.

앞대(파주지방)에서 뒷대(연천지방)로 시집오신 어머니는 우리에게 별식을 만들어 줄 때, 당신이 좋아하던 별미(別味) 말씀을 하곤 하였다. 가을이면 생굴요리 맛을 잊지 못한다고 하였지만, 서울에 돌솥밥이 처음 등장했을 때, 생굴을 넣어 지은 밥을 먹어 보면서 어머니가 좋아하던 음식이란 것을 알게 되었다.

공상으로나마 그 돌솥밥을 사드리고, 곁에 앉아 드시는 광경이나 상상해 볼 밖에 없다. 내리사랑은 있어도 치사랑은 없다더니 어머니에 대한 갚음 없이 나는 반생을 넘겼다. 불가항력의 현실이라고는 해도 꿈속에서조차 뵐 길이 없는, 현실 같지 않은 현실이 허망할 따름이다.

세상에는 출세해서 어머니의 자리를 높이는 이들이 많으니, 나는 용렬한 인생을 살고 있을 뿐이다. 하지만 구차하게 살아가고는 있어도,

어머니가 지고지존(至高至尊)의 자리에 계셨음을 나는 자랑한다. 나폴레옹이 술회하기를, 어머니의 엄한 교육이 아니었던들 황제가 되지 못했을 것이라고 했다지만, 황제의 어머니상(像)만이 어머니 상이랴.

　바다보다 넓고 산보다 높은 어머니의 마음, 가슴속 깊은 곳의 끝을 알 수 없는 어머니의 그 사랑─은혜가 끝이 없다고 한 노랫말은 어머니의 참 사랑을 잘 나타낸 말이다. 하지만 어머니의 은혜를 이 말이 어찌 다 헤아렸다고 할 수가 있겠는가. 노안(老顔)이 그리워지면 속으로 나직이 부르면서 슬픔을 재울 뿐이다.

(1984. 6.)

새벽닭 우는 소리

    닷새만큼씩 서는 장터엘 가자면 8㎞를 걸어야 했는데, 그 장터에서 처음으로 바이올린 소리를 들었다. 여남은 살 때의 얘기이나 해끄므레한 청년이 바지에 선을 세워 입고, 검정 캡을 쓴 모습으로 장꾼들을 모아 약을 팔고 있었다.

    바이올린 키던 그 친구의 모습에 넋을 팔았던 기억이 새로운데, 뒷날에 우연하게도 직장에서 바이올린을 하는 동료를 만났다. 부럽다고 했더니 그는 어렵지 않다면서 내게 스즈끼(鈴木) 3호인가 하는 연습용 하나를 구해주었다. 그 때 돈으로 한 달 월급을 거의 내 준 것으로 안다. 그랬으나 그것은 마음뿐이어서 하숙방으로 끌고 다니다가 버리고 말았다.

    나는 그 친구로부터 음악에 대한 얘기를 심심치 않게 들었다. 지금 수억 원을 한다는 명기(名器) ─ 스트라디바리우스라던가, 파가니니의 일화 따위를 얘기하면서 치열하던 태평양전쟁 분위기 속에서도 예술의 향기에 젊음을 누렸다. 음악가의 전기(傳記)중에서도 베토벤은 지금도 잊혀지지 않는 부분이 감동으로 남는다. 귀가 절벽이 되어 좌절과 절망을 딛고 작곡한 교향곡 9번이 초연(初演)될 때, 그는 손수 지휘봉을 잡는다. 자신이 연주하지만 물론 그 음악이 들릴 리 없다. 지휘가 끝나자 객석에서 일대 소동이 벌어진다. 황제에게나 보내는 세 차례의 박수 규칙을 어기고 연거푸 치는 바람에 기마(騎馬)경찰대가 출동을 하기까지 이른 것이다. 하지만 이런 소동을 모르는 베토벤을 그대로 볼 수가 없어, 악사 한 사람이 일어나 베토벤의 얼굴을 객석 쪽으로 돌린다. 열광의 도가니가 된 객석을 보고 그제서 베토벤은 무대 위에서 실신을 하고 만다.

1949년 초겨울로 기억된다. 그때 명동의 국립극장이던 시공관(市公館)에서 그 교향곡이 우리나라에선 처음으로 연주되었다. 빈 주머니로 떠돌던 시절이긴 했어도, 나는 그 음악회에 가보지 않을 수가 없었다. 베토벤의 전기를 떠올리며 들었지만, 그 시절엔 지금처럼 음악회가 흔하지 않았다. 입장료를 받고 레코드를 들려주는 음악감상실이 있었으나 그런 곳조차 드나들 여유가 없었다.

FM라디오가 나오고 나서부터 더러는 좋아하는 성악을 듣게 되었다. 백 년에 한 번 날까말까 한다는 마리아 앤더슨의 흑인영가(黑人靈歌)는 들어도 들어도 심금을 흔드는 노래이다.

기악으로 말하면, 피아노보다 바이올린을 더 좋아하지만, 바이올린곡을 좋아하는 것은 현(絃)이 울려내는 흐느낌 때문이다. 라로오의 스페인 교향곡은 젊었을 때나 지금이나 시름을 걷어내는 데는 더할 것이 없다. 그런데 이런 음악들이 지금에 와서는 즐기려는 마음도 그렇고 듣는 기회도 점점 줄어져 간다. 아무 것도 들리지 않고 보이지 않는 곳에 있고 싶은 때가 있다.

아침잠이 줄어 머리맡 라디오의 스위치를 넣곤 하지만, 새벽부터 흘러나오는 음악은 음악이 되지 아니한다. 창을 바라보면 어둠이 가시지 않아 뒤척여지고, 환청(幻聽)으로 들어야 하는 아쉬운 소리가 있을 뿐이다. 장엄하고도 힘차게 우는 새벽닭 울음소리이다.

오래 전 모 방송국에 의견을 전했더니 그 후 시보(時報)에서 '자연의 소리'라면서 새소리를 내보낸다. 그런데 그것이 동지섣달에도 뻐꾸기 소리를 내보내 도시의 어린이들에겐 철도 없이 우는 새로 만들어가고 있다.

나는 가끔 새벽 창가에서, 옥중(獄中)에서 잠을 설치며 새벽을 알리는 장닭의 유량(嚠喨)한 울음에 시름을 달랬을 선렬(先烈)들의 상심(傷心)을 상상해보는 때가 있다. 좀도둑을 지키는 개소리만이 들리는 반쪼각이 된 국토에서 그런 새벽닭 울음소리가 듣고 싶어지는 것이다. 감상(感傷)의 카타르시스가 바이올린곡이라면, 힘차고 유장(悠長)한 새벽닭 소리는 나를 건강하게 하는 소리이다. 라디오 시보에서라도 새벽을 알리는 그런 소리가 흘러 나왔으면 한다.

(1989. 4.)

총독부(總督府) 건물을 지나다니며

묵은 신문 한 장을 펴들었더니 묵은 신문이 새로운 신문이 되어 지면의 사연이 폐부(肺腑)로 스민다. 잡동사니가 실리는 문화면에 이례적으로 두 면에 걸친 기사―스물넷의 나이로 조국광복에 목숨을 바친 조명하(趙明河) 의사(義士)의 사연이다.

동상을 세우려는 유족의 소망이 10년 만에, 순국 60돌에야 이루어졌다는 기사를 읽으면서 나는 자학(自虐)같은 감정을 삭여야 했다.

선열(先烈)에 대한 대접이 이럴 수도 있는 것이구나 해서였지만, 이런 일이 하기야 새삼스러울 것은 없다. 제 손으로 공적을 적어 상도 타고 비석도 세우는 세속에, 동상 건립에 따른 사연이 다만 그토록 우여곡절일 수가 없어서였을 뿐이었다.

의사는 일왕(日王)의 장인을 주살(誅殺)하고, 피어보지도 못한 나이에 목숨을 나라에 내놓았다. 동상 건립이 늦어진 까닭은 가난 때문이었다고 전한다.

그런데다가 힘겹게 자금을 마련하여 세울만한 곳을 요로(要路)에 청원하였으나, 별다른 이유없이 미루어졌다고 한다. 이런 사유를 보면서 나는 바다 건너 일인들이 안다면 어떤 표정을 하고 있을까를 생각해보왔다. 입만 열면 나라를 위한다는 사람들에게는 김빠지는 얘기일 것이라는 생각도 해보았다.

얘기가 빗나가지만, 송파구 석촌동에는 옛 비석 하나가 서 있다. 병자호란의 유물인 삼전도 한비(三田渡汗碑)−지금의 석촌동 한비이다. 한(汗)이란, 오랑캐의 우두머리를 이르는 글자인데, 이 비석에는 한(漢)·만주(滿洲)·몽고(蒙古) 세 민족의 글자가 새겨져 있다.

한자(漢字)는 알아볼 수가 있어도 다른 글자는 아랍문자를 세워놓은 것처럼 꼬불거려서 알아볼 수가 없다.

이것은 세 민족으로 편성된 10만 대군을 이끌고 쳐들어와 노략질을 한, 청 태종(淸太宗)이 자신의 침략행위를 기리기 위해 이 땅에 강제로 세워놓고 간 것이다.

나는 중앙박물관이 된 지난날의 총독부 건물−일제의 침략 상징물인 그 건물을 지나면서 가끔 이 비석을 떠올릴 때가 있다. 그리고 암울하던 시절에 겪었던 일들을 회상하기도 한다.

조상으로부터 이어져 내려오던 한국인 성명을 빼앗기고 일본식 이름으로 바꾸어야 했던 일, 말과 글을 빼앗기고 일본어로 말하지 않으면 차표도 살 수가 없었던 일, 살아남기 위하여 징병·징용·정신대를 피하려고 애태우던 일 등… 그런 일들이 건물에 겹쳐 되살아나곤 하였다.

석촌동 한비 얘기로 되돌아가지만, 그 비석 곁에는 부조물(浮彫物) 하나가 세워져 있다.

인조(仁祖)가 남한산성에서 내려와 청 태종에게 무릎을 꿇고 있는 모습을 새긴 것이다. 그 옆에 해설을 붙인 표지판이 부조물 앞에 서는 마음을 숙연하게 한다. 민족의 번영을 위하여 다시는 이 땅에 치욕의 역사를 되풀이 말자고 새겨놓았다.

사적(史蹟)을 더러 보아오기는 하지만, 이만큼 제정신으로 보존한 것을 본 일이 없다. 행정을 하는 일에 찬사를 보내는 것에 흔히 인색하지만, 이 일에 대해서만은 인색해야 할 까닭이 없다.

그러나 오늘의 '총독부 건물'은 그런 것과는 무관하게 모습을 바꾸어 가고 있다. 한국의 젊은 세대에겐 건축미학이 돼가고 있고, 일인 관광객에겐 지난날의 망상(妄想)을 되살리는 상징물이 돼가고 있다. 그런 실상의 현장을 똑똑히 보았다.

조선을 통치하던 시절의 건물이라는 관광안내원의 해설을 듣고 있던 일본인 청년 하나가 두 팔을 들고 쾌재를 부르는 것이다.

어느 날 택시에서 젊은 기사에게 물어보았으나, 역시 기대할 만한 대답이 나올 줄 알았던 내가 잘못이었다. 국보급 건물이 아니냐며 잘 남겨놓았다고 자랑 같은 대답을 하지 않는가. 박물관 뜰에서 젊은이 몇을 붙들고 물어보았을 때, 그들도 비슷한 대답을 하였다.

한국 역사의 헌데 같은 오욕의 유물 '총독부 건물'은 이제 은원(恩怨)의 자리가 뒤바뀌어 한국인에겐 은혜로운 유물이 돼가고 있고, 일인에게는 과거의 영광을 되살려내는 건물이 된 셈이다.

환골탈태(換骨奪胎)―광복 40년을 거치면서 침략의 옛 탈을 되찾아 쓴 총독부 건물… '독도는 우리 땅'이라고 부르는 노래가 있지만, 나는 바다 건너서 흘리고 있을 저들의 여유 있는 냉소(冷笑)의 환영(幻影)을 보아야 한다.

정신박약아를 쥐어박아 보듯 심심하면 건드리는 저들의 망언, 침략을 미화한 교과서를 고치려 하지 않는 오만과 방자.

안되면 조상의 탓, 잘 되면 제 탓이라 한다. 나는 저들의 방자와 오만을 말하고 있으나, 이것은 제 탓 모르고 남의 탓하는 격인지 모른다.

석촌동 한비에 부조물을 세우듯, 겨레의 원부(怨府)이던 유물에 팻말 하나를 꽂을 줄 모르는 백성, 아직도 훈장처럼 달고 다니는 왜식 이름 자를 떼어낼 줄 모르는 백성, 떼어낼 줄 모르는 것이 아니라 광복 후 새로 달고 나오는 몽매한 백성, 이것을 남의 탓으로 돌릴 수가 있다고 는 할 수가 없다.

(1990. 3.)

나으리 집

　백련산 기슭에 집을 짓고 들어왔을 때, 너무 고요해서 밤이 깊으면 산골 같았다. 둘레가 모두 빈터인데다가 마을 앞에는 버스도 다니질 않았다. 남들은 개발(開發)에 따른 경제성을 따져 옮겨 다녔으나, 나는 조용한 곳을 찾아 20년 가깝게 눌박혀왔다. 지금은 전후좌우(前後左右) 빈틈이 없이 집이 들어차서 이웃의 말소리가 집안까지 들어온다. 밤낮으로 사람과 차량의 물결소리에 시달리는데, 좁고 더러운 골목을 누항(陋巷)이라 한 대로 누항 속에 묻혀 있다.

　집 뒤 넓은 터에는 내 집보다 큰 집이 들어섰다. 내가 집을 짓고 난 뒤에 들어선 그 집은 문전이 넓다. 중앙부처의 모 국장이라는 사람이 지은 이 집 문전이 동네 아이들에겐 놀이터가 된다. 마땅한 놀이터가 없어서인데, 육중한 철대문 기둥을 의지하여 술래잡기도 하고, 조금 큰 녀석들은 축구공을 날리기도 한다. 누가 붙였는지 마을 사람들은 이 집을 국장집이라 하였다. 옛날식으로 부르면 '나으리 집'이다.

　어느 날 여인의 목소리가 나으리 집 대문 앞에서 왁자지껄하였다. 울 너머로 넘겨다보았더니 어린 여자 아이 하나가 붙들려 운다. 야료를 치는 내용인 즉, 대문에 기대지 말라는 것이다. 어린 것 다루는 품이

지나치다 싶어서 오지랖 넓게 한 마디 하였다.

그런 일이 있기 전의 일이다. 나으리 집 아이가 던진 축구공이 날아들어 내 집 장독 뚜껑을 두어 차례 깼다. 그럴 수도 있는 일이어서 가볍게 일렀지만, 그것을 상기시켜 훈계삼아 말하였다. 그랬더니 뚜껑 값을 물어주겠다며 역습을 한다. 논 이웃과 마을 이웃은 잘 만나야 한다고 했지만, 고급 공무원의 내조상(內助相)을 보는 것 같아 돌아서고 말았다.

그 일이 있고나서의 일은 아닐테지만, 마을 사람들의 입에 나으리집이 오르내린 모양이다. 새마을 사업으로 시멘트 블록이 골목에 깔리고 있을 때, 그 집 문전만이 남겨졌다. 도망을 쳤을 리는 없지만 그들은 어디로 떠났는지 소문도 없이 사라졌다. 나으리 집 주인은 그 후로도 몇 차례 바뀌었다. 어느 날 이사를 와서 짐을 푸는 새 주인에게 환영 인사를 하였다. 모 금융기관의 지점장이라 한다. 아침마다 운전사가 문을 여닫아 주는 것을 보고, 그도 나으리 집 주인 일만 하는구나 하였다.

나는 고무신짝을 끌고 가끔 그 집 앞이 되는 뒷문을 드나든다. 그리고 이따금 비질을 하기도 한다. 이런 나의 몰골이 나으리 집주인에겐 자신의 직장 늙은 사환만도 못하게 비친 모양이었다.

내가 뒷문을 드나들 땐 나으리 집 대문 앞까지 바싹 다가서야 한다. 어느 날 아침 산책길에서 돌아올 때, 대문 앞에 나와 있는 주인을 보았다. 그런데 턱밑까지 다가서도 무슨 까닭인지 외로 고개를 꼰 채 나를 보려 하지 않는다. 인사에 선후(先後)가 있을 리 없지만, 그런 예의는 이쪽에서 이미 치르고 있는 터이다. 고개를 외로 꼰 나으리 집 주인의 심중(心中)에 어찌 둔감할 수가 있겠는가. 편하게 외면을 당해 주었다.

폭우가 내리던 지난해 여름이다. 두 번째 그로부터 외면을 당해주었다. 뒷문 밖 배수구가 막혀 나으리집 문전이 물바다가 되었다. 저들의 문전이지만 나를 본 안주인이 뚫어달라고 한다. 하반신(下半身)을 오물에 적시며 물을 빼기 시작하였다. 물이 빠진 뒤에야 나으리 집 주인이 나타났다. 우비에 우산 받쳐 쓰시고 장화 차림으로 물 빠진 문전을 어정거리신다. 공치사를 들으려고 한 것은 아니지만, '한 마디의 예절쯤은' 하고 기대했던 것이 계산착오였다.

나으리 집 철대문 안에는 개 한 마리가 매어 있다. 다른 사람의 말은 듣지 않아도 안주인이 이르는 말은 사람보다 더 잘 알아듣는다. 그 놈이 버티고 있는 곳은 내 집 창가가 더 가깝다. 겨울 새벽 5시 우유배달에게 한 차례 짖어대고, 신문배달 소년에게 또 한 차례 소란이다. 새벽잠을 설치게 하는 이 놈은 영양상태도 남다르다. 그래서 짖어대는 소리에 심장이 약한 나는 가슴이 뛴다. 밤낮으로 보는 이웃들인데도 유치원생마저 얼씬 못한다.

나는 사는 꼴이 초라해서 뒷문을 잠그지 않고 잘 때마저 있다. 점검을 하면서 다니는 방범대원이 깊은 밤에 와 일러주기도 한다. 나으리 집이 이런 나와 이웃이 됐다는 것은 애초부터가 잘못된 일이다. 화장지 주무르는 듯한 몇 천억의 여인이 있기도 하지만, 나으리 집 이웃은 그런 사람이라야 했을 것이다.

나는 지금도 나으리 집 개소리에 가슴이 뛰곤 한다. 심장이 튼튼하지 못한 까닭에, 그래서 이사를 해보자고 할 때가 있다. 그러나 옮겨봐야 개 없는 곳이 있을 리 없으며, 만나지 않는다는 보장이 없다. 참으로 이럴 수도 저럴 수도 없는 것이 서울의 이웃이다.

(1986. 9.)

수필 흐름의 문제점

1987.11.15 현재 총 문인 수 3,185명을 장르별로 보면, 시 1,648, 소설 512, 평론 167, 수필 271, 희곡 108, 아동문학 479이다.(文學精神 87.12)

이중 수필의 숫자가 네 번째가 되나 확실한 것인가에 대해서는 모호하다. 이 숫자에 끼지는 않았어도, 한 편의 산문을 쓴 사람이면 수필가의 칭호가 붙어 나오고, 수에 끼기는 했어도 수필가라고 하기에는 부족해 보이는 것도 있는 까닭이다.

이 말을 풀어서 말한다면, 아무나 쓸 수 있는 것이 수필이고, 시나 소설처럼 작법을 익히지 않아도 쓸 수 있는 것이 수필이라는 얘기이다. 다시 말하면 문장의 수련이 어려운 문필임에도 아무런 제약 없이 누구나 쓸 수가 있어서 방만한 문필로 전락한 점이라 할 수 있다. 따라서 숫자상으로는 수필 인구가 늘어 발전된 것으로 되어 있으나, 질적으로는 반비례 현상을 빚고, 수필문단 자체는 물론 수필권 밖으로부터도 백안시 당하고 있음을 면치 못한다.

기회 있을 때마다 수필이 문학인가로 논란이 되어온 것도 여기에서 기인된 바 있다. 자성(自省)을 앞세우는 반성론이 인 것도 여기에 있다. 단편적이긴 하나 필자가 수필에 대한 인식도를 설문으로 알아본 바에 의하면, 수필은 엄연히 문학이라고 한 견해가 많은 반면, 그렇게 볼수 없다고 한 시각도 있었다. 두 가지 상반된 견해가 있는 것은 수필문학의 본질을 모르는데서 온 것도 있으나, 그러냐 아니냐를 숫자상으로 가릴 문제가 아니라는 점이다. 단 한 사람의 견해라도 수필을 문학이라고 보지 않는다면 그 자체가 문제가 된다는 사실이다.

중등 이상의 국어과 교재는 상당량의 수필로 이루어지고 있다. 그런데 수필이 문학이 아니라는 견해로 나타났다면, 여기서부터 해답을 찾아야 할 것 같다. 수필이 독립된 장르의 문학임에도 시·소설의 문학론과 등식화하려는 데에 있으며, 바꿔 말하면 수필에 대한 교육이 잘못되었다는 얘기이다. 초심자를 포함한 오늘의 대부분의 수필이 모범문인 교과서 문장과는 달리, 소설처럼 쓰거나 상징과 관념어로 시 같은 문장이 아니면 허구적 분식(粉飾)과 미사여구의 말장난으로 나타나는 경향이 그것이다.

이것은 수필의 문장의 표현기법을 무시하는 기성 문필의 악문(惡文)에서도 오는 영향이며, 저간의 교과서 편찬에서도 요인의 일단을 볼수 있다. 다 아는 얘기지만, 수필은 형식을 앞세우는 글이 아니다. 그러나 부사나 조사 하나도 함부로 다루어질 수 없고, 산문 정신의 빈틈이 없이 엄격한 논리가 따르는 것이 수필문장이다. 따라서 내용 이전에 문장이 되지 않으면 문학으로서의 수필은 제 몫을 잃고 만다. 만일 이런 논리를 부정한다면 지구상에 수필가 아닌 사람은 없다.

이런 점에서 대부분은 처음부터 결격사유를 달고 나타난다. 다시 말하면 문장으로서가 아니라, 말을 옮겨 놓은 식이거나 미학이란 이름으로 오도되어 나타난다. 말할 것도 없이 수필의 본질은 허구가 아니다. 한 구절 속에서도 그것은 의미가 없다. 고백적 1인칭이 기본이며, 품위를 지녀야 하는 것도 이런 까닭이다. 그러나 오늘의 수필 현황은 개념부터가 혼돈을 빚는다. 허구론에 대해서는 이미 김시헌(金時憲), 정진권(鄭震權) 씨의 시비에서 김(金) 씨에 의해 판정이 났다. 그런데 최근에 다시 상업주의에 의한 문장을 미학이라는 이름으로 착각하고 내세운다. 수필이 허구여서는 안 된다는 것을 말한 반증을 들어보자.

지난 해, 일본 전토를 눈물바다로 만들었다는 수필형태의 동화얘기로 눈물을 흘린 독자들이 수필이 아닌 것을 알자 '공연히 눈물을 흘렸군' 하였다. 진실이 담긴 수필인 줄 알고 흘렸지, 허구의 얘기라면 흘릴수가 없다는 얘기이다. 다시 말하면, 허구에 흘리는 눈물은 필자의 허구에 흘리는 것일 뿐, 1인칭 고백의 진실(수필)과는 다른 얘기가 된다. 미학의 이유를 내세운다면, 그것은 수필의 영역이 아닌 소설적 허구가 떠맡을 영역이다.

오늘의 수필에서 미문체를 말하게 되는 것도 그와 같은 것이다. 미문은 문장 성격이 사치스러운 데 있다. 내부로부터 정신을 붕괴시키는 것이 사치이며, 그런 현상을 퇴폐라고 한다. 이것을 막고자 한 것이 중국의 고문(古文)운동이다. 그러나 오늘의 한국 수필론의 일부는 이것을 오도한다.

이와 같은 수필 현황에 우리는 저간의 교과서 편찬에도 시선을 돌릴 필요가 있다. 별표가 보이듯 수필의 위상이나 정의(定義)가 모호하게 나타난다. 단원 구분에서 표현형식과 성격상으로 묶여져 있으나, 이것은 장르별 〈시·소설·희곡·수필〉로 구분되어야 한다.

왜 그런가 하면, 평론·기행문·일기문·논설문·설명문으로 표시된 것을 비롯해서 '국어의 이해', '국문학의 이해' 따위에 소론성격의 글까지가 모두 수필 범주에 드는 까닭이다.

따라서 조침문(弔針文)이 현대 수필 '나무', '마고자'와 함께 독립단원으로 '수필'이라고 표시된 것은 수필의 범주 해석부터 모호하게 하는 결과를 빚는다. 이토록 수필의 본질은 교과서에서부터 모호하게 하였고, 오늘에 와서는 상업주의가 문장마저 오도한다.

수필 문장은 작자에 의해 개성적으로 나타나는 것이나, 동화적 활유체(活喩體) 문장—'나무'가 저간의 고교 2학년에게 제시된 것도, 적절한 것이라고 볼 수 없다.

표현기법이나 서술력 기능면에서 하나의 모형이 된다 할지라도 지적 발달 과정 단계로 보아 동화적 수법이 고교 2학년에 적합하냐 하는 것이다.

내용으로 보아도 나무에 붙이는 관념의 의미를 짚어보지 않을 수 없다. 근래의 이른바 감성수필이라 하여 삶의 실체가 없는 감각적 언어들이 수필의 본질처럼 번지고 있는데, 이것도 교재에 원인이 있다고 볼 수 있다. 뿐만 아니라 교재의 대부분이 관념적인 것에 치우쳐 인격 표출의 교육적 효과에서 멀어져 있다. 인격도야는 여러 측면에서 이루어지나 문장을 통해 전인적 인품을 닦는 장르가 수필이다.

따라서 오늘과 같은 인간성 부재의 현실에서는 건실한 문장이 인간성을 회복하는 것이라야 한다. 일회용 소모품일 수 없고, 미학이라는 이름 아래 언어유희일 수가 없다. 적어도 수필이 문학이고자 함에 있어서 더욱 그러하다.

(1989. 5.)

<별표>　　　　　　고등학교 국어교과서 단원표

	1학년(86.3 발행)	2학년(87.3 발행)	3학년(88.3 발행)
1	시(1)　　　　6편	시　　　　　6편	논설문　　　　2편
2	설명문(1)　　2편	국어의 이해　2편	시　　　　　5편
3	수필(1)　　　3편	소설　　　　3편	국어의 이해　3편
4	전기　　　　2편	논설문　　　2편	시가　　　　3편
5	설명문(2)　　2편	시조와 가사　3편	설명문　　　2편
6	희곡과시나리오2편	설명문　　　2편	소설　　　　2편
7	논설문(1)　　3편	기행문　　　2편	국문학의 이해
8	국어의 이해　3편	국문학의 이해 2편	수필　　　　4편
9	시조　　　　2편	수필　　　　3편	
10	소설　　　　3편		
11	논설문(2)　　2편		
12	수필(2)　　　3편		
13	기행문　　　3편		
14	시(2)　　　　7편		
15	국문학의 이해 2편		

(1988. 7.)

내가 겪은 6.25

저물어 가는 그해—1950년 12월 20일에 창경궁에는 수십만 장정(壯丁)들이 모였다. 중공군 침입에 따른 인력자원(人力資源)의 희생을 막을 길 없어 전략적으로 남하(南下)를 해야 했던 이른바 국민방위군이다. 하루 두 덩이의 소금물 주먹밥으로 20일 간의 도보길이 마산(馬山)까지 이어졌다. 장정들은 군수품을 가로채어 수십만이 굶주려 병들면서 죽어갔다.

뒷날에 가서야 국정(國政)을 지탄하는 여론에 밀려 간부 몇몇이 형장의 이슬이 되긴 했으나, 일찍이 없었던 이런 역사가 민족상잔(相殘)의 죄과를 씻을 수는 없다. 머리에 털 난 이후, 덕분에 문전걸식의 경험을 하였다. 그리고 굶주려 죽은 사람들 틈에서 살아남아 부질없는 회상의 아픔을 이렇듯 되새긴다.

글자대로 6.25는 1950년 6월 25일 새벽에 남침의 포성으로 시작되었다. 3일 후 서울은 맥없이 떨어졌고, 한강을 건너지 않은 사람 중에는 '해방만세'를 부른 사람, 목숨을 부지하기 위하여 부르는 체한 사람이 있었다. 그리고 피비린내 나는 피바람이 불었다.

넉넉한 사람은 먹을 것이 있었으나 없는 사람은 허발을 하기 시작하였다. 이런 상황에서 신당동 맏형 집에 들어앉아 있을 수가 없었다. 잔다리—지금의 서교동(西橋洞)에서 농사를 짓는 외사촌 누님에게 감자를 얻고, 밭에 버려진 양배추 껍질까지 꾸려 메고 왔다. 그 해는 양배추가 대풍(大豊)이었으나 버려진 껍질로 허기를 채우는 일을 계속할 수가 없었다. 7월까지 버티다가 8월로 들면서 신변의 위협을 피하여 파주땅 월롱면(月籠面) 대고모 댁으로 피난을 하였다. 어리벙거리다가는 의용군으로 끌려간다. 다시 탄현면(炭峴面) 아버지 외당숙 댁으로 깊숙이 옮겼다. 무덥고 지루하던 여름도 가시고 추석을 맞은 뒤, 낮이면 숲속에 종일토록 숨었다.

그 무렵 어디서 날아오는지 행주산성 쪽에 포탄이 떨어진다는 소식이 전하였다. 그것이 유엔군의 인천을 상륙하는 전초전이었다. 이윽고 인민군 패잔병들이 삼삼오오(三三五五) 대열을 흐트린 채, 북으로 향하는 모습을 보게 되었다. 이른바 그것이 9.28 수복이다.

우선 아버지 어머니를 뵈어야 했다. 적치하(赤治下) 5년 동안, 38도선 이북에서 자유 없는 세월을 어떻게 보내셨나, 살아남기나 하셨나 궁금하였다. 우루룽거리는 포성이 지축을 흔들고, 아직도 초연(硝煙) 냄새가 가시지 않아 고향으로 닿은 길은 뒤숭숭하였다.

의정부까지만 가는 기차에서 내리면서 동족 간에 벌인 살육의 현장을 다시 보았다. 정거장 역사(驛舍)는 물론이고, 전 시가에 집 한 채가 보이지 않는다.

거기서부터 걷는 고향집은 수복된 연천에 이르러 다시 서쪽으로 40리를 나가야 한다. 상잔이 할퀴고 간 인적 드문 길을 걸으면서 변하지 않은 산천에 더 비감하였다. 곳곳에서 남침증거를 볼 수가 있었다. 우마차(牛馬車)나 다니던 한적한 길에 시멘트 다리가 놓여 에스(S)자 길이 일직선으로 뚫려 있다.

늙으신 어머니는 조상이 도왔다며 아들을 보게 된 기쁨을 주름진 얼굴에 눈물로 보였다. 그 동안 목숨이 모질어서 살아남았다고 하였다. 그러나 그런 만남도 잠시, 한 달도 넘기지 못하고 다시 어머니 품을 떠나야 했다. 중공군의 개입으로 헤어진 그것이 이산(離散)의 한(恨)의 시작이 될 줄은 꿈에도 몰랐다.

아버지는 고향을 떠나려 하지 않았다. 서울 성균관대학교 구내에는 지금도 오래 묵은 은행나무가 서 있다. 그 나무를 심은 할아버지 '윤탁 (尹倬)'의 산소 밑에서 누대의 묘소를 지키며 살아온 분이다. 남하를 서두르라던 아버지의 말씀이 잊혀지지 않는다. '정감록(鄭鑑錄)'의 말이라며 "임진이북 재차호지(臨陣以北 再此胡地)라더니, 그렇게 되려나 보다"면서 근심을 감추지 못하였다.

아버지는 당신의 걱정대로 저들이 말하는 '반동분자'가 되어 재침(再侵)당한 적 치하에서 다시는 돌아오지 못하는 몸이 되었다.

어머니도 백 세를 넘긴 지가 이미 오래다. 지금까지 살아 계실 리가 없다. 어디서 가셨는지 알기라도 했으면 하나 어떻게 가셨는지 불칙한 상상만이 앞서 혼자서 슬픔을 삭일 뿐이다. 전에는 그렇지 않더니 이제는 꿈에도 잘 뵐 수가 없다. 해마다 어버이날에 '어머니 노래'가 들리면 더워지는 눈시울을 남모르게 식힐 뿐….

하지만 나는 내가 겪은 육친(肉親)의 참화(慘禍)나 비극을 원망할 생각은 없다. 너 나를 가릴 것 없이 져야 할 역사의 현실, 그리고 인과(因果)의 필연(必然)으로 돌릴 뿐이다. 오늘에 와서 말한다면, 민족상잔이 언제 있었더냐 싶게 가진 자와 없는 자 사이에서―고삐 풀린 망아지처럼 돌아가는 세월 속에서 이데올로기라는 꼭두각시에 의한 희생이 억울할 뿐이다.

같은 얘기는 하는 사람도 그렇고 듣는 사람도 재미가 없다. 그러나 6.25 동족상잔은 되풀이해도 시원치 않고, 되풀이 생각해도 억울하다. 전쟁의 참화가 어떤 것인가는 굶어 보지 않은 자가 배고픈 자의 마음을 알 리 없듯, 겪어보지 않은 자는 알 리가 없다.

6.25가 동란이냐 통일의 의지냐로 입씨름이 되기도 하나 여하간 꼭두각시가 벌인 6.25보다 더한 비극을 겪어 본 일이 없다. 나만의 얘기가 물론 아니다. 하지만 지상낙원을 만들었다는 저들은 지금도 저질러놓은 참극을 미화한다. 해방—억압과 착취로부터 풀어주기 위하여 일어선 성스러운 조국전쟁이라 말한다.

나는 일본이 패망해서 이 땅에서 물러났을 때, 해방이라는 말을 처음 들었다. 1945년 8월 15일 스물 셋이던 해, 비로소 저들의 쇠사슬에서 우리가 풀려났다는 것을 안 것이다. 그런 '해방'이 어느 이민족(異民族)에게 또 다시 묶였다는 것인지, 해방이라는 말이 되살아나고 있다.

아무튼 전쟁과 평화가 무엇이고, 동족상잔이 어떤 것인가를 6.25를 통해 체험하였다. 철 모르던 시절에 겪었던 중·일전쟁(1937년 7월 발발)의 기억은 차라리 아련한 추억이 된다. 광신자들은 우리들 소년을 그렇게 만들어 나치스 히틀러를 영웅으로 받들게 하였고, 파시스트 무솔리니를 그렇게 떠받쳤다. 이들과 합세가 된 일본과 싸우던 중국의 장개석은 이와는 다르게 어린 우리에게까지 웃음거리로 만들었다. 지금도 한쪽에선 이데올로기라는 이름아래, 이와 같은 꼭두각시 놀음을 벌이고 있다.

2차 대전의 막이 내리고, 5년 뒤 벌어진 민족상잔 6.25…. 부자 간에 총을 겨누어야 했고, 형제 간에 총을 맞대야 했던 6.25. 그 6.25전쟁이

나기 전, 남에서 광복을 맞은 나는 두어 차례 고향 집엘 다녀왔다. 북쪽 지역에 고향집이 들어가 있는 것부터가 기구한 팔자이지만, 고향방문이 이루어진다 해도 주춧돌조차 찾을 길 없는 휴전선 속에 묻혀 내게는 돌아갈 고향집이 없다.

광복의 열기가 가라앉기 전, 고향집을 향하다가 고랑포(高浪浦) 뒷고개를 넘은 지점에서 소련군 병사에게 잡혔다. 그곳이 국토의 허리가 잘린 현장, 겨레의 맥이 끊긴 지점이었다. 소련 병사의 총구가 목에 겨누어진 위기에서 풀리면서 조국의 해방이 무엇인가를 알았다. 그리고 이데올로기라는 괴물에 오늘까지 분단의 벽이 높아지리라고는 생각지도 못하였다.

북침(北侵)이라고 우기는 소리가 이즈막에 와서 남침설(南侵說)로 뒤집혀져 나온다. 살육 현장의 처절한 증언도 거짓말이라고 우기는 철없는 세대에게 저들의 종주국 소련이 입을 연다.

아무려나 동족간의 참화를 되새기면서 나는 2차 대전 시절의 일을 회상하지 않을 수 없다. 군국주의 일본은 우리에게서 모든 것을 빼앗아 갔다. 말과 글과 성(姓)을 빼앗았고, 쌀을 빼앗아 배고픈 설움을 겪었다. 청년은 전쟁터로, 여자는 정신대로…. 남은 것이라곤 목숨만을 부지해야 했던 자유뿐이었다. 얘기가 옆으로 흘렀지만 6.25의 참화는 이보다 더한 비극이 없다. 하지만 그것은 누구에게도 떠넘길 수 없는, 함께 새겨야 할 인과(因果)일 뿐, 또 다시 인다면 그 허물은 아무에게도 돌릴 수 없다. 도발을 하는 쪽도 그렇거니와 불러들이는 쪽도 하늘이 내리는 심판을 받아야 할 것이다.

(1990. 6.)

서투른 초대

　막내놈이 국민학교 졸업을 앞두었다. 위로 누이 둘과 형이 나온데다가 마지막 졸업이라 해서, 자식 넷을 가르쳐낸 학교에 감사와 자축의 뜻으로 담임교사를 초대키로 하였다. 초대라면 으레 고급 요식업소를 연상하는 세태이지만, 그런 접대가 아니라 집으로 와 달라고 했다. 현금대접이 좋다는 말을 서슴없이 하는 세상이지만, 아내가 동직이고 해서 얘기도 할 겸 몇 사람 부를 준비를 하였다.

　방학 중이라 바쁜 일도 없을 터이고, 사는 꼴 구경삼아 소주 한 잔 하자고 하는 말이 떨어지자, 교감 선생을 동반해도 되느냐기에 3~4명 더 와도 좋다고 하였다.

　소주 한 잔 대접하겠노라고 한 말이기는 하지만, 모과주 담은 것과 국산이나마 몇 병의 양주를 마련하였다. 갈비를 쪄놓고 닭이니 생선이니 해서 이만하면 하는 정도로 준비를 마친 그날은 아침부터 눈발이 비쳤다. 낮이 되면서 함박눈으로 변했고, 그래서인지 점심때가 되어도 소식이 없었다. 전화를 했더니 어제와는 달리 탐탁치가 않다는 어조로 사절을 한다.

　전날에 취한 술이 깨지 않아 사양한다는 것이었다. 이렇게 되니 난감해진 것은 내가 아니라 안사람이다. 소주 한 잔일망정 성의를 받아달라고 다시 간청을 했으나, 같이 온다던 교감은 역시 못 온다고 하였다.

아내의 성의가 헛될 것을 생각해서 직접 교감에게로 전화를 했다. 그런데 기동을 못할 정도로 전해 들었던 그의 대답은 그렇지가 않다. 다만 탐탁치가 않다는 사양조다. 아무튼 점심때가 훨씬 겨워서야 반신반의했던 대로 담임교사만이 혼자 왔다.

소주잔이나 마실 줄 알고 온 그는, 양주 한 병을 혼자서 비우고 포식했노라며 돌아갔다. 그가 돌아간 뒤 그들먹하게 남은 음식상을 보며 나와 아내는 한바탕 웃었다.

이 일은 해가 바뀌어 잊어버릴 때가 된 일이건만, 아내가 학교에 있는 죄로, 어쩌다 부형의 얘기가 화제에 오르면 되살아난다. 평양감사도 저 싫으면 그만이니, 초라한 초대에 불응키로 그게 무슨 잘못이랄 수가 있겠는가. 눈 오는 궂은 길에 소주잔이나 마시자고 한 내게 잘못이 있다면 잘못이 있다. 뒷날 들어서 안 일이지만, 그 날 창 밖에 내리는 눈발을 보며, 초대라도 없나 하고 교무실 직원들은 무료했다 한다.

참다운 교사는 인정에 약한 것이 속성이다. 학부모가 쥐고 와 건네는 담배 한 갑에도 고달픔과 고뇌를 잊는다. 초대상에 남은 음식을 보면서 그날 나는 친구라도 불러 취하고 싶었다.

(1979. 12.)

치욕(恥辱)의 자국

1945년 8월 13일 하오 2시께, 난데없는 공중전이 내가 근무하는 시골 학교 교정 위에서 벌어졌다. 한 대의 일군기를 두 대의 미군기가 독수리가 먹이를 후려치듯 하고, 교정의 상공을 유유히 사라졌다.

그 날 나는 난생 처음으로 공중전을 보았다. 그리고 이틀 뒤에 일본은 패망을 하였다. '해방'이라는 말을 처음 들으면서 나는 어리둥절하였다. 이윽고 사람들은 해방을 외치며, 다투어 애국자인 양 했고, 독립투사인 양 했다. 내가 어리둥절했던 것은 목숨 부지하기에만 매달렸던 세상이 하루아침에 바뀐 때문이다.

재야(在野) 사학자 임종국(林鐘國)은 그가 쓴 『친일문학론(親日文學論)』 발문에서 기성세대를 향해, 18살이던 당시의 자신에게 왜 신라 고구려인의 후예임을 가르쳐주지 않았느냐고 항변하였다. 그런 말은 누구도 할 수가 있을 것이나, 나는 설사 말을 들었다 하더라도 별수가 없는 위인이었다. 여하간에 우리는 일제에게 모든 것을 빼앗겼다. 말을 빼앗기고 글자를 빼앗기고 성명마저 일본식으로 바꿔 달았다. 그리고 구차한 목숨을 이어왔다.

해방이 되던 그 날, 우리는 말과 글을 지체 없이 되찾았다. 일인식으로 바꾸었던 성명을 우리식 이름으로 되살려 달았다. 나는 일본식 성도 아니고 이름도 조선식 그대로여서 엉거주춤한 창씨개명을 하였지만, 어떤 사람은 성도, 이름도 순 일인식으로 호기 있게 고쳐 달았다.

그 시절에 춘원(春園)은 조선의 청년에게 우상이었다. 그가 한 창씨개명—香山光郎(향산광랑)을 보면서, 나는 그를 불운(不運)한 시대에 태어난 사람이라고 동정하였다. 그가 자신의 고향인 묘향산(妙香山)의 향산을 따고, 광랑(光郎)의 랑(郎)은 저들의 비위에 맞춰 지은 것이겠지 하였다. 그러나 그것이 아닌 것으로 그가 밝힌 것을 보고 실망하였다. 그는 말하기를, 일본 나라(奈良)에 일제의 국조(國祖)—천조대신(天照大神)을 모신 가시하라(橿原)신궁이 자리한 향구산(香久山)의 향산(香山)을 땄다고 했다. 그런 것도 모르고 그가 고향의 명산 묘향산을 땄다고 생각해왔다.

그런 세월이 흘러 광복 반세기를 넘겼다. 패전국이던 저들 앞에서 지금 우리가 서있는 곳은 과연 어디쯤인지 할 때가 있다. 걸핏하면 정신박약아를 다루듯 하는 저들로부터 우리는 이리 얻어맞고 저리 쥐어박히듯 해왔다. 잘 살게 되는 길만이—힘이 생기는 길만이 모멸을 면한다 하지만, 밸이 없고 제정신이 없으면 수모를 받게 되는 것은 어쩔 수 없다.

광복 반세기—1세는 가고 3세가 주역이 되어 가는 지금, 각계각층에서 일인식 이름을 가진 사람의 얼굴이 두드러지게 나타난다. 한국인에게 달린 일인식 이름, 민족의 골수에 뿌리박은 이 굴욕의 표상들….

(1997. 8.)

실향기(失鄕記) (1)

    길 옆은 인분내가 나는 채소밭이고, 납작한 양기와집에 섞여 드문드
문 초가가 있던 곳—무악재 너머 홍제원 밖은 아직도 내 마음 속에
그 전원의 모습으로 자리 잡고 있다.

    지금은 박석고개를 지나 구파발에서도 얼마를 더 나가 삼송리 밖이
라야 겨우 변두리의 느낌이 드는데, 우마차가 건너던 홍제천에는 고가
도로가 놓이고 교통이 소통되지 않을 만큼 번잡해졌다.

    홍은동 네거리로 불리우는 이 교차로에서 연희동쪽으로 3백 미터쯤
나가면 고궁의 돌담 같은 거창한 담장이 나타난다. 그 담장 안에는 정
정한 오리나무 노목에 섞여 몇 그루의 나이 먹은 소나무와 잡목들이
우거져 있고, 동남향의 긴 골짜구니로는 속칭 논골이라는 마을이 자리
잡고 있다. 이리로 내가 이사 온 지가 올해로 15년이 된다.

    동북쪽으로는 산을 헐어내고 있는 채석장이 있고, 뒤로는 백련산이
둘려져 있다. 이 마을은 30년 전엔 모두 논이었다 한다.

    평퍼짐하게 퍼져 내린 마을 어귀가 수천 평쯤은 되는데, 거창한 돌담
으로 둘러진 안에는 벚나무, 단풍, 향나무 등의 관상수와 담 밖으로는
아카시아 등의 자연생 잡목들로 울창해서 서울에서는 드물게 보이는

경관을 이루고 있다.

숲속에는 추녀를 높직이 드러낸 솟을대문과 기와집의 수려한 용마루가 보이는데, 마을 사람들은 이 집을 궁집 혹은 대감집이라고 부른다.

이 집 뒤 송림 속에는 분묘 한 장이 있다. 이 묘가 세상에서 이르는 강화도령 '철종임금'의 생모 되는 분의 묘다.

넓은 묘지 일대는 앞서 말한 것 같은 경관이어서 지나는 사람들은 더러 왕릉으로 안다.

내가 이사 올 무렵, 마을 초입에는 납작한 초가 한 채가 있었다. 나는 초가를 보고 오랜만에 만나는 친구처럼 정겨웠었다. 잃어버린 고향의 숨결을 아침저녁으로 느끼면서 그 초가 앞을 지나다녔다. 대로변에 살면서 밤늦도록 인적에 시달리다가 이 마을로 온 첫날밤은 산속의 절간에 온 기분이었다.

아침 일찍부터 참새가 창가에 와 아침잠을 깨우고, 봄이면 뒷산에서 장끼가 깃을 치며 운다. 아카시아 꽃향기가 마을에 번지고 녹음이 짙어지면, 뻐꾸기가 울어댄다. 궁집 고목에선 꾀꼬리도 울고 두견도 운다. 두견(일명 자규)은 속칭 쪽박새라고도 하는데, 이 두견 말고도 봄밤이면 고향에서 듣던 귀 익은 새소리가 또 하나 있다. 흡사 고기를 다지는 도마소리를 내는 놈인데, 어른들이 말하기를 간부(姦夫)에게 밤참을 해 주는 놈이라고 했다.

도회의 복판에서 아침저녁으로 새 소리를 듣는 것은 적지 않은 분복을 누리고 있는 셈이다.

산새들의 울음은 초야에 묻힌 이의 마음을 즐겁게 해준다. 그러나 두견이나 접동새(일명 소쩍새), 뻐꾸기 등은 슬픔을 주기도 한다. 접동새는 그윽한 산마을이 아니고서는 듣기가 힘드는데, 뜻밖에도 지난해엔 그놈의 울음소리를 들을 수가 있었다.

쪽박새(두견)는 접동새만큼 마음을 휘어잡지는 못해도 슬픈 사람의 마음을 흔드는 놈이다.

이조 숙종 때에 소악루(小岳樓)라는 호를 가진 이가 "자규야 울거든 너만 울지 왜 나까지 울리느냐"고 읊은 것이라든지. 어린 단종이 달밤에 우는 두견에 슬픔을 달래지 못했다는 것 등은 그런 예다.

논골에는 두견을 비롯하여 웬만한 새소리는 다 들을 수가 있다.

봄부터 늦게까지 우는 뻐꾸기는 아무 때 들어도 처량하고 은은하지만, 이 봄에도 지뢰밭으로 변해 있을 고향의 집터에서 뻐꾸기는 무심하게 울고 있으리라.

15년을 겪는 동안 논골도 많이 변모해서 지난날의 모습을 바꿔 놓았다. 서울에서 살면서도 서울 구경을 나서는 것 같은 것이 요즈음의 상황인데, 한 곳에서 15년을 살고 보니 인사를 받기도 한다. 1년에도 몇 차례씩 이사를 하면서 부동산 경기로 재미를 보는 세태이고 보면, 나에게는 그 인사말이 무능하다는 말로도 들린다.

골짜구니엔 이제 빈터가 없도록 집이 들어섰고, 포장된 마을길엔 밤이 깊도록 차가 드나든다. 궁집터서리의 노송은 10년 동안에 시나브로 말라 죽어서 두서너 그루밖에 남지 않았다. 소나무만이 지니는 대기만성의 운치가 눈길을 끌어 좋더니 대기의 오염이 그 운치를 말라 죽게 하고 말았다.

환경이 이렇듯 변해가고 있어도 별 수 없이 살아갈밖에 도리가 없는데, 이즈막에는 채석장 공해를 견뎌내기가 또 힘겹다. 주민들이 관계당국에 진정을 해도 소용이 없다.

메질로 바위를 뚫던 때는 장단을 맞추어 때리는 징소리의 금속음향이 오히려 좋더니, 기계로 뚫으면서부터 소음공해에 시달린다.

이러저러하게 마을은 변모해 가고 사람도 많이 갈아들었다. 그러던 중 급기야 실망을 안겨준 일이 하나 생기고야 말았다. 아침에 나가면서 보았던 초가지붕이 저녁길에 그 모습을 바꾼 것이다. 올 것이 온 것뿐이라고 생각하면서도 슬레이트가 얹혀진 지붕을 보고 영영 고향이 멀어진 기분이었다.

(月刊文學 1979. 4.)

사랑할 때와 죽을 때

생(生)과 사(死)의 처참한 아수라 속에서도, 들꽃처럼 청순하고 애잔한 사랑의 감동을 담고 있는 것이 전쟁 영화다. 사신(死神)을 의식할 여지도 없는 긴박감 속에 넘치는 인간애 때문에, 나는 그런 전쟁영화를 좋아한다.

내가 잊지 못하는 에른스트 그레버는 그런 영화 속의 주인공이다. 〈사랑할 때와 죽을 때(레마르크 원작)〉의 주인공인 그를 못잊는 까닭은, 나치 독일의 병사인 그가, 스승인 폴만 선생을 찾아가 말한 얘기 가운데의 한 대목으로 요약될 수가 있다.

"저는 지난 10년 동안에 저질러지고 있는 죄악(히틀러의 독재)에 얼마만큼 제가 관련이 되고 있는가를 알고 싶습니다."

그레버는 기구한 생을 마친 나치 독일의 병사였다. 흔히 운명론을 내세워 한 인간의 생과 사를 가볍게, 그리고 쉽게 옆으로 밀어버리지만, 나는 그레버의 죽음만은 그럴 수가 없다. 무척 오래 전에 본 영화 속의 그가 기회만 있으면 되살아나지만, 산다는 문제와 죽는다는 문제를 놓고 얘기가 되면 그레버의 죽음이 감상거리만은 될 수가 없다.

인간의 작위(作爲)가 얼마만큼 참화를 빚어내고 있으며, 얼마만큼 비극을 안겨주는가를 그레버가 실증을 보여주기 때문이다.

그는 끝내 전쟁이라는 것에 대해 회의를 느꼈다. 대수롭지 않은 말이 죄가 돼 목이 잘리고, 나치 전선에선 이유도 없이 인간이 살해당하고 있어 인간의 그런 죄악을 의식한다.

마침내—같은 부대 소속 나치주의자 가슴에 총을 쏘기에 이르렀고, 잡아놓은 소련인 포로를 풀어주지만, 그레버의 이러한 인간애는, 그러나 기구하게 참으로 기구하게 풀려난 자로부터의 총에 되맞아 쓰러진다. 언어의 도(道)가 끊어진다든가, 허탈감에 빠진다든가 하는 말은 이런 경우에 두고 하는 말이다.

전쟁이 고비를 치닫고, 그의 고향 하겐 가(街) 18번지는 폐허가 되었다. 휴가 중 그런 속에서 결혼을 한 그는 귀대 후 패퇴하는 독일군 진지에서 아내의 편지를 받는다. 나치에게 함께 박해를 받는 가운데 싹튼 사랑으로 맺어진 아내가 임신을 했다는 소식에 접하는 순간, 배은(背恩)의 총탄이 그를 향해 날아갔다.

다리 위에서 읽고 있던 편지를 떨어뜨려 천천히 물 위에 떠내려가는 것을 총상의 몸으로 있는 힘을 다해 잡으려 했지만, 그는 끝내 그 편지를 건지지 못한 채 난간에 엎드려 숨을 거두고 말았다.

배은의 총탄에 쓰러진 한 인간의 죽음과 물 위에 떠서 그 죽음을 모르는 채 천천히 떠내려가는 편지의 애절한 영상이 어찌 전 세계의 연인들을 울리지 않고 배겼으랴.

삶과 사랑에는 고통이 따른다. 그러나 그레버의 사랑과 죽음은 너무도 허망해서 가슴을 때린다.

무수한 시체를 밟고 넘으며 그는 전쟁이라는 것과 사랑이라는 것을 빼놓고는 생각할 것이 없었으리라.

빈사(瀕死)의 상태 속에서도, 사랑의 편지를 건져 올리려던 그레버
ㅡ그 운명지워진 사랑과 죽음 때문에 나는 그를 더 잊지 못한다.

고난과 박해 속에서도 사랑은 능히 초인적인 힘을 지닌다. 그런 사랑
이 선남선녀들의 신앙이다.

그레버의 사랑과 죽음은 신의 지나친 희롱이 아닐 수 없다.

(대우가족 1981. 4.)

분단(分斷)의 현장, 자유의 다리 앞에서

옆자리의 20대 젊은 내외가 아까부터 품안의 아기에게 재롱을 떨리며 가고 있다. 쾌적한 통일로―임진각으로 달리는 버스 속이다. 차창 밖 논에는 기름을 발라 씻은 듯한 건강한 모들이 자라고 있는 것이 보인다. 엊그제까지 가뭄소동이더니만, 끝없이 펼쳐지는 풍작의 들판을 보니 국토에 안기는 마음이 평화롭다.

그러나 통일로를 북상하면서 차차로 마음이 밝아지지 않는 것을 어찌하랴. 통일로변 6월의 산천은 그토록 울적해 보일 수가 없다.

나는 오늘 통일로를 달리며 잃어버린 고향을 생각해야 한다. 실향민의 연약한 향수가 아니라, 동통으로 되살아나는 아픔이다.

옆자리의 젊은 부부에게 고향을 물었다. 무슨 생각을 하며 임진각엘 가느냐고 하니, 고향이 진주라는 그들은 관광차 가는 것뿐이라며 밝은 대답을 한다. 그들에겐 6월의 상처가 있을 리 없다.

임진각에 닿아, 한 젊은이에게 같은 질문을 했다. 제주도가 고향인 그는 임진각에 맺힌 36년 한(恨)을 모른다며 별다른 감회가 없다고 한다. 강 건너 보이는 땅이 건너갈 수 없는 장애물 정도로 생각된단다.

광주에서 올라온 두 처녀도 철조망이 섬뜩하다는 것 외에 제 허리

잘린 아픔을 모르고 있다. 강산은 말이 없고, 이렇듯 끊어진 다리 앞에서 주인은 남의 나라사람처럼 무심하다.

어느 때 부턴가 나는 차창에 펼쳐지는 경관을 그림폭으로 보는 버릇을 지녔다.

하지만 오늘은 통일로 북단에 서서, 그 강산이 정을 거두고 있는 것을 봐야 한다. 그렇다, 오늘의 침통한 강산 표정을 바로 보는 사람은 누구일까.

5월은 계절의 여왕, 밝은 계절이지만, 6월의 강산은 그렇게 밝기만 한 계절은 아니다. 부박(浮薄)하지 않게 우리에게 다가서기도 하나 그 표정은 기억상실증에 걸린 사람처럼 가깝지도 않고 멀지도 않게 곁을 주지 않는다.

나는 그렇게 물러나 앉아 있는 강산을 무성한 자유도시 속 젊은이들에게서 봐야 한다.

그들은 이 6월의 상처를 기억하기를 부담스럽고도 주체스러워 하고 있다. 6월의 아픔을 묻는 질문에 흥미가 없다는 듯이 손을 잡고 거리의 혼잡 속으로 사라져가는 젊은 자유인들. 그 자유가 부러웠다.

나는 젊은이들로부터 강산이 버스러져가고 있는 증거를 보아온 셈이지만, 나도 그렇게 별수 없이 살아가고 있다.

강산은 강산대로, 주인은 주인대로 흘려보낸 36년, 변함없이 잠자코 임진강이 흐르듯 분단된 현실엔 침묵할 밖에 없다. 할 말이 있다면, 무슨 말을 해야 할까.

해마다 뒷산에서 뻐꾸기가 울면 상처는 은은한 그 뻐꾸기 소리처럼 되살아난다. 그 울음마저 없다면, 6월은 삭막한 달이 될 뿐이리라.

자유의 다리를 뒤로 두고 돌아설 때, 어머니의 말씀이 귓전에 울려왔다. ─집 앞까지 왔다가 그냥 가려느냐….

동행한 사람은 나의 심중을 알 까닭이 없다.

임진각 식당에서 옆자리에 와 앉은 60대 일본인 관광객과 마주쳤다. 기름기 흐르는 그의 면상(面相)을 바라보면서, 패망길에 뻗고 가던 그들의 말을 되새겨야 했다.

20년 후에 다시 보자며, 거지가 돼 쫓겨 가던 그들이 지금 내 옆자리에 와 불고기를 즐기고 있지 않은가. 한국 땅이 초행이라는 그에게 한마디 건넬까 하다가 그만 두었다. 이 마당에 그가 속죄를 한다 해도 그렇고, 못한다 해도 그렇다.

그들로 해서 허리 잘린 우리가 건넬 말이 있다면, 무슨 말을 건네야 할 것인가. 맺혀있는 통한에 아직도 우리에게 부채질을 하고 있는 그들의 속셈을 모르는 일이 아님에랴.

그들은 지금 예언대로 다시 와서 쫓겨 가던 때의 모습이 아닌 얼굴로 회심의 미소를 보이고 있지 않은가.

그래도 무심할 수가 없어 끝내 한마디 건네었다. 그러나 초점 흐린 야릇한 그의 대답은 마음만을 뒤집어 놓았다. 전쟁과 평화를 생각하게 된다면서, 열심히 일하고 즐겁게 살겠다는 묘한 대답을 한다. 침략시대를 겪은 양심 있는 일본인이기를 바랬으나 그것은 계산 착오였다.

오늘의 이 현실, 그렇다. 낙엽처럼 거듭 세월이 쌓이기만 하는 우리의 이 아픔을 아는 사람은 일본인도 아니고 미국인도 아니지 않은가. 오늘의 젊은이들이 한 사람이라도 스스로 제 아픔을 못 느끼는 것이라면, 남이 알아주기를 바라는 것은 어리석을 뿐이다.

자유의 다리 앞 광장에는 피부색 다른 제 3국 젊은이들이 자전거를 타고 와 희희낙락하고 있었다. 내 반신불수를 즐기기라도 하듯이.

그들 옆에서 나는 36년을 말없이 흐르고 있는 임진강 건너의 산을 바라보았다. 그 옛날 국토의 남단에서 북단까지 거침없이 철마가 달리던 다리 앞에 서서 임진강 물굽이를 바라보고만 있었다.

남북의 분단을 증거로써 보여주고 있는 현실 앞에 억울하다는 말조차 잊은 채….

(京鄕新聞 1981. 6. 24.)

사모곡(思母曲)

거리에 어린이들이 미어지던 날, 연초록으로 물이 든 백련산(白蓮山)엘 올라가 푸른 하늘을 우러러 보고 푸른 지상을 내려다봤다.

－5월은 푸르구나 우리들 세상－어린이가 아니어서인지 즐거울 것도 없고 상쾌할 것도 없다.

고향을 등진 지 35년. 정이들만큼의 시간을 살아왔건만, 산상에서 내려다보이는 풍경은 부질없는 질주와 소음의 시야로 숨 막히게 돌아가고 있을 뿐이다.

5월의 향훈이 감도는 한낮을 구름이 떠서 어디론지 흐르고 있을 뿐 사위는 적막하기만 하다. 이 산에서 해마다 울어주는 뻐꾸기는 아직 일러서인지 들리지 않고 장끼가 풀숲에서 깃을 치는 소리만이 난다. 하계의 아수라가 한 걸음 멀어진다.

해마다 철이 바뀌어 끊어진 지맥을 타고 오는 무심한 봄이 올해도 다를 게 없건만, 사람들은 봄을 즐기고 그 속에서 분단된 상처에 낙엽만을 쌓아간다.

나는 오늘 어버이날을 맞아 산마루에 올라 낙엽 속에 가리어진 상처를 꺼내 더듬어 보는 것이다. 봄날의 안개에 가린 북쪽 연만(連巒)들이 아련히 보이고 그 하늘 밑 지하 어딘가에 묻혀 계실 어머니 곁으로 가보기 위해 산엘 올랐다.

푸른 세월이 흘러 눈물조차 마른 망각의 늪 속에서 해마다 한 번씩 도지는 상처가 사치 같은 감상이 돼가는 것이라고 한다면, 하늘의 응보(應報)에 지나친 자학이 되는 것일까. 어디서 들려오는 〈어머니 은혜〉 노랫소리－진자리 마른자리 갈아 뉘시며, 손발이 다 닳도록 고생하시네－충혈 되는 눈시울을 나는 아무에게도 보이지 않아야 한다. 지금 나는 어머니가 살아계시는지 돌아가셨는지조차 알 길이 없이 살아가고 있다. 90을 넘기셨으니 돌아가셨다면, 언제 어디서 돌아가셨을까. 아버지 생신에 함께 제사를 지내면서 그런 때라야 어머니 곁으로 가는 불효를 돌아본다.

어머니는 내가 마지막 뵙던 날의 모습을 하고 영원히 내 가슴속에 살아계시리라. 동족상잔의 제물이 되시고 나는 이렇게 남아 어머니를 생각한다. 하늘에 대고 웃을 수도 없는 이 원죄(原罪)를 이제는 원망할 것도 없고 가혹하다고 생각할 것도 없다.

나의 어머니는 그래서 어느 날 한 마리의 산새가 돼 하늘을 날고 계시는지도 모른다. 휴전선 지뢰밭 금줄에 앉아 못다한 원죄의 봄날을 울고 계시는지 모른다. 임진강 맑은 물에 목을 축이시며, 잡초 우거진 빈터(나의 집은 완충지대에 들어가 있다)를 날고 계시는지 모른다. 몇 해 전 민통선(民統線) 북방 가까이 갔을 때 나는 그렇게 어머니가 울고 계시는 모습－ 지뢰밭 금줄에 와 앉아 울던 산새의 울음을 들었다. 공산(空山)을 적막하게 하던 그 산새의 울음은 지금도 귓가에서 사라지질 않는다. 나는 어머니를 마지막 뵌 날짜를 잊으려 한다. 그것은 1950년 12월 6일 포성과 초연냄새 속에 해가 저물던 날이었다.

그날은 함박눈이 임진강 나룻배에 흩날리고 있었다. 상잔의 톱질이 일진일퇴하는 속에서 누대의 산소 곁을 떠나지 못하겠다는 어머니를 생각하며 나는 어지러운 눈발 속에 그 배를 건넜다.

그로부터 30년, 언제 다시 이 강을 건널까 하던 임진강 언덕엔 해마다 계절이 쌓여도 맺혀있는 한은 풀릴 줄을 모른다.

비가 오나 눈이 오나, 짙푸른 녹음의 계절 속에서나, 가을비에 우는 벌레소리 속에서나, 어머니가 보고 싶을 땐 그날의 흩날리는 눈발에 가려진다. 환상으로 나타나는 어머니 가슴에 카네이션을 달아드려 보지만, 호곡(號哭)을 잊어버린 마당에 한을 푸는 방법이 되지 않는다.

내가 잔병치레를 하며 자랄 때, 대신 앓아줄 수가 없어 못 앓아 주신다던 어머니.

웬일일까, 올봄에는 백련산 기슭 샘줄기에서 울던 개구리 소리도 들리지 않는다. 해마다 밤이 으슥해지면서 들리는 개구리 소리에 고향으로 돌아가 보곤 했다. 봄밤이 고달프던 고향에는 개구리가 요란히 울었다.

통일로가 멀리 보이는 산마루에 앉아 안개 속에 흐려져 있는 북녘을 바라보며 나는 어머니를 나직이 부른다. 그리고 휘파람이나 불어야 한다.

(京鄕新聞 1980. 5. 8.)

입춘(立春)에 붙여

아침 새소리가 밝다. 창가에 앉아 어디선지 들려오는 봄 오는 소리를 듣는다.

"봄처녀 제 오시네, 새 풀 옷을 입으셨네. 하얀 구름 너울 쓰고 진주 이슬 신으셨네. 꽃다발 가슴에 안고 뉘를 찾아오시는고….."

밖은 아직 영하의 찬바람이 불어서 이 노래는 성급한 노래가 되지만, 기어이 다가서는 계절 앞에 마음의 겨울옷을 한 꺼풀 벗어야 한다.

아직은 흰구름이 아닌 잿빛구름, 아직은 먼 곳에 있을 새 풀 옷이지만 어디선지 내 앞에 와서는 봄처녀를 보는 것이다.

엊그제까지 어깨를 짓누르던 찬바람 속 풍경들이 오늘은 기지개를 펴며 미간을 편다. 우람한 콘크리트 벽 집이 그렇고, 골목길 구멍가게 좌재를 봐도 그렇다. 하지만 아직은 얼음에 덮여 있고, 구두 밑으로 느끼는 감촉이 굳어서 아이들은 봄 오는 소리를 모르고 있다. 개구리가 입을 열고 양지바른 언덕에 진달래가 피어야 그들은 봄을 노래한다. 입춘이 가져가 주는 어감은 나같이 들어앉아 있는 사람에게 민감한 소식이 된다.

조그만 창으로 들어오는 볕이 어제까지 겨울 속에 얼어붙었던 주름을 어루만지게 하고, 여생을 자족하는 사람에겐 살(矢)같이 흐르는 인생을 돌아다보게 하리라. 1년 중에 새로 시작되는 입춘절은 아이들이 미처 모르는 사이에 성인의 절후로 성큼 다가섰다.

입춘이 지나면 얼어붙은 강물은 속으로 녹아 흐르게 마련, 봄은 그 빙벽을 깨는 소리와 함께 오고야 마는 것, 이 평범한 섭리에 많은 것을 생각하게 하고, 지나간 것을 돌아다보게 한다.

담 밖에서 들려오는 아이들의 양기 가득한 놀음소리―소망스러운 것들을 더 기구하게 하는 아침이다. 아이들의 밝은 기운에 내 방안의 손때 묻은 도구들이 무색해서 빛을 감춘다. 마음속으로 봄물이 풀리고, 한발(一尋)쯤 길어진 햇살에 출렁이는 봄 오는 소리들.

엿장수 가위소리도 오늘 아침엔 밝다. 산촌(山村)사립문 밖 황우(黃牛)의 새김질에 내리던 햇살들이 지금은 비닐하우스에 정겹게 머물고 있으리라. 입춘대길 건양다경(立春大吉建陽多慶)―입춘서가 나붙지는 않아도, 세시풍습은 변했어도 농가 촌로의 기침소리엔 1년의 계획이 세워졌으리라.

춘축(春祝)대신해서 마당을 정갈하게 쓸고 대문도 활짝 열어놓으리라.
"소지황금출 개문만복래(掃地黃金出開門萬福來)."

입춘절은 흙의 계절, 흙에서 사는 사람들의 소망이 걸린다. 보리뿌리를 밭에서 뽑아보고 건강한 뿌리에 소망을 건다. 나는 시멘트 상자 속 도시에서 살면서 인간과 자연과의 그 소박한 유대가 부러워진다. 겨울이라는 거대한 힘 속에 가녀린 뿌리를 동토(凍土)에 내리고 있는 자연의 그 외경 앞에 다시 서보는 것이다. 자연대로 살다간 지난밤의 인류사가 비록 미개한 소치였다 해도 생사존몰(生死存沒)하는 섭리의 존엄성은 부정할 수가 없다.

입춘절을 어간에 해가 훨씬 길어진 것을 알게 되는 것도 여유를 또한 줘서 좋다. 도시사람들은 등으로 받는 버스 속 햇살에서 그저 조금은 봄을 의식하지만, 흙과 더불어 사는 사람은 나가고 들어오는 일터에서 그것을 안다. 시계를 필요로 하지 않는 것은 해와 더불어 사는 까닭이다. 그래서 인류에게 행복을 가져오는 것은 반드시 문명이 아니라고 루소는 말했다.

그의 말대로 시간을 쪼개 시계바늘에 맞춰 사는 것이 행복하다는 생각은 하고 싶지 않다. 시계가 없이 살던 사람들은 발에 흙을 묻히지 않고 사는 오늘보다 불행을 느끼고 살았다고는 볼 수 없다. 산중에 달력이 없어도 되듯이, 그런 어리석음이 아쉬워지는 까닭이 무엇인가ㅡ.

동지(冬至)가 지나 한 달이 훨씬 지났으니, 입춘이 가져다주는 어감을 앞질러 새벽 창가에 동트는 시간도 한 발 다가섰다. 하지만 아직도 귓가를 스치는 바람은 맵다. 24시간의 싸움터로 새벽길에 나서는 정직한 사람들의 마음을 아직은 그 바람이 짓누른다. 남대문이나 동대문시장에 들어서면, 생동감에 끌려 스스로 활력소를 찾게 된다는 어느 실의에 빠졌던 젊은이의 말을 들었다. 녹지 않고 있는 얼음은 그런 의지를 아직 누르고 있지만, 다가오는 봄기운엔 도리가 없을 것이다.

하지만 성큼 다가선 봄의 마음은 한 걸음 물러서서 생각해야 한다. 분단의 매듭을 가슴에서 푸는 일은 더디더라도 이 봄은 마음을 가다듬고 싶다. 통금이 해제됐고, 생활이 아닌 '방종'의 편에 서는 과잉 봄기운 탓일까. 그렇게 들뜬 마음이 아니라, 한걸음씩 물러서서 봄을 맞아야 하리라. 새벽길의 어린 근로자와 단잠을 뿌리치고 나서는 배달소년에게 아직도 더딘 봄을 안스러워 해봐야한다.

(京鄕新聞 1982. 2. 3.)

나의 스승

"나는 무명교사를 예찬하고 노래를 부르리라. 전투를 이기는 것은 위대한 장군이로되, 전쟁에 승리를 가져오는 것은 무명의 병사로다. 새로운 교육제도를 만드는 것은 이름 높은 교육자이로되, 젊은이를 올바르게 이끄는 것은 무영의 교사로다. 그가 사는 곳은 어두운 그늘, 가난을 당하되 달게 받는다. 그를 위하여 부는 나팔 없고, 그를 태우고자 기다리는 황금마차 없으며, 금빛 찬란한 훈장이 그 가슴을 장식하지 않도다."

인용이 좀 길어졌지만 '무명교사 예찬'론의 한 대목이다.

나를 가르쳐 주신 분 가운데는 여러분의 선생님이 계시지만, 내가 잊을 수 없는 분은 '무명교사 예찬'처럼 사회에서 대접도 못 받으며, 그리고 명성을 드날리시지도 못하셨던 신재균(申在均) 선생님이시다. 경기도 연천군 왕징(旺澄) 보통학교 때의 스승이시다.

이제는 노령이 되셔서 돌아가셨는지조차 알 길이 없고, 어디에 살아 계시는지 묘연하기만한 그 선생님이 나이가 들수록 뵙고 싶어진다.

지금 뵙는다면 선생님은 필연코 옛 제자 보시는 감회로 근엄하신 노안에 희색을 띠실 것이리라. 그 노안을 뵙고 싶은 간절한 마음이 안 계신 부모 생각과 다를 바가 없다.

옛날로 돌아가 어린 마음이 돼서, 변변치 못하게 살아온 사연들−해묵은 말씀들을 털어놓으면서 응석이라도 부리고 싶다. 해방을 맞고 분단의 비극을 겪고 정변을 치르면서 살아온 사연들을 말이다.

강우규(姜宇奎) 의사가 일경(日警)인 제자를 믿고 한 말이 빌미가 돼서 그분은 체포가 됐다지만, 선생님께서도 내가 무슨 말씀을 하든 어린 시절의 제자 말씀으로 믿고 들어주실 것이리라.

보통학교 4학년 때의 어느 시간이 나에겐 지금도 생생하다. 검소하게 살아야 한다고 가르치시던 시간에, 당신이 입고 있던 옷을 가리키시며 하신 말씀−10년 동안을 입어온 옷이라고 하신 말씀이 아직도 내 귀에는 남아있다.

불의와 타협할 줄을 모르시던 선생님은 남처럼 편하게 사신 분이 아니시라는 것을 알게 되니 더욱 우러러 뵌다.

민족상잔의 비극의 와중이던 피난지 대전 중동시장의 길가에서 우연히 만나 뵈었을 때, 선생님은 배낭을 걸머지고 계셨다.

"기회가 있으면 다시 만나게 될 걸세." 하시면서 돌아 서시던 수척하신 뒷모습은 지금도 내 마음을 아프게 한다.

피난살이로 홀로 떠돌던 때라 점심 한때를 대접해드리지 못한 죄를 어떻게 씻어야 할는지. 교장직을 내놓으시고 공주에서 구멍가게를 하신다는 말씀을 들은 지도 30년이 넘었으니 뵐 길이 아득할 뿐이다.

개나리꽃 피는 교정으로 다시 돌아가 소년이 돼서 선생님을 뵙고 싶으나 이제는 그럴 수도 없다.

유태인 속담에 인생의 학교엔 휴가가 없다고 한다. 지금은 평생 교육이란 말도 있고 나 밖의 사람은 모두 스승이라고 한 사람도 있다.

하지만 나는 무명교사 예찬 속의 스승이 내 곁을 떠나시고 안 계심을 슬퍼한다.

교사는 있어도 스승은 없다는 말은 누가 했는가.

참고서를 사다가 정가보다도 낮게 나누어주시던 선생님, 자작시를 낭송해주시던 선생님, 국제아동작품전에 쓸만한 것이 안 나온다고 역정을 내시던 선생님들. 그 여러 선생님들 가운데서 사랑의 매를 맞아본 일이 없는 나는 단 한 번의 매를 맞은 일이 있다.

이제는 그 사랑의 매를 맞아보고 싶어도 선생님들은 떠나가고 안 계신다.

(京鄕新聞 1983. 1. 31.)

만추(晚秋)의 문턱을 넘으며

상강(霜降)도 지나고, 가라앉은 사위에 찬비가 내리더니 한껏 가을이 깊어졌다. 도시의 빌딩 그늘에도, 언덕바지 납작한 지붕 밑에도 가을은 마지막으로 깊어져간다. 그리고 단풍이 물드는 산마을―일손 바쁜 아낙의 마음에, 아이들이 돌아가는 귀로(歸路), 다시 휴전선 155마일 산하(山河)에 갈대꽃을 피우며 깊어져가고 있다.

밤을 새워 인생을 고뇌해보지 않고서는 인생을 말하지 말랬듯이 폐허가 된 주춧돌에 핀 갈대꽃은 꽃이 아니다. 20대 초반이던 가슴에 부등켜안았던 이 가을은 매년 동강이 나서 동통 같은 아픔으로 되살아난다. 그리고 아무 일도 없이 하늘은 푸르기만 하다.

동서의 시인들은 왜 가을을 슬프다고 했던가. 무성하던 비바람이 한 잎 낙엽으로 돌아가는 때문이었을까. 훌훌 털어버릴 수도 없이 체념을 하고 돌아가야 했던 때문이었을까.

그것은 기쁨이 아니라 회한(悔恨)같은 씨앗이다. 잠시 동안만이라도 그렇게 겸허해 보고 싶다.

해마다 그렇듯이 가을엔 어디든가 떠나고 싶어진다. 지도를 펴놓고 정처 없이 도상(圖上)의 길을 떠나보는 것이다. 가을날에는 눈을 감고 지향이 없다. 그렇게 떠나보는 사념(思念)은 언젠가 가슴을 멍들게 한 완충지대의 갈대꽃이 되어 나부끼는 것이다. 그렇게 접혀있는 36년 동안의 내 고향의 가을—.

그 가을의 길을 돌아다본다. 걸어온 자국이 없다. 흐르는 물과 같고, 구름과 같다고 한 발걸음의 이치를 깨달을 만한 위인이 못 된다.

아내의 일을 거들어주는 지아비의 길을 조금은 알아진 듯한 나이로, 이 가을을 돌아다보는 것뿐이다. 하지만 빌(空) 것도 없는 마음이 허전해지는 것은 가을 탓인가.

해방, 분단, 사상, 전쟁, 자유, 애국—와중(渦中)에서 회한(悔恨)도 없는 발자국—누구는 죽고, 누구는 행방을 알 수 없고, 누구는 살아서 이 가을을 맞는 길목—.

오라는 사람이 없어도 사람이 만나고 싶다.

불현듯 20년 전에 살던 집이 가보고 싶어져서 문전을 서성이다 돌아왔다. 주인이 몇 번이나 바뀌었을까—손때 묻은 정을 먼발치로 바라보았다. 종로나 광화문에서 인파에 밀리며, 반가운 이를 만나지기를 바라다가 허전한 발걸음이 되는 날처럼 군중속의 그 고독을 변하지 않고 있는 옛집에서 다시 느껴보기도 한다. 석양판 까마귀가 한림(寒林)으로 돌아가는 마음 같은 것인지.

도심(都心)의 가을은 왜 이렇게 삭막할까. 가로수 잎이 뒹구는 구르몽(프랑스 시인)의 '낙엽'이 없다.

그 낙엽 밟는 소리가 없다. 이런 '사치'를 이 가을엔 조금쯤 누리고 싶다.

자고 일어나면 문전에 와 배달되는 가지가지의 활자(活字)의 배설물들—가난과 풍요—을 가을도 그렇게 어지럽기만 하다. 낙엽처럼 따뜻한 사랑의 밀어들은 어디에서 맴돌고 있는 것일까. 거대(巨大)한 물체로, 아스팔트 위에서 가을은 그저 비정(非情)하기만 한가.

답답하다. 교외로 벗어나는 시내버스를 어제는 목적도 없이 타보았다. 진열장 속 가을보다는, 풀씨 한 알을 받쳐 들고 있는 가을은 평범해서 경건하다. 행락(行樂)에 희롱거리는 가을이 아니다. 활자(活字)를 주조(鑄造)해내는 문화의 가을이 아니라, 자연에서 낳아 자연으로 내가 돌아가는 가을을 보는 것이다. 쇠지랑(쇠오줌) 냄새 물씬 맡으며, 괴있지 않은 냇물을 보며 산마루를 넘는 흰구름과 바람에 선 나무들과도 인사를 하는 것이다.

송추를 거쳐 의정부로 가는 버스 속, 아낙들의 옷주름에 그런 가을은 깊어가고 있었다. 농가의 마당가, 냇물의 징검다리, 추수를 마친 빈 밭—그 어느 것도 화장을 하지 않은 어머니의 모습 그대로이다. 건강한 눈으로 나를 바라보는 것이다.

지금 내가 하고 있는 일은 무엇일까. 따뜻하게 낙엽이 돌아가고 있는 가을에, 나는 지금 볼펜을 잡고 있다. 시멘트 바닥을 뚫고 자란 풀잎의 의지가 가을바람에 혼연히 나부끼고 있는 잎에 비교하면, 매끈한 손가락에 끼인 볼펜의 뜻은 아무것도 없다.

가을하늘의 푸른 뜻을 호미 끝으로 일궈본 일이 있는 나는, 내가 잡는 회의적인 볼펜의 뜻에 의미를 주지 않는다. 오래전에 채마를 가꾸며 호미의 흙을 닦으면서 쳐다보던 가을하늘은 아직도 내겐 절실한 것이다. 그 가을하늘은 오늘도 푸르기만 하고 낙엽의 갈피 속에서 말없는 섭리로 내게 다가선다.

그것은 고궁 뜰에 펼쳐진 감상(感傷)의 가을하늘도 아니고, 화폭에 담겨진 미학(美學)의 가을하늘도 아니다. 조금은 소박해지는 마음—손을 모으고 수분안명(守分安命)의 다소곳해지는 빛깔이다.

가을은 그래서 화려하게 돌아갈 수가 없다.

경건하게 릴케(독일 시인)가 가을 앞에 머리를 숙였듯이 낙엽들이 움직이며 돌아가면 다소는 불안한 마음으로 편지를 써야 하기도 하리라.

그리고 혼자 남은 사람은 영원히 고독할 수도 있을 것이리라. 여름이 위대했다는 것을 안 것만큼 가을 앞에 머리를 숙여보아야 할 것이리라. 그리고 낙엽처럼 이별을 해야 할 것이리라.

고국에 왔다가 캐나다로 돌아간 W여사는 전쟁으로 홀로 된 반생길에서 바라보는 고국의 가을을 못 잊는다고 했다. 우수(憂愁)의 계절을 이국(異國)에서 살고 있는 그들, 공항 하늘로 떠나보내면서, 만나고 헤어지는 이치를 나는 조금은 알 수가 있었다.

지붕 위를 울고 가던 기러기 소리—소년시절의 가을을 귓전에 되살리며, 서리 내리던 늦가을의 정념(情念)에 다시 한 번 내가 머무는 이 순간을 의식한다.

상강(霜降)이 지나고 입동(立冬)이 멀지 않았으니, 가을은 마지막으로 여울소리를 내나보다.

(京鄕新聞. 1981. 10. 29.)

퇴락해가는 시인, 육사(陸史)의 생가

　지난달 필자는 한국 순례문학회 순례길에 끼여 정신문화의 유산지 탐방길에 따라나설 기회가 있었다. 도산서원(퇴계 선생)과 병산서원(서애 선생)을 찾는 길이었지만, 필자는 일정(日程) 속에 육사(陸史)의 유적이 보고 싶었던 것이다.

　서울엔 퇴계의 호를 딴 퇴계로가 있고, 남산엔 그분의 동상이 서 있으며, 그리고 우리는 날마다 지폐 속에서 그분을 대하며 살아가고 있지만, 실상 너무 큰 산그늘이어서 우리는 그분을 의식하지 못하고 지내는 게 사실이다. 짐짓 도산서원을 찾는 사람들은 그런 의미에서 400년 전 그분에게로 다가서려는 것이다.

　병산서원 역시 이조의 문신이며 학자인 서애(西厓) 유성룡(柳成龍) 선생을 모신 곳이지만, 그분의 임진왜란에 끼친 공적도 가까이서 보아야한다. 정부가 세운 전시관엔 그분의 충절이 400년을 이어 숨을 쉬고 있다.

　선생이 낙향했을 때는 삼간초옥이었으나 광대한 터(1,500평)에 들어선 웅장한 고가(故家)는 유덕을 따른 제자들과 후손들이 세웠다한다.

도산서원(島山書院)과 병산서원(屏山書院)이 있는 곳은 풍광(風光)도 맑고 아름다우며, 이 고장에서 퇴계는 서애를 위시해서 70여 명의 큰 인물을 배출했다 한다. 그러나 필자는 옛날로 거슬러 올라가 그들을 만나기 전에 얼마 전 한 시인을 거기서 만나게 됐다.

현대시의 목록을 들출 것도 없이 '청포도'나 '광야(曠野)'의 시인(詩人)인 육사에게 쉽게 다가설 수가 있는 것이다.

퇴계나 서애가 과거 쪽으로 더 무거운 한국정신의 거목이라면, 육사는 우리들 젊은 한국에 더 호소력을 지니고 다가서는 현실적 시인이랄까.

어떤 구실로든 매족(買族)이 정당화되고 미화되던 절망과 암울의 시대에 그는 일제에 맞서 북경(北京) 감옥에서 옥사를 했다.

하지만 필자는 그 시인의 옛집 앞에 서는 순간, 인심의 향배(向背)란 어느 때나 그렇고 그렇다는 것을 알았다.

그의 시비(詩碑)가 새로 세워져 있는 곳은 유지(遺址)와는 관계도 없는 안동댐이었고, 수몰지구에서 옮겨진 고가(故家)는 견우직녀처럼 동떨어져서 안동시 서쪽 연고도 알 수 없는 초라한 변방동네 민가 속에 가려 파묻혀있다.

비석이란 으레 그렇듯 주인공보다도 생색을 내는 이름들이 끼여 자신들의 이름을 과시(?)하고 있지만, 시인의 고가엔 그런 이름도 따라 붙은 게 없다.

관광객이 몰리는 곳에 짐짓 시비가 세워진 이유는 짐작이 안 가는 바도 아니지만, 민가에 가려 퇴락해가고 있는 시인의 집은 말이 없을 뿐이다. 죽은 사람의 이름에 곁들여 언제나 생색이 나는 것은 산사람이 아니던가.

서구 문호(文豪)들의 유적을 소개하는 글에는 일용소도구(日用小道
具)마저 보존, 전시가 되고 있는 사실들을 보이고 있지만, 필자는 육사
생가(陸史生家)를 보는 순간, 그것은 '귀찮은 존재'에 머물고 있다는 사
실이었다.

　댐 수문근처 경관 좋은 산허리엔 수몰지구에서 옮겨다놓은 초가집
과 기와집 몇 채가 민속자료라는 이름으로 팔자 좋게 호사를 누려 눈길
을 끈다.

　'전시행정'이나마 시인의 고가가 그런 목에 끼어들기를 바라는 것은
녹목구어(綠木求魚)가 되는 얘기지만, 구박데기가 된 그 애국시인의
생가를 보면서 인간대열에서 밀려난 한 정신박약아를 연상하지 않을
수가 없었다.

　특수학교라는 수용기관에 맡겨놓고 해가 바뀌어도 들여다보기조차
하지 않는 정박아보호자가 있다는 말은 들었지만, 육사의 집은 하릴없
이 그런 꼴이다.

　도시개발의 하고많은 공유지 한자리를 빌어 들지 못해 열 명도 들어
설 수 없는 인색한 터에 자리 잡고 있는 초라한 몰골, 마당 안 구석에
'시인의 집' 표석(標石)을 박아 놓고 있는 그 의도가 오히려 눈에 거슬
린다.

　육사가 남긴 한 귀절의 시는 36년의 암흑시기를 헤쳐 온 민족혼을
말하는 현대의 우상이며 모국어(母國語)가 이어져가는 한 우리는 그의
시 한 귀절을 역사의 갈피 속에 잊을 수는 없다.

　향로지향(鄕魯之鄕)의 문화유산을 자랑하는 안동, 그러나 육사의 집
은 그 안동에서 정신박약아가 돼 말을 잃고 몇 채의 민속자료만도 못한
몰골로 남의 이목에 못 이겨 보존이 된 채, 주인(陸史)처럼 하세(下世)

도 못하고 있다.

천언만어(千言萬語)의 교과서보다도 조국애를 일깨우는 이 불우한
시인의 집을 아는 사람은 또 몇인가.

해괴하게도 얼마 전엔 러일(露日) 전쟁에서 승전한 왜장(倭將)의 승
전비를 충무공의 옛 전적지에 세운다 해서 우습더니만, 그 이유가 가관
일밖에 없었다. 한국침략의 전초전이던 일제의 승전비를 "오욕의 역사
에 대한 산 교육장으로 활용한다." 했다던가.

한 애국시인의 생가가 퇴락해가는 것쯤이야 대수로울 게 없다고 생
각하는 사람들이 아직도 많은 모양이다.

(京鄕新聞, 1982. 7. 8.)

이 가을에

추성(秋聲)을 안고 가을비는 계절의 말발굽에 채찍을 댄다. 올 가을에는 유난히 가을비가 잦아, 행락인파의 철없는 노정(路程)보다도 가을 들녘의 농민에게 불청객이었다. 마음을 적시는 빗소리는 할 일 없는 사람에게나 사치스럽다고나 할까.

어쨌거나 가을비가 지나가고나니 하늘이 드높다. 나이에 걸맞지도 않게 어디론가 떠나고 싶어지는 것도 가을 탓이리라. 고금의 동서 시인들이 하나같이 가을을 앓은 흔적을 남겨놓고 있지만서도, 맑아도 그렇고 궂어도 그런 것이 가을날이다. 그래서 살(矢)같은 세월을 빗소리 속에서 듣게도 되고, 땅 위에 떨어지는 낙엽의 소리를 가을볕에서 새겨보게도 한다. 잠시 문명이라는 허상의 도시를 벗어나 조락(凋落)의 계절에 겸허하게 돌아가는 낙엽의 그 몸짓을 두 손 위에 받쳐보고 싶다. 시인이 아니더라도 가을의 시 한 편쯤은 써 봄직도 하고.

어떤 시를 쓸까 망설일 것은 없다. 생각하며 괴로워하는 시를 써도 좋을 것이고, 탄식의 시를 써도 좋을 것이다. 마음을 가난하게 갖는 자로 하여금 그것은 못다한 회한의 낙엽들로 조용히 떠나보낼 수가 있으면 된다.

"숲속 나뭇가지 금빛에 타오를 때/ 나는 혼자 길을 간다 / 사랑하는 사람과 함께 / 몇 번이나 가고 또 간 이 길을…"(헤세의 가을날)

이런 시인이 되어 걸어온 길을 뒤돌아다 볼 수도 있다.

또 "가을은 서럽다고들 하지만 / 나는 봄보다 가을이 좋아 / 구름을 헤치고 학이 날아가니 / 마음도 푸른 하늘 멀리 흐르네."(당(唐), 유우석(劉禹錫))의 가을날에 내려서서 고고(孤高)하게 학이 돼보는 것도 좋으리라.

상강(霜降)이 멀지 않았으니, 위대했던 여름의 여운은 지금 과수원 오후에 남아서 신의 은총을 역사하기에 마지막 손길이 바쁘다.

나는 이 가을에 할 일이 없다. 병(病)주머니를 끼고, 고작 1단짜리 감동기사를 훑어보는 취미를 지닌 것 뿐. 인간은 부귀와 명성의 두 가지 망집(妄執)을 지니고 사는 것이라고 한 이가 있으나, 그런 것조차 생각지 못하며 가을을 보내고 또 맞았다.

이 가을엔 물에 흘려보내듯 잊어버리고 싶은 것이 있다. 나라의 안팎 일로 얻어맞은 뒤통수가 너무 아프다. 269의 고혼이 북해에 잠든 일(KAL피격 사건), 가난한 사람들의 조그만 꿈마저 앗아간 '큰손'들의 금융횡포, 내일은 또 무슨 뉴스에 한 옥타브쯤 불감증을 높여야 하는 것일까. 그리고 버마에서의 암살폭발참변은 어떻게 잊어야 하는 걸까.

담 밑 좁은 뜰에 잡초와 함께 자란 도연명(陶淵明)의 꽃―국화가 피어나고 있다. 우람한 여름의 옷자락이 걷히고 잡동사니 화단에 가을의 무게가 실린다. 쇠발자국에 괸 물도 마시게 된다는 가을, 거대한 도시 지붕 위 가을은 지금 그렇게 맑고, 분단의 현장인 갈대숲에도 이 가을은 그렇게 내려앉아 있을 것이리라.

지난여름 나는 임진강벽의 반구정(伴鷗亭)엘 올라 철책을 사이에 두고 강 건너로 보이는 땅과 마주서보았다.(반구정(伴鷗亭)은 방촌(厖村) 황희(黃喜)선생 영당(影堂)과 유서 있는 정자(亭子)다)

어부들이 마침 치통 가득히 숭어를 잡아 올리고 있었다. 지척이 천리가 된 건너편을 바라다보면서 병사들이 겨누고 있을 총구를 그려봐야 했다. 그 총구는 별 수 없이 서걱이는 갈대 숲속에서 이 가을을 또 맞았을 터이지만, 어제와 다름없이 구름은 풀벌레의 울음만을 싣고 강심(江心) 위를 흐르고 있을 것이다.

새벽 물소리처럼 반구정에 머무른 가을은 여물어가고, 임진강의 물고기는 한껏 살이 쪘을 게다. 행락객들이 인적 드문 그곳까지 찾아들어 숭어 살찐 맛에 추일(秋日)을 즐길 것이겠으나, 말없는 산하(山河)를 바로 보고 올 사람은 누구일까.

반구정을 흐르는 강물에 문득 붙여보고 싶은 한 구절－.
"산천은 의구하되 인걸은 간데 없네…"

(京鄕新聞 1983. 10. 21.)

교육은 구호(口號)가 아니다

보통학교(초등학교)때 학예회에서 하던 연극이 있다.

서당에서 공부를 게을리 하는 아이를 목침 위에 세워놓고 선생님이 종아리를 치는 극이다.

허리를 굽혀 두 손으로 아픈 종아리를 감싸는 순간, 그 아이의 주머니에서는 볶은 콩이 쏟아져 나온다. 훈장은 쏟아져 흩어진 콩을 잽싸게 주워 먹으며 회초리를 친다.

이 장면을 그때로부터 40년 후인 오늘의 교육자상과 관련을 지어볼 생각은 없다. 우스갯거리에 지나지 않는 이 연극에서, 다만 그 때의 때묻지 않은 교육계를 돌아보게 하는데 의의를 찾고자 할 뿐이다.

스승의 체통을 망신스럽게 드러내는 이런 연극을 어떻게 그때의 선생님들은 서슴없이 할 수가 있었을까. 구(舊)교육자를 신(新)교육자의 처지에서 헐뜯은 것일까.

그런 요소가 있었는지도 모른다. 그러나 상대를 비방하는 일은 자신에게 부도덕이 있고서는 할 수 없는 일이다.

어쨌든 신구교육이념의 갈등의 소산이라 할지라도 요새 같으면 필경 교권을 추락시킨 연극이라고 교직자 단체를 비롯해서 이른 바 모범 교육자라는 사람들이 들고 일어날 일이다.

거짓을 모르는 신사도의 나라―영국 사람들이 하루만이라도 선(善)만의 세계에서 벗어나 보려는 장난으로 만우절이라는 것을 만들었다 하지만, 이것도 말하자면 그런 현상이라고나 할까. 선에 질식해 있는 숨통을 인위적으로 튼 것이라고 하겠다.

서당 훈장의 체통을 잃은 연극은 우리에게 아무런 교훈도 되지 않을 뿐더러, 그것은 오히려 이런 극을 연출한 교사 자신에게도 유익한 것이 못 된다는 것을 그때의 선생님들이 몰랐을 리 없다. 그러면 어찌해서 그때 선생님들이 그런 연극을 한 것일까.

한마디로 그것은 사표로서의 교권이 엄존해 있었다는 것을 말한다. 만우절 같은 연극을 해서라도 스스로를 비하하지 않으면, 교육계라는 지루한 인격사회에서 벗어날 길이 없었으리라.

언젠가 현직에 계시는 보통학교 시절의 선생님과 교권에 대해 이야기를 나눈 일이 있다.

침해받는 인권의 옹호는 변호사에 의해서 타율로 가능하지만 추락한 교권은 아무리 변호를 한다 해도 자율에 의하지 않고는 회복될 수가 없다. 교원사회는 이것을 모르고 있는 것 같다.

학부모로부터의 성의표시는 고마운 일이지만, 그럴수록 지켜야하는 것이 교육자로서의 체통이다. 옆구리를 찔러 받는 절은 절의 의의가 없다.

학부모의 성의표시가 떳떳한 가를 가릴 줄 모른다면, 그것은 스스로 교권을 포기하는 길밖에 되지 않는다.

운전기사의 부적성은 몇 사람의 생명을 희생시키는 것으로 끝나지만, 한 사람의 교육자의 부적성 그것으로 희생되는 질량은 헤아릴 수 없다.

선생님과의 대화에서 나는 자체 정화기구를 만들어 부도덕을 배제하는 방안은 없겠느냐고 했다.

무리한 얘기인 줄은 알면서도 빈사 상태의 교권을 기사회생시키는 방안은 이런 길밖에 다른 도리가 없는 것으로 믿어져서 한 말이다.

과외교사 파면 결정을 하고 심경을 말한 장관의 말에 "극소수 교사의 탈선과외행위 때문에 전체교사가 사회로부터 사갈시 당해야 하며…" 한 기사(1979. 4. 1자 한국)를 보고 '사갈'이라는 말이 살에 박힌 가시처럼 마음속에 까칠거렸다.

사갈(蛇蝎)이란, 사람이 가장 싫어하는 뱀과 전갈(빈대)이라고 사전은 풀이하고 있다.

교육자의 위신을 되찾고 교육계의 양심을 희생시키는 길은 자체정화의 길밖에 없다고는 했지만, 까마귀의 자웅을 가릴 수 없는 마당에 이것은 자탄밖에 되지 않는 말이다.

부도덕을 가려내는 일은 누가 해야 하는가. 사이비 교육자는 무엇으로 기준해야 할까.

"그래도 교육계만은…"하고 자타가 말해 왔지만, 고위 당사자가 교과서 부정으로 구속이 되고, 교육의 도백(道伯)이 법정에 선 사실을 잊을 수 없는 마당에 꺼릴 말이 없다.

뿔을 잡다가 소 죽일까봐… 하던 걱정은 뿔도 잡지 못하고 소가 죽은 것은 아닌지, 이런 일에 자식들이 아직 귀뜨지 않은 것만이 다행할 뿐이다.

어제까지 일선교사를 징계하던 감독기관의 상위자가 오늘은 자신이 징계를 받고, 큰 상을 받았다는 교육자가 징계를 받으며, 직위해제 되었다는 말을 듣지만, 이제는 놀라운 일이 못된다. 교육자도 사람이라고 하면 그것으로 끝난다.

교과서 부정이나 자격증 위조사건은 그만두고라도, 남의 노작으로 승진 점수를 딴다느니, 시험지를 학생에게 빼돌린다느니, 승진을 위해선 동료애도 없는 비굴한 풍토는 다른 나라에나 있을 일이라고 생각해 둔다.

교육평가를 점수로 나타내는 것은 어쩔 수 없는 방편이다. 교원의 평가를 점수로 따지는 것도 어쩔 수 없는 방편이리라. 교원의 평점비율 가운데, 인격이 차지하는 것은 어느 정도인지 모르지만, 교원의 평가를 인격 위주가 아닌 능률 위주의 점수로 환산할 때, 교육계의 부도덕이 도태될 날은 요원하다.

서울을 벗어나면 요란한 구호의 표지판을 볼 수가 있다. '선진하는 ××교육'이 그것.

교육이 선진한다는 말도 그러하지만, 이런 구호를 내세우는 뜻에 얼른 이해가 가지 않는다.

교육이 선진한다는 것은 교육과정을 남보다 앞당겨 가르친다는 뜻일까. 아니면 개정할 점이 있어 남보다 앞서 개정을 해나간다는 뜻일까. 그렇지 않으면 교육효과(인격도야)를 앞당겨 성취한다는 뜻일까.

교육은 짧은 시일에 이루어지는 것이 아니다.

교육이 구호로 이루어진다면 누구보다도 기뻐할 사람은 묵묵히 현장에서 고뇌하는 무명교사들이리라.

자식자랑은 몇 가지 불출(不出)중의 하나라지만, 남보다 앞선 양 구호를 내세우는 것은 성급한 느낌이다.

'선진'이라는 그것도 점수를 계산한 인상이어서, 점수를 목표로 한 현장의 활동상이 보인다. 그리고 점수로 양산되는 어린이들의 그림자가 어른거린다.

헤어진 지 20년이 넘는 시내 모 사립국민학교의 한 교사에게 전화를 걸었다. 모멸적인 말을 한다고 질책 받아 마땅할 말을 그에게 했다. "그동안 돈 좀 벌었소?" 나의 농기어린 물음에 그는 농담이라도 그런 소리 말라는 소리는 하지 않고, "교사가 어떻게 돈을 버느냐"고 곧이곧대로 말한다.

"돈 좀 벌었소?"

교육자에 대한 이 말이 피차에 모욕으로 느끼지 않는 지금, 모욕으로 생각하는 편이 잘못된 생각인지도 모른다.

책임을 목숨과 바꾼 김주만(金宙萬) 교육감 같은 교육자가 있었다는 것을 우리는 기억하고 있다.

교육자—이 말이 우러러 들리고 우러러 보여질 날이 와서 교육에 몸 바친 사람들을 위로하고, 그늘에 가린 무명교사들에게까지 영광이 돌아갈 날을 기대하는 것이다.

허튼 소리를 한 번 더 해본다.

"체통을 지킬 줄 아는 사람들만이 남아서 체통을 잃는 연극을 해서라도, 도덕에 질식되어 있는 사표의 숨통을 터 봤으면."

(韓國日報 1979. 5. 22.)

만추수상(晩秋隨想)

추우면 추워서 좋고 더우면 더워서 즐거운 때에 병주머니가 돼서 한여름을 보냈다. 오래간만에 가을볕에 내려서는 마음에 상강(霜降)을 맞는 하늘이 어머니의 옥양목 적삼의 흰빛으로 내린다. 잡초 속에서 자란 국화가 몽우리를 보이고 있으나, 서리를 맞아야 피어나는 그 오기(傲氣)로 봐서 아직은 멀었고, 릴케가 읊은 그 〈가을날〉 햇살이 남녘의 이틀(二日) 볕을 마지막 쏟고 있다. 낙엽과 함께 모두 따뜻하게 돌아갈 채비를 한다.

편지를 띄우고 싶은 계절이다. 멀리 보이는 연만(連巒)들이 기우기는 하오ㅡ.

"가을 비올롱의 가락 긴 흐느낌, 수심에 찬 내마음을 슬프게 하네(베를레느)"한 것이나, "오호(五湖)에 해는 지고 저녁연기 곳곳에 마음 아파라. 지난날 흘러간 일 누구에게 물어볼까(落日五湖游 煙波處處愁 浮沈千古事 誰與問東流 : 中國薛瑩; 낙일오호유 연파처처수 부침천고사 수여문동류 : 중국설형" 하고 가을을 노래한 것을 보면 가을은 슬픈 계절인가 보다.

매화를 구하러 종로5가엘 갔던 H씨의 권유로 봄에 사다 심은 고추가

화분에서 가을을 붉게 받쳐 들고 있다. 상강이 지나면 그 고추에 무성하던 바람과 비의 사연도 낙엽이 질 것이다.

마루에 꽂혀 있는 들국화에 벌이 날아와 앉는다. 그 놈은 용케도 여기까지 따라왔다. 그 작은 날개에 구름조각이 묻어 흐르고 있음을 본다.

—어디서 들리는 바이올린의 흐느낌 소리. 휴전선을 흐르는 임진강 물하며, 판문점으로 가는 길 그 갈대꽃 날리는 가을날이 들려온다. 그리고 이내 그것은 가을 빗소리를 낸다.

병원에서 약을 보따리로 타서 든 나를 바라보던 여인은 나의 병고를 자기의 아픔으로 보고 있었다. 간경화증을 앓는다는 그 환자에게 건넬 말이 없었다.

병원에서 돌아온 그날, 수돗가에서 일하던 파출부가 하늘을 쳐다보며 말했다. 한 집 건너 사는 부부가 장암으로 수술을 했다 한다. 아낙들이 모여드는 것을 보니, 병세가 예사롭지 않다고 걱정을 한다. 살만하게 되니까 그렇다며 타고난 고생을 면하게 되는 길이 무어냐고 한다.

여름이 다가오도록 소운(巢雲) 선생의 문병을 못했다. 병원에서부터 오늘은 마음이 무거워 내친걸음으로 서초동댁을 찾아 나섰다. 내 몸이 아프지 않고서는 모르는 일이긴 해도, 70노경에 두 번 큰 수술을 치른 것이 잘못이다. 정월엔 일어나 앉아 맞던 그 분이 이 가을엔 누워서 배웅을 하신다.

한적한 변두리 길로 나서서 흰 구름을 쳐다봤다. 어디선가 썰물소리가 들려온다. 조용한 발자국 소리에 섞여 황급한 걸음소리가 풀잎을 스치고 있다.

철이 든 이후 머릿속에 남아있는 가을은 가을이 아니다. 홍시(紅柿)

가 돼서 매달려 있는 가을, 혹은 논두렁 아니면 밭 살피에서 콩따기를 해먹던 소년의 가을로 돌아가 보지만, 마음의 주름에 더께가 돼 앉는 것은 잃어버린 가을뿐이다.

뜰에 내려 돌처럼 앉아서 담 밖의 아수라가 밀려오다 돌개바람을 일으키는 것을 본다. 비어있는 뜰에서, 왜 돌개바람을 의식해야 하는 것인지.

좁은 뜰이 허전하다. 가을은 여물어서 가득해지는 계절이건만, 높은 하늘로 해서 마음은 더 빈다. 뜰에 가득 찼던 오동나무를 베어 낸 탓일까.

이 오동나무는 〈오음실 주인(梧陰室主人)〉이란 글을 내게 쓰게 하고, 내 집에 태어난 지(씨가 떨어져서) 7년 만에 나와 인연을 끊었다. 글을 쓰게 한 인연도 잊을 수가 없지만, 좁은 뜰에 와서 기구하게 살다가 간 것도 잊을 수가 없다. 무성하던 잎이 벗겨준 하늘은 그저 비어있기만 하다.

산중(山中)에 일력이 소용없듯이 그렇게 빈 하늘만 보내야 했던 30년에 더하기 6년―고향의 가을은 완충지대 갈대꽃 속에 피고 져 가리라.

선인들은 아름답게 가을을 수심했지만, 갈라져 펼쳐지고 있는 내 집 뜰의 하늘은 퇴색한 깃발이 돼 내려앉는다. 나부끼는 것이 아니라 빛깔이 없는 조기(弔旗)가 돼 드리워진다. 그 깃발 너머로 릴케의 가을 해는 마지막 빛을 쏟고 있다.

(韓國日報 1981. 10. 24.)

가실 줄 모르는 치욕(恥辱)의 자국

1945년 8월 15일, 이날은 반세기 전 한국인을 열광케 하고 산천의 초목도 환희에 떨게 한 날이다. 이른바 광복절. 이보다 이틀 전인 8월 13일 정오께, 난데없는 공중전이 내가 근무하는 시골 학교 교정 위에서 벌어졌다. 한 대의 일군기를 두 대의 미군기가 독수리가 새를 후려치듯 하고, 교정 위 상공을 유유히 사라졌다.

나는 난생 처음으로 공중전을 보았지만, 그날 미군기는 김포공항— 당시 일군공항—을 덮쳐 7대를 떨어뜨렸다고 한다. 그리고 이틀 뒤에 일본은 패망하였다. 그때에 나는 '해방'이라는 말을 처음 들으면서 어리둥절하였다. 며칠이 지나 사람들은 해방을 외치며 모두 애국자가 됐고 독립투사가 되었다. 내가 어리둥절했던 것은 남처럼 눈을 뜨지 못한 용렬함도 있었지만, 목숨 부지하기에만 매달렸던 때문이었다.

재야 사학자 임종국은 자신이 쓴 〈친일문학론〉의 발문에서 기성세 대를 향해, 18살이던 당시의 자기에게 왜 신라, 고구려의 후예임을 가 르쳐 주지 않았느냐고 항변하였다. 그런 말은 누구도 뒤에 와서 할 수 가 있을 것이나, 나는 설사 말을 들었다 하더라도 별 수가 없는 위인이었을 뿐이다.

여하간에 우리는 일제에게 말을 빼앗기고, 글자를 빼앗기고 성명마저 일인식으로 창씨개명을 하고 구차한 목숨을 이어왔다. 그 시절을 회상하면 참으로 몽매하고 무기력한 젊음이었다.

일본 왕의 항복방송이 있던 날, 우리는 말과 글을 되찾았다. 그리고 성명 석자를 일본식에서 우리식 이름으로 되살려 냈다. 나는 흐리멍텅해서 일본식 성도 아니고, 조선식 이름 그대로여서 글자대로 엉거주춤한 창씨개명을 하였다. 어떤 사람은 성도 이름도 일본식으로 고쳐 가지고 호기 있게 사용하였다. 창씨개명을 왜 해야 하는가 모르는 사람도 있었고, 적극적으로 일본인 냄새를 풍기려 한 사람도 있었다. 하지만 대부분 사람들은 형식적으로 일인식 넉자 이름으로 바꾼 것뿐이었다.

그 결과는 광복 50여 년이 지난 지금에도 남아있다. 말하자면 권력이나 시류에 상관없이 천부의 목숨을 부지하기 위해 선량하게 산 사람인가 아닌가가 이름으로 드러나는 것이다.

우리들의 한 시대를 이끈 춘원 이광수는 당시의 청년들에게 우상이었다. 나는 향산광랑이란 그의 일본식 이름을 해석하면서 불운한 시대에 처한 사람이라고 동정하였다. 고향인 묘향산의 향산을 따고, 광랑의 랑은 저들의 비위를 맞춰 지은 것이겠지 하였으나, 그것이 뒷날 자신의 글로 그것이 아닌 것으로 밝혀졌을 때 실망하였다.

황공하다면서 일본 나라(나랑)에 있는 저들의 국조(천조대신)를 모신 가시하라(원) 신궁의 향구산에서 향산을 땄다고 하는 것을 보고, 나는 천 길 낭떠러지로 떨어진 그의 훼절에 국적을 잃은 비참한 한 사람을 본 셈이었다.

배반한 조국일지라도 고향의 묘향산을 땄다고 했더라면 좋았을 걸하고 아쉬워했다. 하지만 이런 것이 속일 수 없는 엄숙한 명제이다.

　세월은 흘러 광복 52주년을 맞는다. 패전국이던 저들 앞에 서 있는 지금의 우리 주소는 과연 어디쯤이 되는 가를 생각해 보지 않을 수가 없다. 걸핏하면 저들은 우리를 정신박약아 다루듯 이리 쳐보고 저리 건드려 본다. 잘 살게 되는 길만이 힘이 생기는 길만이 모멸을 면한다 하지만, 나라나 개인이나 밸이 없고 제 정신이 없으면 도리가 없다. 정신이 올바른 자를 넘볼 수 없는 것은 개인이나 국제사회나 마찬가지다.

　광복 반세기, 1세는 가고 2세, 3세가 주역이 되어 간다. 각계각층에서 2세의 이름들이 꽃을 피우는데, 그중에도 창씨개명을 한 일인식 이름들이 있어 기분을 착잡하게 한다.

　한국인은 한국식대로 일본인은 일본식대로 방식에 따라 고유한 이름을 단다. 그런데 지금 우리의 학자, 정치가, 예술가, 민속학자, 교육자 등의 이름에서 지난날의 굴욕적 일인식 이름이 훈장처럼 매달려 떨어지지 않고 있는 것을 본다.

　침략의 아성 총독부 건물은 헐어냈지만, 이 땅의 민족의 마음 밭에 뿌리한 굴욕의 표상—일본식 이름은 누가 언제 어떻게 걷어내야 할 것인가. 소경 개천 나무라는 격이니 더 할 말도 없다.

(韓國日報. 1997. 8. 14.)

옳은 일이란

　내가 생각하는 옳은 일이란 크게 말하면, 빼앗긴 나라를 되찾으려고
하다가 순국하신 '안중근' 의사의 의거가 그렇고, 또 총알을 맞으면서
도 부정선거를 반대하고 나섰던 언니, 누나들이 하신 일이 그것입니다.
　그리고 옳지 않은 일이란 자기만 잘살려고 나라와 겨레를 팔아먹은
'이완용'의 짓이 그렇다 할 것이고, 또 우리나라는 민주주의 국가인데
민주주의를 하는 국회의사당 안에서 폭력을 써서 마음대로 법을 뜯어
고치고 또 부정선거를 하도록 하여 자기들만이 잘 살자던 과거의 일부
정치인이나 공무원의 짓이 그런 것이라 하겠습니다.
　여러분은 아직 어리기 때문에, 옳은 일이라고 해서 '안중근' 의사나
4.19때의 언니들과 같은 일은 할 수 없을 것입니다. 또 부정선거를 하도
록 국회의원 같은 일도 하지는 못합니다.
　그러나 여러분은 이렇게 커다란 옳은 일이나 옳지 않은 일을 하지는
못하고 있지만, 성질로 보아서 이와 비슷한 일을 하는 동무들이 있음을
나는 봅니다.
　길을 친절히 가르쳐주는 일, 어려운 동무를 도와주는 일, 하급생 동

급생들을 잘 보살펴주는 일 따위는 모두 앞에서 말한 커다란 옳은 일과 같은 것이라고 생각합니다.

며칠 전, 나는 여러분이 학교 가는 길에서 마음이 언짢아지는 일을 보았습니다. 4학년 여자아이가 저보다 약한 자기반 아이에게 가방을 들리고, 저는 편하게 가는 것이었습니다.

또한 3학년 남자 아이 하나는 1학년짜리 제 동생에게 가방을 들리고 저는 편하게 가고 있었습니다.

약한 사람의 사정을 모르고 자기만 편하면 된다고 생각하는 이 아이들을 보고, 나는 이 어린이가 자라서 어떤 짓을 저지를까 하고 상상하여 보았습니다.

이러한 짓은 말로만 잘 살게 하여 준다고 하고, 부정선거를 하도록 한 국회의원의 검은 뱃장과 다름없는 짓이라고 생각합니다. 이와 같은 어린이가 많을수록 장차 우리나라는 잘 살 수 있는 나라가 되지 못할 것입니다.

여러분은 '어린이회'에서 민주주의적으로 학교생활에 대한 일을 협의하고 토론하여 좋은 학교를 만들고 있을 줄로 알고 있습니다.

(東亞日報. 1963. 3. 16.)

발자국

부스러기 글을 써온 지 꽤 되는데도 붓끝이 나가질 않는다. 힘들여 벌어들인 외화로 강아지먹이, 이쑤시개, 수세미 따위마저 외국에서 사들여 온다는데, 여기에 대기업마저 끼어들고 있다는데 할 말이 왜 없겠는가.

그러나 이런 일의 시비 따위는 논객(論客)들이 떠맡는 일이어서 섣불리 말해 본대야 신통할 것이 없다. 저마다 보고 느끼는 것이 비슷한데, 그런 것에 대한 생각은 그것이 우리를 사람답고자 하게 하는 데에 있다하겠다. 하지만 나를 포함해서 쓰는 글이 과연 얼마나 가치가 있느냐 하는 자문(自問)을 하게 하는데, 석가나 예수, 공자는 정작 한 줄의 글도 쓰지 않았다는 말을 들었다.

더위가 가시고 하늘이 높아졌는데, 답답한 마음은 풀리질 않는다. 새해 들어 희망을 걸어보는 말들을 들어왔으나, 이 시각까지도 어느 하루 세월의 주름이 펴질 날이 없다. 잊을만하면 지도층의 부도덕한 일과 반사회적인 일로 소란스럽지 않은 날이 없다. 입에 풀칠을 하기 위해서라면 측은하게라도 여기겠으나, 명색이 이름을 내세우는 자들의 모습이 거리의 잡사람과 다를 것이 없다.

살아가는 일이 별다른 것이 아니지만, 이런 저런 일 모두는 그것이 의식주에 얽힌 것들이다. 그런데 그런 일들이 사람의 길을 벗어나 바람 잘 날이 없다. 사람이 격을 잃으면 축견(畜犬)에 비유하지만, 이런 말도 이제는 귀담아 듣는 세상이 아니다. 그래서 별 것이 다 얘깃거리가 되는데, 이를테면 보신탕을 먹느냐 마느냐로도 논쟁이다.

서울은 지금 한 칸 방이 없다 해서 서러운 사람들이 있다. 사람에 걸려 다닐 수조차 없는 상황이다. 이런 속에 사생아가 는다 해서 걱정거리가 겹친다. 외국으로 내보내지 않으면 구제할 방도가 없다하여 세론(世論)인 판국인데, 자비를 베푼다며 주인 없는 개를 몰아다가 개의 고아원을 한다고 자랑삼는 사람의 얘기가 보도된다.

개의 고아원을 하든, 고양이의 고아원을 하든 그것은 자유이지만, 그런 자유가 버려지는 사람이 아니라 개를 보호받아야 하는 것이라면 무슨 말이 더 필요하다 할 일인가.

많은 사람들이 종교단체에 소속되어 성자(聖者)의 말을 따르자고 하는 것이지만, 인간이 빚는 자유는 삶은 개다리 놀 듯 한다.

개의 고아원을 하는 자나, 힘 있는 자리에 앉은 자나, 저마다 발자국을 남긴다. 하지만 그 발자국을 보지 못해 불행한 길을 가곤 한다. 서산대사(西山大師)는 그래서 읊었을 것이다.

"들에 쌓인 눈길을 가면서 어찌 함부로 발자국을 내겠는가. 뒤따라 밟을 사람이 있을 터인즉…" 하였다.

어느 소설가가, '너는 왜 사람만도 못하냐'하고 개끼리의 말을 썼다지만, 개가 웃을 발자국 속에 나도 끼어 자국을 남기며 간다.

(1999. 10.)

다시 그려보는 내 얼굴

거울 가게 앞에 비친 얼굴을 보고, 내 얼굴이 초라한 것을 의식하면서 걸을 때가 있다. 거울 속 얼굴이 많은 사람과 비교가 된다. 글 쓰는 사람 가운데는 자기의 글만큼 얼굴에도 마음을 쓰는 이가 있음을 보게 되는데, 주름이 잡혔을 나이에 젊은 시절의 얼굴을 내 보내는 심경(心境)을 알듯하다.

나는 내 용모가 잘 나지 못한 것을 자인한다. 그렇기 때문에 길을 가다가 남의 시선을 느꼈을 때는, 무엇이 묻었나 싶어 손을 들어 훑어 볼 때가 있다. 그리고 나서 얼마나 볼품이 없으면 시선을 끌었을까 하는 생각에 사로잡히기도 한다.

거울을 내려놓고 찬찬히 들여다본다. 눈에 띄는 데라고는 한 군데도 없다. 준수(俊秀)하지 않으면 엄장(嚴壯)한다든가, 청초(淸楚)하지 않으면 소탈(疏脫)하다든가, 대추나무 방망이처럼 야무지지 않으면 언틀민틀이라도 해야할 터인데, 어느 한가지에도 당치가 않다.

여자가 아니니 화용월태(花容月態)란 말은 닿지 않고, 그렇다고 선풍도골(仙風道骨)은 더구나 당치 않으니 말할 거리가 없다. 코 하나만 잘 생겨도 복이 있다는데 그런 복도 없다.

못 생긴 얼굴이라 해도 표정에 따라 보이는 수는 있다. 거울을 앞에 놓고 몇 가지 표정을 지어 본다. 턱을 끌어당기고 다문 입을 에ー하고 쳐뜨려 거드름을 펴본다. 세상은 유들유들해야 살아갈 수가 있는 것이므로 돼지주둥이 모양처럼 입술을 코 밑으로 추켜들고, 세상 하잘 것 없구나 하는 시늉도 해본다. 이빨을 드러내 이래도 좋고 저래도 좋고, 만사 즐거워서 살맛난다는 면상(面相)을 만들어 보기도 한다.

헌데, 이러한 표정들이 도무지 실감이 나지 않는다. 뒤에서 이 꼴을 보던 안사람이 갑자기 무슨 짓이요 한다. 좀 잘나 보이려고 연습 좀 해보는 거요 하자, 그런 얼굴을 하고 다녀보란다.

성을 내도 아이들이 우습다고 할 볼품없는 얼굴 그대로일 뿐인데, 한 가지 내세울 것이 있다면 이목구비(耳目口鼻)가 결(缺)하지 않았다는 것뿐이다.

한쪽 눈이 불구이던 소년이 있었다. 진학(進學)서류를 받아들고 원서에 붙여진 제 얼굴에 통곡을 하는 것을 보았다. 그 소년을 생각하며 한쪽 눈을 감고, 애꾸눈 형상(形象)을 해본다. 소년의 아픔에 짐작은 가지만, 소년이 아니고는 그 아픔을 헤아릴 수 없다.

사람이 이목구비를 갖췄대서 사람일까만, 그래도 사람들은 용모를 내세운다. 인면수심(人面獸心), 체면(體面), 후안무치(厚顔無恥) 등 얼굴을 중히 여긴 말들이 그런 것이다. 하지만 허우대 좋고 풍채 있어도, 속에 가리워진 얼굴은 아무도 모른다. 우리는 40년 정치사에서 그런 얼굴들을 많이 보아왔다.

나는 별다른 얼굴이 아니어서 장바구니를 들고 다녀도 거리낄 것이 없다. 정치인의 얼굴, 재벌 총수의 얼굴, 교육자의 얼굴, 시인과 예술가의 얼굴, 학자의 얼굴 등 많지만, 그런 얼굴을 그려봐야 내 얼굴로는 되지 않는다.

1950년대 TV가 처음으로 나왔을 무렵, 엘리자베드 2세 영국 여왕은 크리스마스 연설 때, 그때까지의 라디오 마이크를 바꿔 TV카메라에 얼굴을 내놓았다. 연설문을 읽는 모델의 필름을 보면서, 가장 마음에 드는 장면의 표정을 취했다고 한다. 생긴 대로의 얼굴 이상으로 꾸며 보이려는 것은 여왕도 마찬가지였던가.

얼굴에 자신이 없는 내가 미남이라는 말을 들은 일이 있다. 관상을 볼 줄 안다는 친구가 얼굴 바탕이 예쁘다고 한다. 그래서 돈이 붙지 않는다는 얘기이다. 이것은 내 궁상(窮相)을 듣기 좋게 한 말이다.

거울을 들여다보니 홍안소년(紅顏少年) 시절에 늙은이 시늉을 하던 장난이 떠오른다. 나지도 않은 수염을 잡아당기는 시늉을 하면서 입가를 실룩거리던 장난….

거울에 대고 지금 그 시늉을 해보니, 엊그제 같던 그 시절의 얼굴엔 주름과 자조(自嘲)만이 가득하다.

(月刊 學父母 1979. 10.)

한 조각의 떡

한국 유도사상 처음으로 국제대회에서 금메달을 따낸 박 모라는 선수가 유도대학을 자퇴하지 않으면 안 된다는 보도가 있었다. 동정적인 기사 내용인즉, 앞으로 맞을 LA올림픽에서의 국민적 기대가 좌절될 것 같다면서 사뭇 안타까워하는 보도였다.

한 달 20만원의 생계비를 대던 동생의 입대에다가 부친의 병고마저 겹친 가난 때문이라는 것이었지만, 건국 이래 초유의 어음사기 사건으로 국민경제마저 휘청거리게 했다는 장 모라는 여인이 한 달에 3억 5천만 원을 썼다고 한 기사를 곁들여 놓고 생각해보면, 참으로 고르지 못한 게 세상일이다.

이들의 쓴 돈을 비교해보면, 한 쪽은 하루 7천원도 안 되는 돈(쌀 한말꺼리)에 온 가족이 매달린 꼴이고, 한 쪽은 하루 1천 1백만 원이 넘는 계산이다. 우리네 생활 요건이 하루 세 때의 밥 한 그릇으로 요약할 수가 있다고 한다면, 이러한 밥 한 그릇 값의 차이는 무엇을 뜻하는가를 생각해보게 한다.

어려서 나는 작은댁에서 놀다가 때가 되는 것도 모르고, 늦으면 밥을 먹고 돌아오는 일이 있었다.

어머니는 그럴 때마다 때가 되면 돌아와야 한다고 하셨지만, 지금에 와서 그 말씀은 먹는 것에 침침하지 말라는 뜻과 한 그릇 밥에 담긴 의미를 가르쳐 주신 것으로 생각된다.

한 그릇 밥의 의미를 말하는 것은 간단한 설명으로 그칠 수가 없지만, 실상 한 그릇 밥에 얽히는 사정은 찝찔한 가난의 눈물을 씹었을 박 모 선수와 같은 처지가 아니고선 누구도 쉽게 말할 수는 없으리라.

오늘의 풍요 속에선 그러한 한 그릇 밥의 의미를 의식하며 살아가기도 쉬운 일은 아니다. 나는 6.25동란을 지내는 가운데서 치렀던 그러한 쓰라렸던 기억을 잊을 수가 없다.

1951년 1월 초, 피난민 대열은 두 번째로 남행길을 메웠다. 중공군 개입에 따른 이른바 1.4 후퇴다. 이에 앞서 12월 하순 '국민방위군'이란 이름으로 대열이 조직된 청장년들의 철수가 시작됐다.

동란이 터지자 9.28 수복까지 3개월 간에 걸친 적치하의 쓰라렸던 경험을 되풀이 말자는 것이었으나, 이 남행대열에 얽힌 사연이 민족상잔의 비극을 더욱 비분강개케 하는 사단―희대의 독직사건으로 얼룩졌던 일을 오늘에 아는 젊은이는 드물다. 한마디로 요약해서 그것은 기아와 죽음의 행렬이었던 것이다.

병약했던 나도 최종대열에 끼어 마산까지의 대행군(?) 길에 올랐던 것이지만, 수십 만 장정들이 기아선상에서 굶주림으로 인해 폐인이 돼야 했던 사실을 몸소 체험한 사건이기도 했다.

희대의 그 독직사건도 그 실은 장정들의 몫을 훔친 자와 도둑을 맞은 자 사이의 '한 그릇 밥'의 의미로 귀결이 되는 것이지만, 나라의 운명이 백척간두에 섰던 때였다.

기억하기조차 힘겨운 그 사건은 사령관을 위시해서 주지육림에서 놀아났던 몇몇 군 간부들이 처형이 됨으로써 막은 내려졌으나, 그런 단죄로도 희생자들의 댓가로서는 속죄가 미흡했다.

서울을 떠난 최종부대가 장장 20여 일 동안을 도보로 걸었던 대 행군이었으나, 종착지마저 흐지부지가 됐던 '국민방위군'은 하루 두 덩어리의 소금물 주먹밥이 생명을 잇는 유일한 수단이었다.

장정들의 피하지방은 말라붙을 대로 말라붙어서 돌부리에 걸려 넘어지는 자는 다시 일어나 대오에 따라 붙기가 어려웠다.

허기와 추위를 감싸주는 옷자락조차 주체스러웠고, 앞에 가는 자의 옷솔기에는 흰 실밥처럼 이(虱)가 줄을 이어 달라붙고 있었다. 길목마다 나앉은 엿장수의 엿가락이나 떡장수의 떡 조각이 크다고 느껴지면, 장정들은 아귀같이 눈빛을 번득이며 다가서곤 했다. 가벼워져가는 주머니를 의식하면서도 나도 또한 그런 대열에 끼어있었다.

여주 벌을 지나고 있을 때라고 기억한다. 다가섰던 떡장수 아주머니에게 등을 돌려 몇 발자국 옮겼을 때, 불러 세우는 소리에 반사적으로 되돌아가 다가섰다. 떡장수 부인은 뜻밖에도 김이 서리는 시루떡을 꺼내 내밀었다.

흥정을 하다가 돌아선 것도 아니었고 강매로만 알았던 까닭에 받아들기를 사양했으나, 그는 나와는 다른 생각을 하고 있었다. 가벼워져가고 있을 나의 주머니 사정을 엊그제 내보낸 아들의 빈 주머니로 보게 된다면서 떡 뭉치를 받아들이기를 권하는 것이었다.

당시 최저 매매단위인 일백 원 권 지폐 몇 장을 비상금으로 지니고 있었던 나는 들여다보던 떡시루에 등을 돌리며 "비상금마저 털어낼 수가 없다"고 무심코 흘린 말이 그의 귀에 들어갔던 것이다.

아수라 같은 생사의 갈림길에서 받아든 그 떡 한 조각의 의미를 오늘까지도 나는 잊을 수가 없다.

　내가 그 떡 한 조각의 시혜를 잊지 못하는 것은, 그것은 내가 풍요로운 시대를 지금 살아가면서도 작은댁에서 밥을 먹고 돌아올 때마다, 먹는 것에 칩칩하지 말라고 하시던 어머니의 교훈 때문이라고 생각한다.

(月刊 自動車 1983. 3.)

부끄러운 얘기

　가장 싫어하는 두 가지 말이 내겐 있다. 하나는 잘못 쓰이고 있는 '사모님'이고(앞서 한국만학 68호에 쓴 바가 있다), 하나는 '예술제, 미술제' 따위니 하는, 일본 사람들만의 토속어 '제(祭)'가 붙는 말이다.

　이 두 가지 말을 놓고 시비를 벌이다가 심판을 하겠다며 국어사전을 펴 놓은 친구에 의해 나는 판정패를 당했다. 하지만 나는 링 위에서 억울하게 판정패를 당하고도 말 못하는 권투 선수처럼 물러서려는 생각이 없다.

　대학제, 가요제, 음악제니 하는 따위의 '제'는 축하의 개념으로 쓰이는 일어의 '오마쓰리=(祭)'를 해방 후 특히 근래에 빌어다 쓰고 있는 말이다. 우리나라에서 '제'라 함은 혼령 또는 귀신 앞에 향불을 피우고 제사를 지낸다는 뜻이다. 쓰다 남은 일어의 찌꺼기도 아닌 것을 축하 잔치의 용어로 새로 빌어다 쓰고 있으니, 우습다 하기 전에 창피해서 견딜 수 없다.

　'사모님'은 병든 말의 대표 격이다. 이 말이 더욱 싫은 까닭은 권문세도가에게 아첨하는 말로 그 시초가 됐다는 점이다(자유당 때). 그런데 앞의 것이나 뒷 것이 모두 무식한 사람에 의해 잘못 쓰이기 시작한 것이 아닌데다가 현재까지도 유식(?)한 사람에 의해 더 쓰여지고 있다는 사실이다. 게다가 한 술 더 떠서, 일반이 잘못 쓴다 해도 바로 잡아야 할 사전이 맞장구를 치듯이 그것을 지적해 놓지 않고 있는 사실이다.

얼마 전 일인들이 우리의 정치적 문제에 내정간섭을 한다 하고, 일본에 대한 한국인의 감정을 전달했던 일을 기억한다. 내정간섭이 사실이라면, 어째서 그들의 안중에 그렇게도 우리가 없어야 하는가를 생각해 보지 않을 수가 없다.

해방이라는 말조차 잊혀져가고 있는 즈음, 정부 기관이 일어식 용어를 쓰지 않기로 했다는 보도를 보고, 병든 국어를 새삼 의식하게 되는 것이 불쾌하다.

교포 소년 임현일 군이 일본 땅에서 박해에 견디다 못해 죽음으로 항거한 사실이 뒤늦게 알려졌다고 말하면서, 자못 비분한 어른들이 있었다. 하지만 나는 비분에 앞서 자학이 솟구칠 뿐이다.

일본인과 상거래를 하는 친구를 어느 백화점 전시장에서 만나 얘기를 하는 가운데, '쪽바리'라는 말을 지나다 들은 백화점 일본인이 한국인 종업원을 시켜 항의를 하더라는 말을 했다. 여기가 아직도 저희 땅인 줄 알고 있는 일인의 소갈머리를 씹으면서, 임현일 군의 죽음을 생각해 봤다.

임 군이 죽음으로 대든 민족 감정도 별 수 없이 망각의 늪 속으로 사라져 간 어제 오늘, 이름을 고쳐 일본인 냄새를 씻어 버렸다는(부평 여중생들) 얘기는 그래도 한 모금의 탄산수를 마신 느낌이다.

눈이 멀어가지고 개천을 나무랄 수는 없다 해도, 못난 사람(민족)도 사람임에는 별 도리가 없는 바에야 잘사는 사람(민족)만이 사람은 아니다. 못살아도 사람 대접받는 사람이 있듯이, 잘사는 외인들에게 사람

대접받으면서 살고 싶다.

　일제의 압제에서 벗어난지도 어언 36해. 성을 갈았던(창씨 개명) 지난날은 예외로 하자. 그리고 목에 풀칠을 하기 위해 날품팔이를 하는 인생들의 입에 붙은 일어의 찌꺼기는 접어 두기로 하자. 하지만 나는 얼토당토않게 지식인(?)들이 빌어다 쓰는 일어식 용어에는 아량을 베풀 수가 없다.

　사모님, 축제 따위의 말이 사전 속에서 당연하다는 듯이 수록돼 있는 한, 나는 일인들에 대해 큰소리를 치지는 못한다. 하지만 싸움에서 힘이 부치면 곧잘 물어뜯기라도 하는 아이처럼, 깡다귀만은 버리지 못한다.

　차라리 그런 깡다귀마저 없다면, 창피한 생각 따위는 하지 않아도 좋으련만, 이런 자학이야 죄될 리도 없어 해보는 소리다.

(한글 새소식 1981. 8.)

정신과로 가야할 사람

"─아침 노래는 저녁 곡소리만도 못하다 했느니라…."

소년 시절에 이런 말씀을 아버지에게서 들었는데, 이 말씀은 아침에 부르는 나의 노래 소리가 듣기 싫어서 하신 말씀이다. 이 말씀의 근거를 잘 모르지만, 지금은 꼭두새벽부터 자정이 넘도록 전파를 타는 대중가요 속에 묻혀 산다. 방송을 차분히 듣자 하다가도 '노래 한 곡 듣죠'가 튀어나와 이내 스위치를 끄게 되고, 이리 저리 다이얼을 돌려 보지만 노랫소리는 마찬가지다.

방송망은 마치 대중가요 때문에 있는 느낌마저 들어 언제부터 이토록 노래를 즐기는 씨알머리들이 됐을까 하고 짜증스럽기까지 하다.

노래는 들을 탓이지만, 아침 노래는 아닌 게 아니라 곡(哭)소리만도 못할 때가 있다. 곡이란 죽은 사람의 영전(靈前)에 우는 것을 말한다. 지난날의 예법으로는 3년상을 치를 때까지 아침저녁으로 상식(上食)을 드리면서 곡을 했다. 3년을 하다보면 형식적인 것이 되고 말아서 곡은 우는 것이 아닌 것으로 되고 만다. 이러한 곡소리만도 못한 것이 바로 아침버스 속에서 듣게 되는 청승조의 노래이다.

대중가요에다 고전 음악을 비길 수는 없는 일이나, 랄로의 스페인 교향곡 같은 것은 정작 그 흐느끼는 바이올린의 악음(樂音)으로 해서 듣게 된다. 그런 현음(絃音)에 이끌려 바이올린을 배운답시고 하숙방으로 끼고 다니다가 버린 일이 있다.

아침 노래가 저녁 곡소리만도 못하다고는 했지만, 새벽부터 들을만한 것이 없는 것은 아니다. 릴리 폰스의 봄의 소리 왈츠 같은 것은 실상 아침에 들어야 한다. 대중가요도 들을 탓이어서, 때로는 한가한 시간에 귀를 기울이게 하는 것이 있다.

'목포의 눈물', '눈물 젖은 두만강' 따위를 따라 부르게 되는 것이 그런 것인데, 경박스런 서양의 경음악과 다르기도 하거니와 일제 침략 시대를 되새기게 하는 때문이다.

음악은 처소와 시간에 따라 달리 듣게 돼 있고, 그것은 자의(自意)에 의해 선택돼야 한다. 아무리 명곡이라 해도 자의에 의하지 않으면 고악(古樂)일 수밖에 없다. 전철이 개통되기 전, 경인선을 2년 남짓 오르내리면서 나는 그런 고악에 고역을 치른 일이 있다. 하행 열차가 부평을 지날 즈음이면 으레 불청객이 나타난다.

어린 소년에게 손을 이끌린 맹인, 아랫도리로 바닥을 쓸며 움직이는 신체 부자유자, 갓난아이를 업은 젊은 여인, 그리고 여남은 살짜리 소년 가수 등….

이들은 한결 같이 노래를 불렀다. 라디오 스위치가 아니라서 끌 수도 없는 차중에 지루한 노래가 이어질 때, 옆자리 중년 사나이 하나가 주화 한 닢을 꺼내들었다. 여인의 노래가 앞에 와 멎자, 주화를 던지며 잘한다고 추임새를 넣었다. 그 옆 사나이에게선 재청이 나왔고, 여인은 다시 노래를 이었다. 눈을 감고 듣는 순간, 흥부전의 한 장면을 떠올렸다. 계수가 권주가를 부르지 않으면 술을 마시지 않겠다고 떼를 쓰던 장면, 판소리 사설 속에나 있음직한 그 냉혈(冷血)은 허구가 아닌 사실로 내 옆에서 지금 벌어지고 있는 것이다.

날마다 경인선 차 속에서 이처럼 노래를 들어야 했던 나는 그로부터 라디오와 TV에서 노래가 나오면 스위치를 끄게 하는 버릇이 붙었다.

인간은 누구나가 자기도 모르는 잠재의식을 지닌다. 강한 자로부터 모멸을 당하면, 그 모멸을 다시 약한 자에게로 전이(轉移)시키는 속성을 지닌다. 그런 것을 연민이라는 베일로 가리고, 스스로를 미화한다.

불구자의 노래—걸하는 자들의 노래를 내가 노래로 받아들이지 못하는 것도 그렇게 미화된 것인지 모른다. 그러나 그들의 노래가 정당한 노작(勞作)행위라 할지라도, 나는 그들의 노래를 노래로 들을 만큼의 강심장을 지니지 못했다. 노래를 노래로 듣지 못하는 것이라면, 그것은 편협한 감상이거나 아니면 값싼 동정일 밖에 없다.

주화를 던지며 구걸의 노래를 재청할 만큼의 여유를 지닌 사람 속에서, 노래를 노래로 듣지 못하는 것은 내가 정신과로 가야할 일인지도 모르는 일이다.

(月刊 學父母 1979. 12.)

점(占)

점술가 홍계관(洪繼寬: 이조 명종 때 사람)은 어느 날 어느 시에 자기가 죽게 된다는 것을 알고 있었다. 그리고 그 죽음을 면하는 길도 알고 있었다. 그것은 왕이 앉는 용상 밑에 들어가 있어야 하는 일이었다.

허락을 받고 용상 밑에 숨어있을 때, 마침 쥐 한 마리가 지나가고 있었다. 왕이 그것을 보고 홍의 점술을 시험했다.

"내 앞에 지금 쥐가 지나가고 있다. 네가 점을 잘 친다고 하니 몇 마리인가 맞춰보라. 맞추지 못하면 거짓말한 죄를 면치 못하리라."

홍계관은 용상 밑에서 점괘를 뽑았다.

"예, 세 마리가 지나가고 있습니다."

대답이 빗나가자, 그는 거짓말한 죄로 당현고개 넘어 남사강변 형장으로 끌려 나갔다. 면할 길이 없게 된 죽음을 앞에 두고, 그는 집행관에게 한 시간 가량만 늦춰줄 것을 간청했다. 자기의 점이 입증이 돼 처형이 면해질 것이라는 확신이 섰기 때문이다.

그 시간에 홍의 점이 빗나갈 리가 없다고 믿은 사람들이 쥐를 잡아 해부를 해보기에 이르렀다. 그 결과 홍의 점술은 명성대로였음이 밝혀졌다. 두 마리의 새끼가 뱃속에 들어있었던 것이다.

형의 중지 명령을 띤 사자(使者)가 황급히 당현고개 마루턱에 다다랐을 때, 홍의 목숨은 반보 직전에 있었다. 소리를 질러 명령을 전달했으나 들릴 까닭이 없어 손짓으로 신호를 했다. 그러나 집행관은 그것을 보고 서둘러 집행을 하고 말았다. 처형을 재촉하는 것으로 알았던 것이다. 사자가 돌아와 보고를 하자, 왕은 무릎을 치며 탄식을 했다.

"아차! 한 발 늦었구나."

그로부터 고개 이름이 '아차고개'로 바뀌었다는 얘기가 전한다. 이런 점술을 가지고도 그는 왜 살아남지를 못했을까.

소년 시절, 갈림길에 서면 곧잘 손바닥에 뱉어놓은 침을 손가락으로 쳐서 많이 튄 쪽으로 향방을 잡던 일이 있다. 이것도 하나의 점이라면 점이다. 어떻게 보면 인생이 살아가는 방식은 이런 식이 아닌가 한다. 막힌 길에 서게 되면 좌절을 딛고 일어서려는 자율 의지보다도, 스스로 약한 처지에 서 있음을 보게 된다. 그것이 신앙생활이 아니면 점술가를 찾게 하는 이유가 아닐까.

수없이 갈려지는 갈림길에 서서 막연한 희망을 간직하는 소망, 어쩌면 그것은 손바닥에 튄 침을 나침판으로 삼으로는 것과 같은 것인지도 모른다. 누구나 그러한 삶과 죽음을 동반하고 살아가지만, 불우한 길을 피하지 못한 사람은 '손바닥의 힘'의 향방을 쫓듯이, 갈려진 길을 잘못 잡은 사람이리라.

점은 인생길에서 지친 사람들이 친다. 봉지쌀과 낱개의 구공탄에 인생을 건 사람도 그렇고, 거루고각(巨樓高閣)에 사는 사람도 그렇다. 세 때의 끼니만으로 만족하는 이가 있는가 하면, 세도 줄을 놓을 줄 모르는 사람이 있고, 더 한층의 부를 쌓아보려는 소망에서 점술가를 찾기도 한다.

누가 한 말인지는 모르나, "하늘을 탓하지 말라. 하늘은 누구에게나 더하고 덜함이 없이 평등하다"고 한 말이 있다.

하지만 점술가는 이 말을 거부한다. 날 때부터 불평등한 것이 인간이라고 한다. '동양철학'이 그것을 구명했고, 점술가 자신들이 그것을 풀어 진로를 제시한다고 한다.

점술가 옆에 앉아보면, 희한한 게 그 세계다. 놀부와 흥부의 세계가 있고, 장화홍련전이 있는가 하면, 심청전이 펼쳐진다. 베니스의 상인이 연출되기도 하고, 권토중래로 몸부림치는 나폴레옹이 나타나기도 한다.

그러나 무엇보다도 눈길을 끌게 하는 것은 길거리의 점술가에 매달려 있는 여인을 보는 때다. 이른 봄 담모퉁이나 가로수 낙엽이 뒹구는 스산한 가을날, 행인(行人)의 발걸음에 스치는 길가의 아낙네ㅡ, 가장(家長)이 실직이라도 했다는 것일까, 학업을 중단한 자녀의 영상마저 따라와 붙어있다.

어차피 인생은 미지의 길을 가야하는 것이지만, 점술가에 매달린 그 여인의 미지의 길을 아는 사람은 과연 누구인가.

어디로 닿고 있는지 모르는 길을 찾아 달리면서 하나같이 행복의 점괘를 사람들은 뽑아 잡으려 한다. 알며 모르며 속아 사는 것이 인생이건만도, 희망이라는 점괘만은 놓으려하지 않는다.

(韓國隨筆 1980. 7.)

매화(梅花) 곁에서

대한(大寒)이 내일 모레.

영하의 추위(10여 도)가 삼한사온도 없이 계속 돼 방 안에서도 손이 시리다. 이 추위 속에서 20여 일을 피워주던 백매(白梅)가 다 져서 마루로 내 놓고, 피지 않은 홍매분(紅梅盆)으로 바꿔 들여놓았다.

매화가 피기 시작하면, 하루에도 몇 차례씩 분 옆으로 다가서게 된다. 밖에 있다가 방 안에 들어설 때면, 매 향(梅香)이 몸에 감기지만, 향기를 보채듯 더 가까이서 맡고 싶어진다. 날마다 지켜보는 가운데 만발을 하게 되면, 소주라도 한 잔 할 친구 생각을 하게 된다.

해마다 겨울이면 달포 동안을 두고 피워주던 꽃이 다 지고나면, 아직도 먼 봄이 방 안에서 기다려지고, 그럴 때마다 묵매도(墨梅圖)라도 한 폭 있었으면 해왔다. 이런 소원이 지난해에 풀렸다.

이름이 알려지지 않은 화가의 것이 돼서 몇 해 동안을 안국동 K표구점에 그 그림은 걸려 있었다. 표구점에 들를 때마다 화격(畵格)이 돋보이는데다가 그림 값이 내 소유가 되기에 알맞았다.

"온누리의 맑은 기운을 혼자 누렸다: 擷占乾坤一氣淸"의 화제 글씨도 요새 그림 화제에 댈 것이 아닌데다가 '소호인형정지(小湖仁兄正

之)'라는 쌍관(雙款)이 눈길을 끌었다. 소호(小湖)는 묵란도(墨蘭圖)의 3대가라고 하는 김응원(金應元)이다.

그림을 그린 해가 을미년(1985년), 소호의 나이 40이던 해다. 혹시 같은 호를 가진 딴사람이 아닐까 했지만, 연대로 보나 묵매(墨梅)의 솜씨로 보나 김응원 선생이 받았을 것으로 심증이 갔다. 그렇긴 했어도 이리저리 알아보다가 뒤늦게 그 작자를 알아냈다.

'유도옹(酉道翁)'이라고만 쓰여 있는 것을 근거로 사전을 뒤졌으나 알 길이 없다가 선전(鮮展: 일제 총독부전) 도록에서 그의 도장에 새겨져 있는 이름(酉堂 金熙舜)을 찾아냈다.

그러면 그렇지, 이름으로 그림이 좌우되는 사람들 틈에서 몇 해 동안을 무명으로 표구점 구석에서 구박을 받던 이 그림은 내게로 와 안주하게 됐고, 나는 소원을 풀은 셈이 됐다.

심취라는 것일까, 담묵선(淡墨線)의 꽃잎이 흰 채색으로 보인다. 그런 얘기를 했더니, 신통한 안력이라며 난정(蘭丁)과 현포(玄圃)가 나를 놀린다. 스스로도 조건반사 치고는 희한하다고 여겼다.

매화에 풍류가 따른다 함은 사족이다. 1840년 겨울, 안민영(安玫英)은 스승 박효관(朴孝寬: 이조의 시인·가곡원류 편찬자)을 찾아 평양기생 순희(順姬), 전주기생 향춘(香春)과 함께 노래와 거문고로 하룻밤을 즐겼다고 한다.

책상 위에 두서너 송이 매화가 피어난 것을 보고, 그때 여덟 수의 노래를 지은 것이 지금의 그의 〈매화사〉이다.

몇 해 겨울을 매화 곁에 있으면서도 나는 잡글 한 줄을 못 썼다. 꽃이 져서 마루로 내놓은 백매(白梅)는 희다 못해 파르스름해서 전등을 켜지 않고 땅거미에 보면, 가지에 흰 연기가 낀 것 같다. 이런 것을 매하(梅霞)라고 하는 것인지.

부여에 천연기념물인 백강매(白江梅)라는 청악매(靑萼梅)가 있었다 한다. 5월이면 눈빛 같은 꽃에서 매향이 온 마을을 진동시켰다고 한다. 지금 같으면 가보지 않고 어찌 배기겠는가.

고향에선 기후 탓으로 매화를 볼 수가 없었다. 서울에 온 이후 어디서 구할지를 모르다가 구파발에서 홍백 한 그루씩을 구한 것이 10년 전의 일이 된다.

매화는 꽃도 꽃이지만, 수형(樹形)을 만들어가는 데 정을 붙이게 된다. 아직 매화 특유의 운치가 나무에 보이진 않고 있으나, 기르다보면 청룡이 꿈틀거리고 쇠막대기 같은 강경한 기상을 보일 때가 있을 것이다.

매화꽃은 단판(單瓣)이라야 한다. 근래 시중에서 파는 홍매라는 것은 거의가 겹으로 피는 것으로, 일인들이 즐기는 팔중앵(八重櫻)같아 텁텁하다.

지지난 봄에 당홍매(唐紅梅)라며 단판짜리라기에 동대문 시장에서 한 그루 사다 심은 것이 웬일인지 꽃을 보여주지 않아 해가 바뀌기를 기다렸더니 올해는 진홍 단판에 향기를 뿜어주고 있다. 천 원짜리 매화에서 값으로 칠 수 없는 것을 받으니 기쁘다.

분이 좋으면 금상첨화가 될 것이지만 좋은 것은 고가이어서 토분(土盆)에 기를 밖에 없다.

뜰이 넓으면 노지(露地)에도 심어서 매하(梅霞)의 운치와 술과 차도 만들어 보고 싶으나 생각이 부질없을 뿐이다.

매화는 곁에서 봐야 한다. 화사하면서 요염하지 않고, 단아하고 청초하면서 소박하다. 향기 은은한 것이 촌가에 묻혀 사는 아름다운 여인이다.

그래서 양옥 아닌 초가집 선비방에 피어야 할 꽃이다. 흠이 있다면 낙화가 깨끗하지 않은 것이라고나 할까.

손을 비비며, 올 겨울도 매화 곁에서 지내지만, 어깨를 누르는 겨울은 지루하다.

봄이 어서 와야겠다.

(現代文學 1981. 5.)

명 재판관(名裁判官)

길을 가던 톨스토이가 맞은편에서 오는 두 기병(騎兵)을 보고 그들의 군복차림이 어울리지 않아 흉을 봤다. 기병이 스쳐간 다음 그들의 차림새가 의외로 당당하다는 것을 알고, 아까와는 달리 칭찬을 했다.

같이 가던 사람이 "어찌 두 가지로 그렇게 말을 하느냐?"고 했더니, 사람이란 본시 그런 것이 아니냐 했다 한다. 소매치기, 날치기 등을 내가 미워하는 까닭도 이런 논리이다.

두 눈이 퍼렇게 움직이고 있는 내가―그것도 많은 사람들 앞에서 손목에 차고 있던 시계를 떼이기 전만 해도, 나는 그들을 미워해 본 일이 없다.

그 시계는 결혼 15주년에 보금장으로 나를 데리고 가서 채워준 아내의 선물이었다. 시계를 떼이자 버스 안 사람들이 신고를 하라고 권하는 것이었으나, 환한 대낮에 당한 일을 신고는 해서 무엇하랴 하고, 잠시 무아(無我)의 경지(?) 속에 있다가 법이란 것을 생각해봤다.

법이란 무엇인가―상식과 같은 거라고 말하는 이가 있지만, 그것은 천만의 말씀이다. 시효(時效)라는 게 있어서 세월이 가면 저절로 죄가 없어지기도 하고, 때로는 상식과는 판이하게 판결을 받는 경우도 있다.

법은 물이 흐르는 이치와 같은 거라고 하는 이도 있다. '법(法)'자가 그렇다는 것이다(물'氵'이 흘러간다 '去'). 물이 흐르는 것은 우주의 법칙이므로 그 이치를 따라야 하는 것이 법의 정신이란다. 옳은 말인지는 모르겠으나 아무튼 상식으로도 쉽게 판단이 가는 범죄가 때로는 '적용 조문이 없어' 처벌하지 못한다는 보도가 나오기도 한다.

대법원 판례가 이렇게도 나오고 저렇게도 나왔다는 것을 들으면, 법 조문같이 묘한 것도 없다.

범죄자를 잡아놓고도 처벌 규정이 없어 풀어준다면, 사람이 법을 운용하는 것인지, 법이 사람을 운용하는 것인지 아리송하다. 명재판관은 그래서 생겨난 말인 듯 싶다.

법을 범하면 누구든지 벌을 받아야 함은 말할 것이 없지만, 법망을 뚫는다느니 법의 그물엔 송사리만이 걸린다느니 하는 말이 있어왔다. 인권주간 행사 때면, 법은 만인에게 평등하다는 말도 한다. 이렇게 말하는 것은 이미 불평등을 시인하는 말과도 같다.

그건 그렇고, 평판관이란 법조문이 없던 시절의 말이기도 한데 고을 원이 장죽(長竹: 긴 담뱃대)의 소유권을 명쾌히 가린 얘기가 있다.

"서로 장죽의 임자라고 하니, 그대들은 언제부터 장죽을 피웠는가."

"예, 오래 전부터입니다."

"그래, 그러면 내 앞에서 담배를 피워보도록 하라."

두 사람은 즉석에서 담배를 피우기 시작했다. 대통 속에서 담배가 타들어가며 부풀어 오르자, 제각기 대통 속의 불씨를 눌렀다. 순간 진범은 가려졌다.

장죽의 불을 누를 때는 손가락으로 누르는 법이 아니다. 긴 담뱃대를 입에 문 채 재떨이에 대통을 뒤집어대고 지긋이 누르는 것—이것이

양반의 흡연법이다.

괴목(槐木) 재떨이 한 가운데를 볼록 튀어나오게 깎은 것은 거기에 대통을 누르라고 한 것이다. 범인은 곰방대(짧은 대)를 피우던 버릇으로 장죽의 대통을 끌어당겨 저도 모르게 엄지손가락으로 잘근 눌렀다.

증거가 없을 땐 살인혐의도 풀리고, 거짓말 탐지기까지 동원을 한다지만, 이런 따위 재판은 증거불충분 정도로 끝날지도 모르는 재판이다.

시계를 떼이고 났을 때, 손가락을 자른다는 회교율법의 행형(行刑)을 생각해봤다. 도둑의 인권을 내세우는 법조인들이 나 같은 경우를 번번이 당한다면, 두 가지 말을 한 톨스토이처럼 되지는 않을까도 생각해봤다. 행형제도가 상습범의 인권을 존중하는데 있다면, 그 상습범의 인권이 만인의 피해를 상쇄하고도 남는다는 것일까….

도둑에게서 염치를 바랄 수야 있을까만, 몰래 훔치는 자는 그래도 조금은 염치가 있다. 뭇사람이 보는 가운데, 그것도 송장이 아닌 사람에게서 허락도 없이 물건을 실례해가는 것보다야 낫다.

아무튼 법이란 피해자보다도 상습 가해자를 위해 있는 느낌이라면 어폐가 된다 할까.

(治安問題 1979. 12.)

복중에 맞는 가을

모닥불을 퍼붓는 것 같은 더위를 집안에서 식히고 있을 때, 시각(視覺)을 시원하게 해주는 것이 있다. 적란운(積亂雲)이 솟아오른 들판에 가을의 사자(使者)인 양, 패나온 수수 이삭의 사진이 신문 사회면에 실려 나오는 것이 그것이다.

내가 오래 전에 본 이 영상은 해마다 복중이면 되살아나 은근히 신문 지면에 나타나기를 기다리지만, 근래에는 바닷가에서 벌어지는 풍경만이 실려 나온다.

초복을 지내놓고 중복 허리가 되면, 더위는 심신을 함께 지치게 해서 월력 속의 말복 날짜만을 더듬게 된다. 이때 한시름 잊게 하는 것이 가을 추(秋)자가 들어있는 입추절(立秋節) 날짜를 짚게 되는 일이다. 그것은 해마다 8월 7일께가 된다.

한겨울 혹한이 기승을 부릴 때도 마찬가지다. 밤사이 동지절(冬至節)을 지내놓고 나서, 추위의 한 고비를 넘긴 것 같은 기분으로 어깨를 펴본다. 이때는 실상 추위가 더해 가고 있는 때인데도, 해가 차차 길어진다는 것으로 마음의 주름을 펴게 되는 것이다.

입추절을 전후한 기온은 한낮의 더위가 글자대로 불가마 속이다. 그러나 저녁 뜰에 내려서면, 이미 가을 속에 있음을 알게 되고 가슴이 철렁해진다. 마당가 콘크리트 담벽 틈에서 들리는 귀뚜라미의 낭랑한 울음소리가 폐부를 찌르는 까닭이다.

옷가슴을 풀어 헤쳐도 견딜 수가 없어서 고의춤까지 까내리고 내려앉아 혼자 부채질을 하곤 하지만, 발밑에서 우는 귀뚜라미 소리엔 탄식이 절로 나온다. 시간은 금이다 돈이다 하면서 교훈 같은 말을 하지만, 분복(分福)대로 살기를 바라는 사람에겐 계절감각이란 그저 무상할 밖에 없다.

말복 허리에 시골에서는 김장 채마붙임이 한창이다. 8월이 다 지나갈 무렵이면 솎음질을 하게 된다. 풋고추를 깨뜨려 넣고, 토장을 풀어 끓인 열무국을 먹게 되는 것도 이맘때다.

이맘때는 잔서가 극성스러우나, 서퇴(暑退)한 무렵에 채마밭을 매고 나서 호미를 씻을 때는, 살갗에 와 닿는 산뜻한 바람 기운이 한낮에 시달리던 더위를 말끔히 씻어 준다. 오래 전 내 몸에 배어있는 이 감각이 잊히질 않는다.

그러나 입추가 지났다 해도 8월은 아직도 여름의 대명사다. 가마솥 같은 더위 속에서 시달려야한다. 입추, 말복, 처서 등이 차례로 8월 속에 들지만, 이 절후의 명사가 주는 감각대로라면 더위는 마음으로라도 한결 물리칠 수 있다. 하지만 마음으로 하는 척서(滌署)라 해도 피부에 와닿는 더위를 물리치기는 힘들다.

복중의 들판에 시원한 것은 수수목이 패나온 모습이라고 했지만, 말복이 지나고 처서를 넘기면 농가에선 풋수수를 잘라 먹곤 했다.

들기름을 두르고 번철에 지녀낸 것에, 햇동부 계피팥을 싸서 먹는 수수부꾸미의 일미(一味)는 먹어본 사람이 아니고는 모른다.

한여름에 농촌에서는 곧잘 보신탕 추렴들을 한다. 근래엔 도시 사람들이 더 야단이다. 개 값도 대단해서 강아지도 높은 값으로 사고팔고 한다니, 거저 주고 거저 가져가는 것으로만 알고 있었던 내가 쑥이다.

복중에 세가 나는 것은 선풍기다. 여름 풍류이기도 했던 부채가 지금은 동양화의 재료가 되고 있을 뿐이다. 날로 변해가는 세속을 헤아릴 수 없지만, 귀부인이 모여 있는 것을 자전(字典)에 선영의향(扇影衣香)으로 나타내고 있는 것을 보면, 옛 여인들의 멋을 짐작하게 한다.

지금은 덥다고 해서 아래 위를 노출시키는 것이 미덕처럼 되고 있으니, 10여세 때 나는 형수 앞에서 소매를 걷어 올리지도 못했다. 이런 일이 아직도 머리에 남아 있는데, 언젠가 뉘 집엘 갔다가 시숙(媤叔)과 계수(季嫂)가 벌거벗고 해수욕장에서 찍은 사진을 보았다.

어릴 때, 일인(日人)들이 며느리 앞에서도 훈도시(팬티대신 차는 기저귀 같은 것) 바람으로 있는 것을 보고, 해괴망측하게 여기던 일이 생각난다.

8월의 해는 아직도 길다고 느껴지지만, 말복께면 상당히 짧아진 것을 퇴근시간 빌딩에 걸리는 해로 가늠하게 된다. 하지(夏至)부터 두 달이 되니 한 시간쯤 짧아진 셈이다. 사람들이 더위에 시달려서 그것을 느끼지 못하고 있을 뿐이다.

입추, 말복을 지나고 나면, 새벽녘엔 일어나 창문을 닫아야 하고, 아이들의 입에선 어느 사이 '추워' 소리가 나오게 된다.

아직도 8월은 열흘이나 남아서 뉴스 속의 피서지는 열기가 한창이지만 아침저녁으로 낭랑한 귀뚜라미 소리가 가슴을 파고든다.

말복이 내일 모레, 복중이긴 하지만 이미 가을은 와 있는 것이다.

(主婦生活 1979. 8.)

술

위장에 해로우니 술을 끊었으면 좋겠다는 권고를 받아 온지가 오래
인 데도 믿는 곳 없이 마셔 왔던 것을 뉘우치면서 술을 멀리한지도
오래된다.

지상(紙上)에서 나를 보고 반갑다며 만나자는 하근찬(河瑾燦) 형의
엽서를 받고 대작을 했던 것은 같은 서울 안에 있으면서도 10여 년
만의 일이었다. 직장에서 헤어진 후 오래 소식이 끊겼다가 뒤늦은 나의
글을 보고 기쁘다고 한 정이 반가웠다.

만난 자리에서 막혔던 얘기를 다 할 수는 없는 일이고 해서 간단하게
저녁이나 하자고 한 말은, 셋 중에서 누가 먼저 한 말인지는 알 수 없으
나 우선 다방을 나섰다.

동석한 정구창(鄭求昌) 형과는 만날 때마다 소주 한 잔의 애주를 해
온 터였지만, 피차가 건강을 이유로 술을 가까이 하지 않고 있었고,
하형 역시 병원엘 다닌다며 약봉지를 꺼내 보였다. 그런데도 세 사람은
어느 사이 술집 골목인 광화문 뒷골목으로 접어들었다.

10년 회포에 술 한 잔이 없을 수는 없는 일이고…. 더도 말고 '한 잔씩
만'으로 다짐했지만, 이런 약속도 누가 먼저 깼는지 알 수 없다. 약봉지

를 내 보이던 사람과 둘이서 소주병 여섯 개를 비우고 난 뒤, 그로부터 나는 술을 가까이 할 수가 없게 되고 말았다.

술이란 있어야 할 때 있어야 하고, 마셔야 할 때 마셔야 한다. 친구와 잔을 놓고 마주 앉는 것은 연인들이 자리를 함께 한 것만큼이나 즐거운 일이다.

술에는 으레 핑계가 따라 울적한 핑계, 자축 타축의 핑계, 혹은 매화가 피었으니-하는 따위로 마시지만, 무슨 핑계든 친구끼리의 대작은 즐거운 자리다.

동네 길목에는 몇 집의 허술한 대폿집이 나란히 있었다. 그 중에 제일 작은 집에 얼굴이 해끄므레하고 눈동자가 까만 30대 안주인이 있었다. 옆집은 파리를 날리고 있어도 그 집만은 사내들이 꼬여들었다. 몇 번 가는 동안에 눈에 띄게 살림살이가 달라져 갔다.

세 평도 못 되는 술청에 냉장고가 들어앉고, 고물 선풍기가 탈바꿈을 하고 전화벨 소리가 울려 나온다.

어느 날 술을 마시다가 닫혀 있는 안쪽 미닫이 안에 안주인의 서방이 들어앉아 있는 것을 봤다. 곁에 와 시중드는 안주인을 보고 친구가 사랑 좀 해 보자고 농을 거니 닫혀 있는 미닫이 쪽을 곁눈질하며, 귓가에 대고 속삭이듯 생글거렸다. 임자가 있다고 한다. 다른 사람은 못 보고 있었지만, 그 미닫이엔 보일락 말락한 문구멍이 하나 밑으로 나있었다.

대폿집이 잘 된다 싶더니 어느 날 그 야실야실한 안주인은 보이질 않았다. 더 넓은 가게를 얻어 갔겠거니 했지만, 문구멍을 뚫어 놓고 들어 앉아 있을 서방이 떠올랐다.

술자리는 어떤 곳이건 부담이 없어야 한다. 아름다운 여인이 안주를 집어다 입에 넣어 준다 해도 부담이 되는 자리라면 술맛이 날 리 없다.

흥을 돋우는 노래도 노래가 아니라 비명이 된다.

하지만 맺힌 일 다 풀어 놓고 시원스레 마시는 것이 남자의 술이다. 여인의 노래가 설사 비명일지라도 노래로 들어 넘기고, 고담준론으로 인생을 토로(吐露)하되 교만이나 허세 없이 마시면 남자다운 술자리다.

희로애락을 그렇게 술잔에 부어 통음(痛飮)할 줄 아는 사람은 인생도 그렇게 후련하게 살아가는 사람이다.

그렇건만 술에 약한 나는 한 번도 그렇듯 술다운 술을 마셔보지 못한 채 반생 동안의 인생을 흐지부지 넘겨왔다. 통분을 달래기 위해 베개를 세워 놓고 대작을 했다던 한말 지사 장지연(張志淵) 선생이나, 집 한 채를 다 마셨다는 국문학자 권덕규(權悳奎) 선생 같은 분들의 명정(酩酊)을 부러워 할 뿐이다.

술에는 멋이 따라야 한다 함은 말할 게 없다. 주고받는 잔에 해학이 넘치며, 준열한 기개도 대범한 풍도로 술잔에 채우면 마시는 즐거움은 서로 크다.

영의정 신숙주(申叔舟)와 새로 우의정이 된 구치관(具致寬)을 불러대서 벌주 구실로 술을 마시게 한 세조(世祖)의 술 솜씨가 멋이 있다. '신 정승'하고 불러 신(新) 정승이 대답하면, 신(申) 정승(申叔舟)을 불렀다하고 벌주를 안기고, '구 정승'하고 불러 구(舊) 정승이 대답하면 구(具) 정승(具致寬)을 불렀다 하고 잔을 안겨 종일토록 취했다 한다. 그들의 술자리가 촌부(村夫)들의 장난 같아 우습다.

앞서 권덕규 선생은 집 판돈을 야금야금 다 마시고, 마지막 술값이 떨어지자 그 집 앞에 서서 호령을 했다 한다.

"이제까지는 네 속에 내가 들어가 있었지만, 오늘부터는 네가 내 뱃

속에 들어가 있다."

집어넣은 뱃속의 술(자택)은 일본의 제국주의였는지도 모른다. 암흑 시기의 식민지 학자의 마음을 짐작하게 한다.

주고받는 잔의 정이 은밀하면, 술 마시는 자리야 또 어떻든 무슨 상관일까.

"쇼주 이습니다"라고 써 붙여 놓은 시골주막 목로도 좋고, 밤 길모퉁이의 포장마차도 좋다. 인생과 우정을 나눌 수 있으면 그 밖에 또 있을게 무엇이랴.

술을 멀리하고 나니, 그런 우정도 인생도 멀어져 가는 것만 같아 허전하기만 하다.

(隨筆文學 1979. 7.)

우물가의 여심(女心)

정수기가 고장이 나서 우물물을 긷기로 했다.

그 우물물은 마을 사람들이 부르는 속칭 '대감 집'의 광활한 담 밖에 있다.

운동 삼아 아침 다섯 시 반께 가면 사람이 없으나, 조금 늦으면 한두 명의 아낙네와 마주치게 된다. 얼굴을 붉힐 나이도 아니건만, 우물가에서 여인과 마주치는 것은 쑥스럽다.

우물가엔 언제나 여인이 있지만, 뒤에서 보는 여인은 다 아름답다고 하듯이, 우물가의 여인은 그렇게 보인다.

우물가의 여인이 아름다워 보이는 것은 지난 날 여인들의 사랑과 한이 그곳에 남아있는 때문이리라. 그래서 우물가엔 항상 깊고 은밀해서 아름다운 여심이 있다.

맑은 정심(井心)을 바가지로 저어 퍼서 얼굴을 돌리며 두 손으로 내미는 여인—윤곽조차 잡히지 않는 환상의 여인이 보고 싶을 땐, 오솔길을 따라 호젓한 우물가로 상념이 간다. 그리고 우물가에 서린 아름다운 설화의 주인공을 만난다.

경은(耕隱: 생육신의 한 사람)이란 분이 신변의 위험을 피해 쫓기는 길에서 가난하고 아름다운 처녀와 인연을 맺었다는 얘기를 들었다.

탕주(蕩主) 연산(燕山)이 부녀자들을 불러들일 때, 미모의 부인을 가진 그도 걱정을 하지 않을 수가 없었단다. 기어코 들어와야 한다는 명령을 받았을 때, 명주 단속곳 열두 벌을 껴입고 나서면서 부인은 남편에게 걱정을 말라고 했다.

그러나 이튿날, 남편이 집에 돌아오는 부인을 버선발로 뛰어 내려가 손목을 잡으며 맞았을 때, 남편의 손은 냉정하게 뿌리쳐졌다. 여인의 손목엔 아무도 잡지 못한다는 표지로 연산이 감아준 명주수건이 감겨져 있었던 것이다.

다듬잇돌을 들어, 단속곳 열두 벌의 맹약을 응징하고, 그 길로 도망길에 오른 그는 길가 우물에서 물을 떠준 처녀와 인연을 맺었다는 얘기였다.

어려서 내가 들은 이 우물가의 로맨스는 경은의 얘기가 아니라, 이장곤(李長坤)이라는 사람의 얘기가 잘못 전해진 것이었다.

이장곤은 연산 때 교리(정5품의 벼슬)를 지낸 사람이다. 거제도에서 귀양을 살고 있을 때, 목숨의 위험을 느끼고 함흥으로 다시 도망을 가야 했다. 목이 타서 길가 우물에서 물 긷는 처녀로부터 물을 얻어마셨을 때, 그는 그대로 발길을 떼어놓을 수가 없었다. 아름다운 여심에 끌렸던 것이다.

말없이 버들잎을 한줌 훑어 넣어준 바가지의 물을 가쁜 숨결을 고르며 마시고 나서 까닭을 물었을 때, 그는 쫓기는 신분임을 알아차리고 급히 물을 마심으로써 건강을 해칠까 염려했다는 처녀의 깊은 속을 알게 되었다.

여심의 아름다움은 은밀해야 하고 드러내지 않는 것이 동양의 미덕이다. 감춰진 여심의 아름다움을 모른다면 그것은 사내의 도량이 못된다. 이장곤은 아름다운 그 여심에 포로가 됐고, 신분을 돌아볼 여지도 없이 미천한 고리장이(옛날에는 천한 직업으로 알았음)의 사위가 됐다. 그리고 와신상담(臥薪嘗膽), 앞날을 기다리고 있었다.

이윽고 연산이 쫓겨나고, 그는 복권이 되고─남은 얘기들이 진진한 그의 우물가의 로맨스는 오늘날까지도 감동의 기록이 돼 전해 온다.

나는 때때로 외모에 반비례하는 모과의 향기를 생각할 때가 있다. 그런 생각을 하면서 얼굴에 천연두 자국이라도 있을 것만 같은, 버들잎을 띄워주던 여인의 환상을 그려보는 것이다. 그리고 헤아릴 수 없는 사려(思慮)의 바다─그 깊은 가슴의 사랑과 지혜를 맡아 보는 것이다.

한 남성의 뜻을 치마폭으로 감싸듯이 버들잎으로 감싸 준 우물가의 처녀─이런 여심에 끌리지 않는다면 그것은 목석이리라.

모든 선남들에게 그런 여심과 마주쳐보라 하고 싶다.

(엘레강스 1980. 5.)

식자우환(識字憂患)

어줍지 않은 글을 쓰게 되자, 내 필명(筆名)이 어려운 글자이니 고치라고 하는 이가 있다. 모(牟)도 그렇고 촌(村)의 옛글자 邨(촌)도 흔하게 쓰는 글자가 아니다. 기왕에 '촌'을 쓰기로 한다면 알기 쉬운 '村'을 쓰는 게 어떠냐고 하지만, 아닌 게 아니라 웬만한 자전에는 촌(邨)자가 수록돼 있지도 않다.

당초 당선 작품에 썼던 이운(伊耘)을 모촌(牟邨)으로 고칠 때, 문화부 기자가 왜 그렇게 어려운 글자만을 쓰느냐고 했다. 그도 그럴 것이 신문사에서 보내 온 시상통지 겉봉엔 한글로 윤모순이라고 적혀 왔는가 하면, 미지의 독자로부터는 윤모춘, 윤비둔, 윤발촌, 윤모천, 윤모돈이라고 해온다. 담당기자의 말을 들으니, 대체 자전(字典)에도 없으니 무슨 글자냐는 문의 전화가 많았다고 한다. 하찮은 필명으로 이토록 여러 사람에게 폐를 끼치게 된 것은 미안한 일이다.

내가 모촌을 필명으로 쓰기 시작한 것은 25~6년 전의 일이 된다. 교육 잡지, 주간지 등에 독자투고를 하면서 쓴 것인데, 늘 전원서경(田園抒景)이 좋아, 보리가 패고 소가 우는 마을—모촌(牟邨)으로 자작한 것이다. 그런데 애초의 村(촌)을 邨(촌)으로 바꾼 것은 몇 해 전에 있었던 월간 서예지 지우회원전(誌友會員展)에서 고자(古字)가 좋겠다는 의견이 있었는데다가 邨(촌)자의 호를 가진 석촌(石邨)의 인품에 매료되어 바꿔 쓰기로 한 것이다.

석촌은 한말 고종 때 예조 이조판서를 지냈고, 법부탁지, 내부 등 대신의 명을 10여 차례나 받았으나, 한 번도 그 직을 수락하지 않은 윤용구(尹用求) 그 분이다. 나라가 망한 후에는 일본이 주는 작위(爵位)도 받지 않고, 지금의 장위동으로 나가 은거를 하면서 서화를 벗하며 지냈다 한다. 그래서 그 분의 서화에는 장위산인(獐位山人)이라는 호도 보인다.

글자가 의사 전달의 기호이고 보면, 알기 쉽고 쓰기 쉬워야 하는데, 한자는 그 수가 많고 어려워서 어려운 글자를 쓰면 유식한 것으로 안다. 한문에 능하지 않고서는 어려운 글자를 알기란 쉽지가 않는데, 내가 그렇다는 것이 아니라, 내 필명의 경우는 그저 취향에 맞는 글자를 찾아 쓴 것뿐이다.

나는 다른 글에서도 말한 적이 있지만, 어려운 글자의 이름을 가지면 조상 덕에 글깨나 배운 탓이라고 빈축을 사기도 한다. 인간은 생활을 편리하게 하자고 문자를 만들어 냈으나, 오늘에 와서는 오히려 그것이 불행하다는 생각을 하게 할 때가 있다. 우리는 지금 그런 문자의 역기능 속에서 살아가고 있지 않은가. 글자로 해서 불행을 안게 된다는 것은 참으로 인간만이 지니는 불행이 아닐 수 없다. 식자우환(識字憂患)이란 말은 이래서 생겨난 것이지만, 사람이 문자를 알게 되면 걱정이 따른다는 뜻이다.

부모덕에 글깨나 배운 자가 있었다. 처가엘 갔다가 장인이 호랑이에게 물려가는 것을 보고, 마을 사람들에게 구원을 청했다.

"원산대호(遠山大虎)가 자근산래(自近山來)하여 오지장인(五之丈人)을 착거(捉去)하니, 유창자(有槍者)는 지창이래(持槍以來)하고, 유궁자(有弓者)는 지궁이래(持弓以來)하고, 무창무궁자(無槍無弓者)는 지봉이래(持棒以來)하여 오지장인을 구지(救之)하렸다."

이렇게 외쳤지만 마을 사람들이 알아들을 리 만무했고, 장인이 호랑이 밥이 된 것은 말할 것이 없다. 이 말을 풀어본다면, "먼 산 호랑이가 가까운 산에서 나와 내 장인을 물어가니, 창을 가진 사람은 창을 들고 나오고, 활을 가진 사람은 활을 가지고 나오고, 창도 없는 사람은 몽둥이를 들고 나와 내 장인을 구해라." 한 것이다.

이 소식을 듣고, 원이 그 자를 잡아다가 꾸짖으며, "네 이놈! 또 그런 문자를 써서 불효를 저지를 테냐." 하고 볼기를 쳤다.

그랬더니 그의 입에선 또 다음과 같은 말이 튀어 나왔다.

"아야둔야(我也臀也) 갱불용문자호(更不用文字乎)—아이쿠 볼기야, 다시는 문자를 쓰지 않겠습니다."

볼기를 치다말고 원은 탄식하면서 "식자우환이로다." 했다 한다. 누가 지어낸 말인지 지식인을 잘 비꼬았다.

처음에 나는 한글로 '모촌'이라 쓰기도 했다. 그 때 소설가 오영수(吳永壽) 선생이 소설집을 주면서, 내게 묻지도 않고 '모촌(茅村)'이라고 써주었다. 이와는 달리 지방의 모 인은 편지를 보내면서 봉투에 큼직하게 모촌(毛村)이라고 해 왔다. 난데없이 '털난 마을'로 변한 필명을 들여다보면서 혼자 웃었다. K출판사 부사장이 책을 주면서 역시 모촌(毛村)이라고 적어주었다.

앞의 모촌(茅村)은 써준 분의 안식이 드러나 좋은 호가 될 수도 있으나 조금 어렵고, 후자는 많은 사람이 쉽게 아는 글자를 쓴 셈이다. 그러고 보면 많은 사람이 알 수 있다는 점에서, '털난 마을'이 좋은 필명인지도 모르겠다.

내가 쉬운 글자를 두고도 어려운 글자를 쓰는 것은 쓸데없는 고집이다. 많은 사람에게 알리기 위해서라도 쉬운 글자를 쓰라고 하는 이가 있다. 하지만 이름 알리는 일이 무슨 대수로운 일인가. 완당(阮堂)은 추사(秋史)라고 해야 사람들이 더 잘 알지만, 그 분은 2백도 넘는 호를 썼다고 한다.

때와 처소에 따라 즉흥적으로 지어 쓴 것 같은데, 사람들이 호는 몰라봐도 글씨로 완당을 알았을 터이니, 그 분은 자신의 호에 집착할 필요가 없었던 모양이다.

나도 허욕을 부린다면 필명 따위에 집착할 필요 없이, 문장만으로도 남이 알아볼 수 있는 글을 썼으면 한다. 그렇게 된다면 필명 따위가 무슨 상관이겠는가. 어려운 글자를 고집하는 내 필명도 '식자우환'이다.

(韓國隨筆 1979. 5.)

아낙 군수

　당선 소감 글 끝에 현재하는 일을 적으라 하기에 버섯을 기른다고
써 넣었다. 말하자면 직업이다. 직업이라면 생계를 꾸려나갈만 해야
하는 것인데, 시험 삼아 해 보는 버섯 재배가 직업이 될 수는 없다.
그런데도 그렇게 써 넣은 것은 써 넣을 게 없어서였다. 내가 '도둑촌'에
주소를 두고 있지 않는 한, 하는 일이 없다고 해서 '무직'이라고 못 쓸게
없지만, 공개적으로 드러낼 것까지야 없다는 생각이 곁들은 까닭이다.
무위도식(無爲徒食)을 떳떳하게 생각하는 사람은 따로 있다. 본의 아
니게 내가 '직업'없이 지내게 된 데는 핑계가 없는 것은 아니지만, 어쨌
든 하는 일 없이 살아간다는 것은 자랑할 것이 못된다.
　'무직'이란 단어로 해서 내가 해마다 겪어야 했던 일은, 어느 사이
아비의 눈치를 살피는 자식들을 의식해야 하는 일이었다. 남의 비밀을
알려고 하는 것이 관성이듯이, 네 놈들이 학교에서 들고 오는 가정환경
조사서라는 것이 한결 같이 직업을 소상하게 적어 넣으라 한다. 그럴
때마다 소속 불명의 '회사원'이라는 글자를 근거도 없이 써 넣곤 했다.
이러한 아비의 마음은 이심전심(以心傳心) 알게 된 터인데, 올해엔 아
내가 용어를 변경하고 나섰다. 문필가(文筆家)로 적으라는 것이다.

문필가라? 그렇다면 앞에서 말한 대로 그것으로 생계를 꾸려 나가야 할 일인데…? 그러나 수필 쓰는 일이 직업이 못 된다는 것은 아내가 더 잘 아는 일이다. 그저 뒤늦게 글을 쓰는 사람이라고 내세워도 망발이 되지는 않게 된 것을 고맙게 여기고 있는 모양이었다. 그래서 문필가라 적어 넣기는 했지만, 그 '문필가'에 자조(自嘲)가 따름을 금치 못했다. 문인 중에는 인기와 명성을 누려 잘 지내는 사람이 있다.

그런데 중견(中堅)이 돼 있을 나이에 글답지도 않은 글을 쓴다고 시작한 꼴이니, 어찌 직업이 문필가라고 할 수 있을 것인가. 나의 무직은 누가 물어도 무직일 따름이다.

사람은 팔자대로 산다고 한다. 직업도 그런 것이어서 제각기 정해진 길을 가게 마련인 것 같다. 송충이는 솔잎을 먹어야 한다고 하지 않는가. 제3공화국이 망해 들어갈 무렵, 직장을 팽개친 후로 생소한 일에 손을 댔다가 실패한 것은 인생 공부로 돌린다. 직업이 팔자라고는 했지만, 파키스탄 대통령 부토 씨의 교수형 집행인의 경우를 보면, 먹고 살아가는 길이 동서양을 막론하고 어처구니가 없다.

집행인에게 주는 보수가 우리 돈으로 담배 한 갑의 값인 500원을 줬다고 하니, 지구상의 사람 사는 길이 어찌 희한하다 하지 않을 수가 있는가. 더구나 대대로 교수형 집행을 세습한다고 하니, 이른바 '망나니'인 그것도 직업인 셈이고 보면, 어쩔 수 없는 것이 먹고 살아가는 길이다.

직업엔 귀천이 없다고 한다. 목을 베는 일이 직책이라면 그것 또한 직업일 밖에 없다. 명리(名利)에 눈이 어두워 사람 잡기를 다반사(茶飯事)로 아는 세태에 먹고 살기 위한 것이라면, 그런 일에 종사하는 것을 구설에 올릴 수는 없다. 오래 전에 나는 교도소에서 수형자를 교수형에 처하는 광경을 본 일이 있다. 죽음을 앞둔 사람의 본성을 보고 싶었던 것이다. 사형수가 밧줄에 매달려 있을 때, 시간을 재고 있던 검시관(檢屍官)이 너털웃음을 웃으며, 몇 분 더 매달라고 하는 것을 보았다. 그것을 보면서 직업이 바로 저런 것이구나 했다. 한동안 후미진 귀가 길에서 줄에 매달린 사형수의 영상이 앞을 가려 고통을 겪었으나, 사람의 목을 매며 웃음의 여유마저 지닌 직업을 바꿔 생각해 보기도 했다. 직업에는 보람을 느끼고 긍지를 가져야 한다고 한다. 그러나 사람마다 어찌 직업에 긍지와 보람을 찾는다고 말할 수 있을 것인가.

무직자는 무직자의 마음을 알아도 유직자는 무직자의 마음을 모른다. "자네 요새 뭘 하나?" 대답이 궁한 듯하면 상대방이 재차 캐묻는다. 알아주지 않는 글을 쓴다고 할 수도 없어서, 격의가 없는 친구에겐 자신 있게 대답을 한다.

"나 말인가. 아낙 군수 한 자리 얻어 하네."

아낙 군수를 못 알아듣는 친구에겐 설명을 해야 한다.

"저 황해도에 아낙(안악)이라는 군이 있지. 그 군수 말일세."

알겠다는 뜻으로 웃는 친구는 너털웃음으로 얼버무리고 나서 "이 사람아, 요새 집에서 '아이 보는 사람'—아낙 군수의 신분이 어떤 사람이길래…"하고 시치미를 뗀다.

아이 보는 사람의 신분이야 어떻든, 아낙 군수만은 못할 직책이다. 수필가 행세는 더 어려운 일이니, 가을엔 또 버섯이나 길러 볼까 한다.

(隨筆文學 1980. 1.)

* '아이 보는 사람'—장기 휴회를 일삼던 공화당 정권의 국회의원을 빗대서 이르던 말.

눈 내리던 날

창(窓)가에 소리 없이 눈이 내리면 먼 곳으로 떠나고 싶다. 하오의 남창(南窓)이 권태로우면 아스라하게 날리는 눈발의 소요가 그리워진다. 춤을 추며 나목(裸木) 위에, 빈들에 내리는 눈 오는 그런 길을 걷던 때가 언제던가.

1945년 12월 6일 B양과 내가 헤어지던 날은 눈이 내렸다. 2차 대전 말기의 긴박한 속에서 시골로 홀로 떨어져 내려와 옆자리가 되었던 그녀는, 그해 봄 학교를 나오자 촉탁교원으로 부임해 왔다.

전쟁이 끝나고 서울로 돌아가야 했던 그는, 그날 퇴근길에 노트 한 권을 말없이 내밀고, 북한산이 바라다 보이는 저무는 교정을 걸어 나갔다.

그 후, 나는 생각이 나거든 보라는 그녀의 노트 속 마지막 글을 뇌며, 저물어가는 들길을 혼자 걷곤 했다. 방학이 돼 서울역에서 내려 그에게 전화를 걸었던 그날도 눈발이 흩날렸다.

전화를 끊고 나서 전차가 다니는 세모(歲暮)의 거리를 어떻게 걸었는지 모르던 일이 오래 된 일이건만, 창가가 권태로울 땐 그런 환상의 눈발이 날린다.

남북으로 흩어진 전란(戰亂)의 상처가 흐려지는 지금, 해마다 이맘때면 고독하던 그때의 눈발이 또 날린다. 흐지부지 사랑도 모르고 지낸 내 세월에 공감한다며, L여사가 내게 일러주는 그녀의 동창회 명부에는 이름만이 보일 뿐, 주소가 빈칸으로 남아있다. 눈이 내리는 날은 그렇게 멀어진 오솔길들이 보인다. 끝없는 하늘에서 내려와 지상에 앉는 눈발은 누구에게나 한번쯤 아름다운 시름을 싣게 한다.

편지로 사귄 K를 찾아 경부선을 달려 부산진역에 내려섰을 때도 함박눈이 내렸다. 동해남부선 차창에 부딪는 눈발을 내다보며, 조그마한 시골 간이역에 내렸을 때, 지상을 덮은 눈길이 외롭도록 정겨웠다.

이튿날 석유 등잔불을 켜주던 여인숙을 나와 20리 길을 걸어 K를 만났고, 며칠 동안을 그와 함께 겨울 바닷가에서 젊음을 얘기했다.

몇 년 동안 교신을 해오던 그에게는 처자가 있었다. 그런 그가 어느 때부터인가 편지글에서 C라는 여교사의 얘기를 담기 시작했다. 그 무렵 교육 잡지에서 일하던 나는 면식이 없는 C가 문학지에 1회의 시 추천을 거친 미혼녀란 것을 알고 있었다.

어느 해 가을 날, 서울에 온 K가 C의 자취방을 가봐야 한다며 나에게 앞장을 서라고 하였다. 그랬으나 만나지 못하고 내려간 K는 그 후로 동해 남부 바닷가 소식을 전해오면서 C에 대한 애정시를 동봉하곤 하였다.

봄이 오고 여름이 가고 다시 다음 해 봄으로 이어지던 날, 뜻밖의 소식이 전해졌다. K의 음신(音信)이 뜸하다 했더니, 지난여름 밤바다에서 변을 당했다는 소식이다.

내게서 소식을 전해들은 C가 편지를 보내왔다. 적지 않은 충격이 담겨져 면식이 없건만도 나를 만나야겠다고 사연을 덧붙여왔다. 봄비가 소리 없이 거리를 적시던 날, 충무로 태극당에서 검정색 원피스 차림의 그녀와 마주 앉았다.

입고 나온 검은 옷으로 그녀의 심중을 읽을 수 있었다.

그 후 그녀는 광화문 보리수다방에 나간다며 나오기를 권하는 것이었으나, 한 번도 나가질 못했다.

15년이 지난 지금 어디서 그녀도 이런 생각을 하고 있는지, 소리 없이 내리는 눈발이 기다려지는 날이다.

(女性中央 1981. 1.)

반벙어리의 여운(餘韻)

　하던 일을 멈추고 귀를 기울였다. 동네 어귀에서 들려오는 소리는 분명 20여 년 전 서울 역 가까운 K출판사 편집실에서 하오의 권태가 밀릴 즈음이면 들려오던 목청이다.

　"조개저(젓) 사령… 곤쟁이저 꼴뚜기저 어리굴저 사려―흐으…."

　카랑 카랑한 음색을 묘하게 코로 울려내던 그 외침을 잊을 수가 없었던 것은, 한 세대 전의 유물―등짐장수들의 반벙어리식 외침을 그가 홀로 계승하고 있는 것으로 여긴 까닭이다.

　K출판사를 그만두고 무악재 고개를 넘어와 살고 있으면서 묘연해졌던 그 소리가 난데없이 20여 년 만에 그것도 여기 홍은동까지 들려오리라고는 생각지 않은 일이었다. 그때 이미 나이들은 사람으로 생각했던 만큼, 지금에 들려오는 소리가 그 사람일 리 없다 싶으면서도, 그 소리는 분명 서울역 부근 만리동 일대와 염천교 일원을 돌던 소리가 분명하였다. 날아갔던 새가 돌아온 것만큼이나 반가와서 안사람을 내보내 주인공을 불러 세웠다.

　무우드렁… 생선비웃드렁… 하는 따위로, 찬거리를 지게에 진 서울의 등짐장수들만이 외치던 음성은 해방과 더불어 사라진 지 오래다.

골동상들이 있고 민속촌을 재현해 놓기까지 했지만, 그런 외침은 이제 들어볼 데가 없다. 유행이라면 언청이라도 되기를 서슴지 않는 생활방식 속에서, 장사꾼들이 마이크를 대고도 모자라 직성이 풀리지 않는 때에, 그는 무엇 때문에 반벙어리의 외침을 못 버리는 것인가.

경복궁 처마 끝, 사라진 왕조(王朝)의 그림자를 보는 듯하면서, 떨어져 내린 폐궁의 기왓장처럼 무심하게 들어넘길 수가 없었던 목청. 아무튼 저토록 우직한 외길 인생이 또 있는가 싶어, 그 소리가 들리면 사라질 때까지 귀를 모으곤 하던 외침소리다.

강화도에서 밀물을 타고 마포강을 거슬러 올라오는 돛단배들이 갯비린내를 싣고 와 새우젓 독을 풀던 나루터—지금의 마포대교 자리의 풍물을 회상하면서 안사람을 따라 나가보았다. 등 굽은 늙은이가 목발이 긴 젓갈지게를 지고 있으려니 했더니, 정정한 60대 초반이 깔끔한 젓갈통을 자전거에 싣고 있다. 그러고 보니 그는 40도 되기 전에 남이 안하는 반벙어리 행세를 한 사람이다. 종로 4가 동대문 경찰서 근처에서 낳아 지금의 연희동에서 컸다며, 자신의 흰머리에 붙여 변모한 서울의 세속을 회상하는 것이었다.

풍수설로 전하기를, 서울에서 보이는 관악산은 화산(火山)격이라는 말을 할아버지로부터 들은 일이 있다. 이씨 왕도 한양은 그래서 불이 자주 나게 될 것이라는 것이고, 그것을 막는 길은 장안 사람이 모두 벙어리가 돼야 한다는 것이었다. 이리하여 만만한 것이 등짐장수들이었고, 그들은 왕도의 액막이로 반벙어리가 돼야 했다. 이후 그들의 후예들은 숙명처럼 그 목청을 이어 내려온 것이라 한다.

"무우드렁 사…"하는 앞장수 지게에 따라붙어, 양반장수는 기어들어 가는 목소리로 "나도…"했다던가.

가진 상놈에게 빈축을 받은 썩은 선비의 체통을 빗댄 말이긴 하나, 오늘에 와서는 오히려 그런 체통에 값을 붙여보고 싶은 세태이다. 살아가는 외침의 고저장단(高低長短)이 고장난 저울바늘처럼 중심을 잃고 있음에랴.

얘기가 되돌아가지만, 동네 어귀에 조개젓장수의 외침이 가까워지고 있을 때였다. 안사람이 말하는 그 젓갈장수 신상 얘기가 또 뜻밖의 얘기였다. 서울내기인 이웃 고관부인이 소녀시절에 듣던 그 외침 소리를 지나쳐 버릴 수가 없었다 한다. 어려서 듣던 외침 소리에 동정이가, 아들의 취직자리를 맡고 나섰으나, 그는 가르치질 못해 호의를 받지 못했다는 얘기였다.

젓갈장수는 말하였다. 젓갈 파는 일에 흥망이 있을 리 없어, 그저 신용을 밑천으로 해서 식구를 거느려 왔다고 한다. 정직한 그의 말이 논어 속에 한 구절 같기도 하였다. 똑똑한 혀를 가지고도 모자라는 생존경쟁의 절규를 짐짓 반벙어리 행세로 일관해온 그의 반생, 그가 스스로를 자족(自足)하고 있음은, 자족 아닌 자조(自嘲)의 삶을 달관한 때문인가. 그런 생각에 잠기고 있을 때, 그는 다시 자전거를 끌고 나서며 외쳤다. 그의 반벙어리 여운이 동구 밖을 벗어날 때까지 나는 움직일 수가 없었다.

(主婦生活 1982. 3.)

야래향(夜來香)

　밤에 향기를 낸다 해서 야래향(夜來香)이라고 한 꽃은 실상 꽃 답지가 않다. 혹(惑)하지 않을 수 없는 그 향기도 향기려니와, 꽃이름에 더 마음이 사로잡힌다. 말없이 곁으로 다가서는 정인(情人)의 기척을 느끼게 하고, 멀리서 찾아오는 반가운 손(客)처럼 마주치게도 한다. 무념(無念)히 다가서게 하는 이름이며, 마력(魔力)의 향기를 지닌 꽃이다.

　매력 있는 이름이 이보다 더 있을 것 같지 않다. 선영의향선(扇影衣香)—은은한 미인들을 연상케 하고, 중국이 원산이어서 그런가, 대륙의 풍정(風情)에 잠기게도 한다. 호궁(胡弓)의 애련한 엘레지가 들려오는 듯도 하여 역시 대륙의 꽃 능소화(凌宵花), 협죽도(夾竹挑) 등에 어우러져 환상의 나라로 이끄는 이름이다. 그리하여 서시(西施)와 양귀비(楊貴妃)의 거실 곁으로 인도한다.

　낮에 다투어 피는 꽃 중에 야래향은 무슨 일로 밤에 피어나는 것일까. 전설이 있음직하다. 박색(薄色) 여인의 한(恨)일 듯 싶다. 남정(男丁)을 사로잡기 위해 향기의 침실을 꾸렸음인가. 야래향은 땅거미와 더불어 피기 시작하다가 동이 트고 날이 밝기 시작하면, 밤내 뿜던 향기를 거두고 꽃을 오므린다. 한 그루의 꽃이면 여름밤 집 안팎을 향내로 메운다. 난향(蘭香)처럼 점잖아서 가볍지 않고, 백합같이 칙칙하지 않아 천박하지 않다. 국화가 서리를 오기(傲氣)로 피어내 일품이기는 하나, 그 향은 야래향에 댈 수 없다. 섣부른 프랑스제 향수도 이에 못 미친다.

한 가지 험이 있다면, 꽃으로서는 등외품(等外品)이다. 화사하네 요염하네 따위의 형용은 가당치 않아 아예 꽃이 되지 않는다. 활짝 피었을 때라야 4~5미리 정도의 크기이고, 연록색 빛깔은 꽃빛이 아니다. 모양은 나팔꽃 형태를 하고, 자질구레해서 볼품이 없다. 버들잎 같은 잎새여서 가지는 흡사 버드나무다. 요염스러워 가볍게 보이는 꽃들에 대면, 야래향은 몸매 무시와는 무관한 여인의 모습 같은 꽃이다.

건삽(乾澁)한 하루를 밖으로 나돌다 돌아오는 밤엔 문간에서 먼저 나와 나를 잡는다. 입원한 안사람을 들여다보고 돌아오는 저녁도, 스산한 마음을 감싸 안는다. 터서리에 고여 있는 허섭스레기 상념들을 말끔히 가셔주니, 십년지기(十年知己)와 다른 것이 없다. 세 철을 떨어져 있다가 한 철 만을 더불어 살지만, 다른 것은 외면할 수 있어도, 야래향은 외면할 수 없다.

이 구석 저 구석을 들여다봐도, 야래향보다 향기로울 게 없으니, 이름에 이끌리고 향기에 붙들려 밤마다 만나는 꽃이 야래향이다.

(隨筆公園 1982. 8.)

세한도(歲寒圖)

소한(小寒) 추위로는 이른 셈인데, 영하 10도를 오르내리는 추위가 여러 날 째 계속된다. 북창(北窓)으로 반사해 들어오는 눈(雪)빛에 벽이 밝고, 까치 짖는 소리가 지붕 위에 차다. 걸어놓은 새해 수선(水仙) 그림 달력이 찌들은 벽면에 오히려 어울리질 않는다. 매일생한 불매향(梅一生寒不賣香—대나무 필통에 새겨진 구절이 적막하고, 전화벨도 조용하다.

묵은 그림—한림귀아도(寒林歸鴉圖) 속, 갈가마귀의 그 날개가 벽면 공간을 날고 있을 뿐, 강변에 서 있는 서너 그루의 나목(裸木)이 더 적막을 일깨운다. 공간을 저며 내고 있는 것은 시계추 소리일 뿐이고, 그 허(虛) 때문에 빈 방은 빈 방이 되지 아니한다.

관재 이도영(貫齋 李道榮, 1887~1923, 서화가)의 그림 한림 귀아도가 오늘 따라 가난과 예술에 살다 간 그의 면모를 말하고 있다. 한림(寒林)으로 돌아가는 갈가마귀의 모습이 한결 정겹다.

방 안에서도 손이 시리다. 예년 같으면 매화분(梅花盆)에 봄소식이 전해졌을 때이나, 날씨가 사나우니 춘심(春心)이 주춤할 밖에 없다. 인정(人情)의 기미를 잘 나타낸 완당(阮堂)의 세한도(歲寒圖)가 그 때문에 오히려 따뜻하다.

"세한(설 전후한 추위) 뒤라야, 송백(松柏)이 나중에 시드는 것을 알게 된다(歲寒然後知松柏之後凋)"고 한 세한도―정정한 노송(老松) 옆에 울타리도 없이 헐벗은 초가 한 채가 외롭게 서 있는 그림이다.

인적이 끊긴지 오랜 것 같아 아무리 보아도 을씨년스러운데, 완당은 이 그림을 중국을 왕래한 이상적(李商迪)에게 그려줬다.

중국에서 귀중한 책을 구해 선물하자, 권세와 이익을 좇아 시류(時流)를 타기에 급급한 때에, 그대는 무슨 일로 귀양 사는 몸을 돌보는가 고마울 뿐이라며 그림폭에 심회(心懷)를 곁들었다. 그림 볼 줄 모르는 이에게는 물론 볼 재미가 없는 그림이다. 그러나 마주 설수록 차디찬 그림폭에서 온기(溫氣)를 느끼게 되는 것은 무슨 까닭인가.

뜨락 귀퉁이에 쌓인 눈이 좀체로 녹질 않는다. 회오리바람이 스치면 조그마한 눈보라가 일고, 바람이 지나고 나면, 세한의 뜰엔 다시 적막이 내린다. 무악(母岳)의 묏부리가 한천(寒天)에 의연(毅然)하고, 눈 녹은 양지에 참새 두어 마리가 몸을 비비고 있다.

(隨筆公園 1983. 1.)

주은규(朱銀圭)의 결혼

주은규를 처음으로 알게 된 것이 1950년대 말이 아니었던가 한다. 그는 처녀기를 피어보지도 못하고, 서른 여덟을 일기로 폐결핵과 싸우다가 간 안사람의 친구다. 주위의 만류에도 불구하고 아내가 스스로 택한 나와의 결혼을 그는 우정으로 지켜본 증인이기도 하였다.

자신도 혼기를 앞둔 처지였으나, 병중에도 친구의 혼사를 걱정하며 띄운 그의 묵은 편지들을 펼쳐보면서, 사람이 만나고 헤어지는 일은 모두가 인연이고, 속절없다는 생각밖에 할 수 없다.

"…너만이 결단을 내릴 수 있었던 약혼을 멀리서 축하한다. 그렇다. 사랑이란 이제까지의 자신이 아니고, 너는 네 자신이 거듭나게 하는 마성(魔性)을 숨기고 지내온 것 같구나. …(중략)… 하지만 지금의 너는 어른들을 의식 안 할 수는 없을 것이다. 그것은 맹목의 굴복이나 순종으로, 사랑에 희생을 하라는 말은 아니다. 몇 해 전인가 어떤 잡지에서 그레이스 켈리의 약혼사진을 본 일이 있다. 아직도 인상적이기에 기억에 남는구나. 보통 우리가 생각하는 약혼사진이라면 둘이서 나란히 찍는 것으로 안다. 그러나 그 사진은 부모를 중앙에 모시고, 오빠 언니 심지어 형부까지 자연스런 포즈 속에 진짜 신랑 신부감은 한구석

뒤켠에 각각 떨어져 있는 사진이더라.

너는 아무도 너의 결혼을 이해해 주려고 하는 사람이 없다고 하지만, 그 문제에 너는 얼마만큼 노력을 했니? 어쨌거나 부모님께 밝혔든 안 밝혔든, 이제는 네 처지를 분명히 하고, 그 분을 가족에게 소개해야 할 때가 됐다고 생각한다. 그리고 혼인 준비도 해야지. 처음으로 네가 내게 어린애같이 보이는구나. 곁에 있다면 도와줄 것이 많을 것두 같구…."

이렇게 그의 편지가 시사하듯 아내와 나와의 혼담엔 두 사람만의 결단이 작용했을 뿐, 첫째부터 따져 꼽는 조건들이 내겐 어느 한 가지도 내세울 것이 없었다. 하지만 우리들의 결합을 기정사실로 인정한 그는 동정을 넘어서 격려를 예의 바르게 보내오기도 했다.

그가 세상을 뜬 지도 이미 10여 년, 그만큼 잊혀질 때가 돼가고 있는데도 우리 곁을 떠나지 않고 있는 것은, 그와의 인연이 비단 이와 같았던 때문만은 아니다.

내가 처음 그를 만났을 때의 인상은 후미진 골짝의 산나리 꽃이 아니면 들국화 같은 인상이었다. 편지글마다 보이던 문재(文才)가 더 그를 잊지 못하게 할 뿐 아니라, 그의 요절한 생애가 너무도 기구해서 잊을 수가 없다.

서울역에서 신촌역으로 빠지는 충정로 기차굴 앞에서, 1959년 봄 내가 단칸살이 신접살림을 꾸리고 있을 때, 그는 중증으로 기울기 시작한 증세를 안고, 메디컬 센터에서 진찰을 받아보고 싶다며 대전에서 올라왔다.

그때의 메디컬 센터는 스칸디나비아 삼국의 외국인 의사들이 와 있는 국내 유일의 의료기관이었다. 조신스레 얼굴을 들지 못하며 치맛자락을 감싸고 앉던 모습이 내게서 떠나지 않고 있는 그의 처음이자 마지막 모습이다.

그 후 몇 해를 지나, 어느 날 엽서를 받아든 안사람이 예감이 이상하다며, 충남 대덕군 기성면 촌가로 문병을 가겠다고 했다. 서둘러 길을 떠나보내지 않았던 탓으로 며칠 뒤에 내려갔을 땐, 그는 이미 한발 앞서 이승 길을 떠난 뒤였다. 숨을 거둘 때 결핵환자에게선 균이 쏟아져 나온다는 속설을 들었다면서도 그런 것을 꺼리지 않고 임종을 못해 준 것만을 안사람은 가슴아파했다. 나 역시 그런 우정을 받쳐 주지 못한 것이 지금까지 마음에 걸린다.

남의 중병이 내 감기만도 못한 것이 인정이지만, 불우한 친구에게 쏟던 아내의 우정을 몰랐다고 한다면 구차한 변명이 될 뿐이다.

안사람과의 혼담이 진행해 가고 있을 때였다. 이해를 해줘 고맙다고 편지를 냈더니, 그는 다음과 같이 회신을 했다.

"…선생님의 필적은 웬일인지 눈설지 않았고, 봉투에 적힌 이름을 보는 순간, 정복(廷福, 필자의 아내)의 그분이라는 것을 직감하였습니다. 그러기에 오히려 선생님 글의 서두는 불필요했습니다. 두 분의 약혼을 축하하며, 사랑의 증인으로서 기꺼이 언제까지나 지키겠습니다."

선배가 말하듯 한 글발 속에 그는 별 수 없이 내가 가난보따리를 안고 살아갈 것을 내다봤던지, 빈털터리 내 심경을 알고 있다는 듯 격려를 했다. 운수승(雲水僧)처럼 고향을 잃고 단벌치기로 떠돌던 시절이다. 그는 지금 손때 묻은 가구처럼 찌들며 살아가고 있는 우리를 북망산(北邙山)에서 지켜보고 있을 것이지만, 살아 있다면 누구보다도 나의 뒤늦은 문필을 아끼며 지켜볼 사람의 하나가 돼 있을 것이다.

세월이 갈수록 형제를 잃은 것 같고, 온갖 지혜로도 알지 못하는 것이 인간의 운명이 아닌가 한다.

불우하게 요절한 그에게는 어머니가 셋이었다. 두 번째인 생모도 사내 동생을 낳아 주지 못해 세 번째의 어머니가 있어야 했고, 행상으로 생계를 이어대는 큰어머니와 생모 셋이서 병마와 싸웠다. 그의 시련은 이것으로도 모자라 가난 속에서 큰어머니를 잃는 비운을 맞았고, 막일로 생계를 꾸리는 생모와 외로운 투병을 이어나갔다.

그의 불행은 이미 1953년으로 거슬러 올라간다. 6.25 포성의 여진(餘震)이 가라앉지도 않을 무렵, 피난지 공주에서 사범학교를 갓 나온 안사람이 안성 일죽(安城 一竹)초등학교로 그와 함께 부임을 했다. 동기간 같던 7개월간의 동숙생활을 끝내고 안사람은 서울로 돌아왔을 때부터 그의 질환은 시작이 됐다. 그가 교단을 떠나 세상을 뜰 때까지 안사람과 그는 우정을 이어나갔다.

누군들 지기(知己)의 벗을 갖기 바라지 않는 자가 있을까마는 한 사람이라도 그런 벗을 가졌다고 한다면, 그는 행복한 사람이다. 그런 지기와 유명을 달리하게 된다는 것은 살아남는 쪽이 오히려 비정하기까지 하다.

어쨌든 인간이란 서로가 갈림길에 서게 마련이나, 안사람과의 그의 행로는 너무도 기구한 우정이었다.

그가 세상을 뜬지 1년이 지나 실의에 차 있을 노모를 문안하러 안사람은 두 번째로 주은규가 없는 대전 길을 떠났다. 이왕에 왔으니 은규가 있는 곳으로 가보자면서 일어서는 노모를 따라나선 집은 살아서 못간 시집을 죽어서 가 있는 그의 시집이었다.

이름도 성도 모르는 저승의 총각이 그녀의 신랑이었고, 두 영혼이 차리고 있는 신방엔 청홍의 촛불이 춤을 추고 있었다. 과년한 딸을 치운 노모의 표정엔 시름이 걷혀 있었다. 안사람도 무거웠던 발걸음을 가볍게 돌릴 수 있어 경부선 차바퀴소리에 몸을 기대고 시름을 덜면서 돌아왔다.

얘기가 되돌아가나, 우리들의 신접살림으로 주은규가 찾아왔을 때, 그의 노모는 우리의 결혼사진을 보고 싶다며 궁금해 했다 한다. 그는 뒷날, 운명은 어쩔 수 없는 것이지만 무난히 살 것 같다며 궁금해 하는 어머니에게 말했다는 사연을 띄워왔다.

하지만 그와 헤어진 지 10여년, 그의 말을 생각해 보면 과연 내가 지금 무난하게 살아가고 있는지를 자문해 보게 된다. 무난하다면 그것은 지금까지 병(病)주머니와 가난보따리를 끼고 살아온 것뿐이고, 무난하겠다고 했다는 그의 말을 뇌어보면, 그것은 내가 아닌 바로 주은규 자신이라 하고 싶다. 그에겐 지금 우리들이 겪고 있는, 먹고 사는 일과 가르치는 일 따위의 힘겨운 일이 있을 리 없다.

그리고 우리를 걱정했던 것처럼, 그에겐 걱정거리가 없으니, 그의 결혼이야말로 무난한 결혼이 아닌가 한다.

(現代文學 1983. 2.)

천 사람의 이름

천 사람이 쓴 천자문(千字文)은 붓으로 한 자씩만 쓰고, 글자 옆에 쓴 사람이 자신의 성명을 써 넣은 것이다. 이 천 명의 이름을 봐 나가다가 성명이 고유명사 구실을 못하고 있음을 알았다. 약 80년 전의 이름들이지만 지금 사람과 같은 것이 많고, 그때 사람끼리도 같은 이름이 보인다. 이름이 상훈록(賞勳錄)에 오른다든가, 혹은 천추(千秋)에 더러운 이름이 된다든가 하는 것은 이름이 지니는 영원성 때문이다. 그런데 이렇게 같고 보니 이름의 의미가 없어 보이기도 한다.

한국 사람은 이름을 중히 여겨온 경향이 있다. 항렬 자를 따서 이름을 짓는 까닭에, 그것으로 씨족의 계보—나아가 문벌을 짐작하게도 한다. 이른바 보학(譜學)이라는 것이다. 하지만 이것을 유교(儒敎) 사회의 병폐의 일면이라고도 하는 이가 있다. 보학에 따라 이름을 짓는 관습은 아직도 계승되는데, 이즈음에는 이것을 아예 무시하고 한글 이름으로 짓는 이도 보인다.

한문 글자 이름은 계보를 따지기에 편리하나, 한글 이름이라 해도 계보를 알고 있으면 되는 일이다. 한 세대 전만 해도 이런 것을 따져 교양의 척도로 삼은 일이 있다. 지금이라 해서 몰라도 된다는 얘기는 아니다.

연전에 모씨를 만난 자리에서, 가승(家乘: 집안의 계보를 적은 것)을 여러 장 복사해 가지고 있는 것을 보았다. 그는 집안사람들에게 나누어 줄 것이라며 내게 묻지도 않는 말을 했다. 축견(畜犬)도 계보를 밝히는 시대에 가계(家系)를 모른대서야 되겠느냐며, 계보가 분명한 개는 대접을 받더라며 껄껄 웃었다.

이름은 대개 한 번 지은 것으로 쓰나 근래엔 중간에 고쳐 쓰는 이가 있다. 그런가 하면, 일제의 사슬에서 풀린 지 반세기가 가까워 오는데도 강제되었던 창씨개명(創氏改名)의 일본식 이름을 그대로 쓰는 이가 있다.

'랑(郞)', 'ㅇ부(夫)' 따위가 그런 것인데, 이런 이름을 가지고 있는 사람은 거의가 배운 것이 많은 사람들이다. 이쯤 되고 보면 한국인의 이런 이름을 보고 감회가 깊어질 사람들은 강점(强占)했다 물러간 일인들일 듯 싶다.

광복 후 세대에게서 일본식 이름을 보게 된다는 것은 창피한 일 중에도 창피한 일이다. 아시아 국가 가운데서도 유독 한국이 일본으로부터 모멸을 당하는 것 같은 인상인데, 이것은 그들만을 탓할 일이 아니다. 오욕과 굴욕의 상징 같은 이름을 자랑삼아 지닌 꼴인 바에야, 어찌 그들을 탓할 수 있을 것인가. 전화번호부엔 한자와 한글해서 으레 2~300명씩 같은 이름이 보이는데, 이름만이라도 천하지 않았으면 하는 생각을 하게 된다.

천 사람이 쓴 천자문 속에는 역사적 인물의 이름이 보인다. 그러나 이름만 가지고는 과연 그 사람인지 알 수가 없다. 대신(大臣), 학자, 서화가, 군인 등의 이름이 보이는데, 가령 이상설(李相卨) 같은 분은 삼품(三品)이라고 품계까지를 밝혀 놓아서 쉽게 알 수가 있다.

그러나 홍종우(洪鍾宇) 같은 이는 개화파 정객(政客) 김옥균(金玉均)을 상해(上海)에서 암살한 그 이름인지 아리송하다. 호를 쓰던 시절에 그것을 밝히지 않는 것이 아쉽다. 육군 참위(參尉), 삼품(三品), 육품(六品) 따위의 표시에는 그 시절의 사랑방 분위기마저 느끼게 해준다.

아무튼 흔적을 남겨놓은 그 천 사람의 이름들―김아무개 이아무개들을 보면, 그것이 글자 석자에 지나지 않을 뿐, 산마루에 머물다 간 구름과 다를 것이 없다.

하지만 죽을 때까지 깨끗이 지니기가 어려운 것이 이름이다. 먼 얘기는 고사하고, 광복 이후 오늘까지 그런 이름들을 우리는 수도 없이 보아왔다. 권좌에 앉을 땐 빛이 나다가도 내려앉으면 발길에 채이던 이름들….

보전하기 어려운 것이 이름이란 것을 지금 한창 뉴스 속에서도 보이고 있다. 왕좌를 내쫓긴 이란의 팔레비, 그는 생명의 위협을 망명지에서까지 받고 있다 한다. 어쩌면 그는 무명(無名)의 초동목부(樵童牧夫)로 태어나지 못한 것을 지금쯤 자탄하고 있을지 모른다.

아침에 빛나다가도 저녁에 녹이 스는 이름들, 언제 어디서고 떳떳한 것이 무명씨(無名氏)의 이름이다.

(月刊文學 1980. 9.)

실향기(失鄕記) (2)

경칩도 지나고, 진달래 봉오리가 터지기 시작했으니 오래지 않아 뒷산의 봄 꿩 우는 소리가 들려오겠다. 해마다 백련산 기슭의 장끼 우는 소리가 들리면 고향이 그리워진다.

40여 년 전, 그런 봄 꿩 우는 소리가 화창하던 날, 마을 앞 삼포(蔘圃)에서 종삼(種蔘) 50뿌리를 얻어다 심었다. 집 뒤 바위 밑과 고개 넘어 다래 덤불속에 심어 놓은 삼은, 다음 해 열다섯 뿌리만이 남았고, 그 다음 해엔 또 여덟 뿌리만을 남기고 산쥐가 갈아먹었다.

3년 뒤 봤을 땐, 다래 덤불속의 세 뿌리에 빨간 달(삼씨)이 달려 영구히 뿌리박고 있음을 확인하였다. 3년이 지나면 삼의 몸체가 써져서 산쥐나 해충이 붙지 않는다. 이 세 뿌리는 40년 묵은 산삼이 돼, 지금은 군사분계선 북방 완충지대 속에서, 이 봄에도 잎사귀를 피우고 있을 것이다.

고향을 잃은 마당에 삼 얘기가 대수로울 게 있을까마는, 수풀 속에 묻혀있을 주춧돌 터서리 이모저모에 곁들여져 그런 하찮은 일들이 되살아난다.

어디서나 정붙이면 고향이 된다고들 한다. 그런데는 반생을 넘도록 서울에서 살면서 나는 그런 정을 모르며 살아간다. 고향이 그립다함은 실향민 누구에게나 마찬가지인 얘기이나, 추억 속의 고향은 언제나 아름답다.

타향일 수밖에 없어서 객수(客愁)니 객회(客懷)니 하고 외롭다 하지만, 젊거나 늙거나 마음의 문을 열고 살 수 있는 곳이 고향이다. 도시로 모인 사람들이 한 지붕 밑 이웃을 외면하고 사는 것은, 마음의 문을 열지 못하는 타향임을 말하는 증거이다.

이렇게 나는 고향을 잃고 그리워하지만, 고향에 대해선 정작 자랑할 것이 없다. 기차를 타려면 경원선 쪽으로는 50리, 경의선 쪽으로는 8~90리를 걸어 나와야 한다. 우체부도 사흘에 한 번씩 오는 시골이건만, 신발에 흙을 묻히지 않고 사철 산해진미(山海珍味)를 앉아서 시켜다 먹을 수 있는 서울에서 살면서도 그런 고향을 잊지 못한다.

시에는 음악이 따르듯이, 고향엔 언제나 음악과 시가 있다. 경칩이 지나면 개구리들의 시그널뮤직에 이어 뒷밭에 내리는 장끼소리, 앞산 뒷산에서 우는 뻐꾸기 소리에 서정을 키워왔고, 어스름 달밤 부엉이 소리가 자장가가 되었다.

지금은 모기도 발을 붙일 수 없는 도회에 살면서 외양간 두엄냄새, 삼베 고의 가랑이에서 소말거리던 벼룩이랑, 물것에 시달리던 여름밤이 오히려 아름답게 되살아난다.

천둥 번개를 하늘이 노한 것으로 알았던 시절, 오렌지 빛 저녁노을에 둥지로 돌아가는 까마귀랑, 비 오고 난 시냇물에 꽂히던 무지개 빛 등 아직도 그 영상들이 시야에서 사라지지 않는다. 그러나 그런 고향의 빛깔들은 박꽃 같은 환상의 미이라가 되어 삭막해진 가슴속에서 숨을 쉬고 있을 뿐이다.

나이 들수록 잊혀지지 않는 것이 어머니의 정이다. 고향은 그렇게 잊혀지지 않는 곳이다. 탕아에게도 고향은 있거늘, 내게는 돌아갈 고향이 없다. 타향살이를 하며 서울을 본적지로 만들어 놓았어도 타향은 타향일 밖에 없다.

나는 고향을 잃고 살지만, 고향에서 살면서도 고향을 잃고 있는 사람들은 또 얼마나 많은가. 흙과 태양을 등진 사람들—이것을 문명이라 하지만, 오늘의 문명인은 그런 의미에서 고향을 잃은 사람들이다. 나의 고향은 풀숲에 묻혔을 주춧돌로 웅집이 되고, 그 돌엔 분단의 사연이 이끼가 되어 남아 있을 뿐이다.

고향을 잊지 못하는 사람은 인생의 길에서 지친 사람이다. 어디서나 정을 못 붙이고 사는 나와 같이 아무것도 이루어 놓은 것이 없어 연연하며 살아간다. 약관(若冠)에 고향을 나선다는 말이 있으나, 인생의 낙제생이 돼 나는 그저 고향을 연연하며 자상(自傷)을 하고 있을 뿐이다.

고향에서 사는 길이 비바람 속 나그네 같은 고된 길이라 할지라도, 동산에 뜨는 달의 장처럼 아름다움을 간직하게 해 주는 곳이 고향이다. 서울에서 낳아 서울에서 자란 자식놈들은 뒷날에 어떤 추억을 간직할 것인지. 이 봄에도 백련산 기슭에서 봄 꿩이 울면, 냉이국 향기에서나 고향을 찾으려 한다.

(月刊文學 1979. 4)

봄밤에 쓴 일기(日記)

　30년 만에 고향으로 가는 길목 ― 임진강 상류 둔밭 나루터를 건넜다. 곡우절(4월 20일께)에만 나타난다는 눈치낚시를 간다며, 함께 가기를 권하는 S군을 따라 나선 것이다. 나루터 마을은 S군이 살던 고향 마을. 오래간만에 그 나루터에서 하룻밤을 자며 고향길 숨결에 젖어보고 싶었다. 울타리 밑엔 원시적 농경구 등속이 놓이고, 외양간 벽에는 오줌장군이 매달려 있으며, 두엄발치 바소고리 지게 옆에선 소가 새김질을 하는 마을 ― 이것이 뇌리에서 사라지지 않는 나의 고향이다.

　휴전 이후에 돌아온 이른바 수복지구인 그 나루터는 서울에서 먼 거리가 아닌데도 인연이 멀어진 탓으로 발길이 끊겨 있었다. 내 집은 여기서 30리를 더 가야하고 이곳은 그 길목의 나루터이다.

　소풍 길 소년이 돼서 의정부를 지나 전곡(全谷)까지 포장된 도로를 달렸다. 지난날 버스도 다니지 않던 길을 달리면서 국토의 동맥 구실을 잃고 있는 경원선 철도를 바라보는 감회가 어지러웠다. 좌우의 풍경도 변해서 초가지붕은 슬레이트로 바뀌고, 시야에 들어오는 들판은 비닐하우스로 뒤덮였다. 반사되는 비닐 빛깔 때문인가, 화창한 봄날인데도 들판은 차게만 느껴진다.

출입이 제한된 나루터에 오래간만에 서니, 임진강 물결에 서린 감회가 새로워진다. 이 나루터에서 서쪽으로 30리를 더 나가야 고향집은 나타나지만, 그 30리 길은 수륙만리보다도 멀다. 변하지 않은 것은 유연한 산세와 한결같이 흐르는 푸른 물뿐이고, 그 전날 지나다니던 마을도 변하고 사람도 바뀌어 낯설기만 하다.

강가에는 새벽부터 낚시꾼들이 기슭을 메웠다. 여기까지야 설마 했으나 줄을 잇고 있는 승용차 대열을 보면서 솔밭을 뒤덮고 있는 송충이를 연상했다. 저물녘에 S군의 친구 B씨가 들일을 마치고, 경운기를 모는 아들과 돌아왔다. 저녁상에 오른 산나물, 집에서 만든 두부 등 농가의 찬을 먹으면서 어머니 생각을 하였다. 초로(初老)의 주인과 나누는 막걸리 잔에 지나간 사연들이 아프고 슬프게 담기곤 하였다. 흙내 나는 대화에 지난 시절이 되살아났으나, 전기불로 바뀌어 등잔불을 못 보게 된 것이 아쉬웠다.

"다리를 앓던 K군은 지금 어떻게 됐나?"

S군은 40년 전의 불구의 이웃 친구가 궁금했다.

"지금은 건강한 사람이 돼서 노모를 모시고 잘 지내지."

"그분이 아직 살아계신단 말인가."

"자네를 보면 아들 본 것만큼이나 반가와 할 걸세."

누구는 병들어 죽고, 누구는 북으로 가고, 누구는 행방이 묘연하고…. 주인 B씨와 S군과의 대화는 분단의 파노라마를 재현한다.

"농사는 얼마나 짓나."

"쌀로 200가마 정도는 하지."

S군은 적이 놀라며 말을 잇는다.

"이게 어디 시골인가. 냉장고에 전축에 TV에 없는 것이 없으니…."

대화는 1940년대의 일제 침략 하에서 황달을 앓던 고향 마을을 배회하고 있었다.

"옛날에 대면 부자지. 그래도 서울 사는 자네만이야 할 수 있나. 자식들은 대학에도 못 보내고 있네…."

자식들을 대학에 보내진 못했어도 먹고 살기엔 여유가 있다며, B씨는 서울이 가까워져 좋다고 말한다.

"그러면 됐지, 바랄 것이 또 무엇인가."

하지만 주인은 오늘의 농촌 사람들이 지난날의 농촌 사람들이 아니라고 한다. 사철 열어놓던 사립문이 시멘트 담벽에 철대문으로 바뀌어져 밤낮으로 잠겨져 있지 않으냐 한다. 자리에 누워 불을 끈 뒤에도 대화는 꺼졌다가 켜지는 반딧불처럼 이어지곤 했다. 임진강 얼음 속 고기를 떡메로 쳐서 잡던 일, 큰물이 가면 왕래가 막혔던 사연들….

궁벽스럽게 살던 시절을 더듬고 있었다. 옆에서 잠을 청했으나 나는 잠을 이룰 수가 없었다. 머리맡에 흐르는 임진강 강심에 배를 띄우고 누워 분단된 산하를 떠내려가고 있었다.

밤이 이슥해져 대화는 끊기고, 앞 논에서는 개구리들만이 요란히 울고 있었다. 허리 잘린 고향이 멀어져 가기만 하는 소리였다.

(現代文學 1980. 4.)

속물(俗物)

아이들이 학업을 마칠 때까지는 공상일망정 주택에 불만은 말자고 하면서도 20여 평쯤의 집이면 족하다는 생각을 해왔다.

아들 놈 형제와 딸아이 형제가 쓸 방 두 개, 내외가 쓸 것 하나, 그리고 서재 겸 객실용으로 22~3평이면 더 좋지 하다가도 지금의 집 18평짜리만도 못한 시영아파트에 살고 있거나 무주택자를 생각하고, 부질없는 공상임을 깨닫곤 했다.

셋방 셋집에서 20년 동안에 열 번 가깝게 옮겨 다닌 끝에 집을 마련했을 때, 주택에 대한 애착이라든가 효용성 같은 것은 정작 집 마련을 한 뒤처럼 절감해 본 일이 없다. 주택의 규모나 구조에 대한 것은 살림이란 것을 알게 되면서부터의 일이다.

집 마련의 역사를 더듬어 올라가면 곡예를 한거나 다름이 없다. 물에 빠진 사람이 풀뿌리를 휘어잡고 요행히 기슭에 기어오른 기분이다. 남의 집으로 옮겨 다닐 때마다 별 수가 없었던 일이긴 하나, 아내가 불평없이 따라 다녀 준 것이 당연하다고 할 수 만도 없는 일이었다.

셋집을 살아도 번듯한 집에서 살기를 원했던 사람이다. 이런 사람이 상여 도가와 같은 집을 마련했을 때, 직장 여성의 자존심 다 버리고 만족해하던 모습은 호화주택을 마련한거나 다름이 없었다.

비가 오면 신발을 방으로 들여 놓아야 했던 집─흙벽돌을 찍어 쌓은 그 집에 문 창호지를 적시며 빗줄기가 들이쳐도 즐겁기만 했고, 문구멍으로 밤하늘의 별이 내다보여도 흡족하였다.

공사판 야경원 초소였던 그 집은 대지가 98평이나 돼, 우리는 부자가 된 기분이었다. 빈 터에 상추씨를 뿌리고 실파와 고추, 판자 울타리엔 호박을 올렸다.

행상으로부터 속아 산 꽃나무일망정 몇 그루의 나무를 심었고, 봄부터 겨울까지의 터서리엔 별이 함빡 내렸다. 이렇듯 남향 토옥(土屋) 두 칸짜리 집엔 햇살과 희망이 가득했다.

이 터에 18평짜리 집을 짓게 된 것은 실로 행운이었다. 완충지대에 있는 고향집 대청마루에 식구들이 모여 앉아 담소를 하고 있을 때, 뒷산의 큰 호랑이와 시선이 마주쳤다. 그 호랑이가 훌쩍 용마루를 넘어 앞마당에 와 식구들과 함께 있었다.

꿈을 깨고 났을 때 태몽인가 했더니 그것이 집을 짓게 한 꿈이었다. 10대 1이 넘는 산업은행 주택자금 융자 추첨에서 당첨이 된 것이다. 15년 전 23만원이었지만, 그때 총 건축비는 45만 원쯤으로 기억한다.

기와만 얹혀도 집으로 알았던 내가 그 집을 팔아 지금의 집을 두 번째로 지으면서, 집을 짓는 사람은 세 번 짓게 된다는 것을 이해할 수 있었다.

첫 번째보다는 나아졌지만 설계가 미숙한 것이 드러나고, 먼저 집을 팔아 만든 밑천이 달랑거린 판이어서 생각한 대로 되지가 않았다.

게다가 집을 마무리하기도 전에 업자가 도망을 쳐서 아예 다시 한 번 짓기로 했으나, 이후 주저앉고 말았다. 이러한 사정은 겪어본 사람만이 아는 일이다.

그러나 한 번 더 지어 보겠다고 한 것이 좌절된 것은 이사하기에 지친 아내의 뜻을 따랐다는 핑계도 있지만, 사실은 나도 지쳐 있었다. 아이들이 어려서 지금의 18평 짜리도 궁궐같기만 했던 것이 10년이 흐르는 동안 구지레한 살림살이가 됐고, 이제는 절대면적이 모자라는 꼴이 되었다.

버릴 줄 알아야 잘 하는 살림살이라는데, 구석마다 쓰이지도 않는 것들이 자리를 차지한다. 옹색을 펴보려는 아내는 그래서 좁은 공간에 늘 수심이다.

가재(家財) 도구의 위치를 바꿔 공간을 넓혀 보자고 하나, 그게 그 자리이지 옮긴다 해서 넓어질 리가 없는데도 아내는 한사코 옮겨봐 보란다. 이사 때문에 겪던 고통이 가재도구를 옮기는 고통으로 바뀐 꼴이 되었다.

한 번만 더 참아주었던들 하고, 아내에게 이사 불평 책임을 전가시켜 보지만, 옮겨 앉기만 해도 집을 늘릴 수 있었던 시절을 다 놓쳤으니 속말로 송아지 물 건너간 격이다.

국민 주택 건평수가 지상에 보도되는 것을 보면, 있는 사람과 없는 사람의 안팎을 다시 보는 느낌이다. 10평짜리 아파트를 짓는다고 하니, 내가 쓰는 방 평수가 한 평이고 보면, 그것도 집임엔 틀림이 없다.

하지만 7~80평 한다는 주택이 세인의 입에 오르내리기도 하나, 구경을 못해 봤으니 말할 것이 없다.

조선조 태종 때 유관(柳寬) 정승은 동대문 밖에 불과 몇 칸짜리 집을 가지고 있었다. 그것도 담이 무너져 왕이 공감(工監)에게 명령하여 밤중에 몰래 담을 쳐주었다고 한다.

세종 때 맹(孟) 정승의 집도 간소했다는 얘기를 들으면, 그때 명재상이었다는 그분들은 지금처럼 왜 호화주택을 가질 줄을 몰랐던가.

　나 같은 사람에게서까지 빈축을 받으니, 월급이 적으면서도 잘 산다는 공무원들로부터야 무슨 말인들 못 들을까.

　고향도 없이 남의 집을 돌며, 사과궤짝을 찬장으로 시작한 살림에도 즐거움뿐이더니, 집칸이라도 마련한 지금 아쉬움을 더 느끼는 것은 별수 없게 내가 속물인 탓이다.

(月刊文學 1979. 12.)

하룻만의 환속(還俗)

늦가을 어느 날 밤, 나는 한 통의 전보를 받았다. 20년 전의 이 전보가 아니었던들 지금쯤 나는 또 다른 인생의 길을 걷고 있을는지 모른다.

그 때의 서울은 맑은 한강물처럼 아직 건강했다. 칼 샌드벅(미국의 시인)이 읊은 시 〈시카고〉처럼 야성에 찬 도시도 아니었고, 기계문명에 병든 서울이 아니었건만, 나는 서울을 벗어나려는 병(?)을 앓고 있었다.

S신문사의 인생상담란을 거쳐 조계사(曹溪寺)를 찾아가 금오(金烏)라는 노스님과 대좌를 했다.

사실을 말한다면 그때 만류하던 노스님의 말을 따랐어야 했을 일이었지만, 구원을 받을 길은 '서울'이라는 굴레를 벗어나는 길밖에 없었다.

여러 가지로 의지의 시험을 거쳐 불문(佛門)에 들기를 스스로 맹세해야 한다는 말을 들었지만, 머리에 마지막으로 가위를 들이대는 순간, 웬만한 사람은 그 자리에서 맹세를 뒤집지 않는 사람이 없다는 말도 들은 일이 있다.

내일, 절차를 밟기로 하고 산문을 나설 때 흐르는 눈물을 주체할 수가 없었다. 속세와의 하직을 다짐하는 눈물이었다.

　일시적인 생각으로 불문에 들 수는 없는 것이라고 만류하던 노스님의 말에 스스로 의지를 굳히며 집으로 돌아온 그날 밤, 충청도로 내려오라는 전보를 받았던 것이다.

　이 전보는 이튿날, 조계사와는 딴 방향으로 나를 경부선 열차에 몸을 싣게 했고, 한강 철교를 건너면서 서울을 하직했다.

　조계사 산문을 나설 때까지의 작심은 이렇게 해서 허무하게 뒤집어진 것이었지만, 노승에의 죄책을 의식하며 줄기찬 차바퀴소리에 몸을 내맡겼다.

　노승에게 사죄를 전했을 때, 회신에서 그는 잘한 일이라고 했다. 나의 마음속을 심안(心眼)으로 보았던 것이다.

　내가 서울을 버린 것을 낙향이라고 한다면, 옛 벼슬아치들이 서울을 떠나던 심경도 나와 같은 것인지는 알 수 없다.

　인생에 지친 나이도 아닌 30대 초반에 세상을 버리듯 서울을 등진 것은 낙향이 아닌 정신병(?)의 탓으로 돌리는 것이 옳은 표현이 된다. 낙향의 심경은 예나 지금이나 인생을 뜬 구름쯤으로나 볼 때가 돼야 하리라.

　나는 지금도 전원에 묻혀 살아가기를 원하고 있지만, 막벌이를 해먹어도 서울로 와야 한다고들 한다.

　충북 한촌(寒村)에서의 몇 해 동안은 자적(自適) 그것이어서 바랄 것이 없었으나, 계견성(鷄犬聲)이 들리는 곳은 어디고 마찬가지이다. 내가 다시 영동(永同)의 산골로 옮겨 앉게 된 것은 인생에 서투른 탓이었지만, 선금으로 건네준 아이들의 책값이 몇 달이 지나도록 그들의 손에 책이 들려지지 않아, 공개적으로 교과서 상인을 힐란했던 것이 당국(교육청)의 노여움을 샀다.

소백산맥 속에서 밤이면 접동새 울음을 감상(?)할 수가 있었던 것도 그 필화라는 것의 덕분이다.

교과서 공급에 얽힌 이야기는 그 후에 짐작이 간 일이었지만, 그로부터 20년이 훨씬 지나서야 급기야 '교과서 부정 사건'이라는 것으로 세상에 모습을 드러냈다.

상인에게 선금(교과서 값)을 주고서도 교사들이 비럭질하듯 한 일을 생각하면 이치대로 돌아가지 않는 것이 세상일이다.

밤마다 두견과 소쩍새 울음 속에서의 유배(?)된 마음은 얼마 후 다시 경부선의 상행열차를 타게 했고—이것이 나를 오늘의 여기까지 오게 한 경로가 된다.

몇 해 만에 서울역에 내려 미지의 사람으로부터의 초청 편지를 들고 잡지사를 찾았을 때, 소개를 받은 사람은 시내 초등학교를 그만두고 왔다는 L씨였다.

나의 촌티를 보고, 없어도 있는 체해야 하는 곳이 서울이라며 그는 나에게 서울 이야기를 들려주었다. 서울이 싫었던 나의 심중을 그는 알 리가 없었다.

그와는 그 후 같은 계통의 일자리에서 있게 되는 인연이 되었지만, 서로 헤어진 후 그는 국회의원에 입후보한 일도 있고, 모 정당에도 참여한다는 소문이더니 지금은 모 대학의 교수가 되어 잘 지낸다는 얘기가 들린다. 다시 태어나도 그런 틀이 못돼, 나는 그의 변신에 감탄할 뿐이다.

조계사 산문을 들어서던 작심이 뒤집어진 것을 전보 탓으로 돌렸지만, 알 수가 없는 것이 인생의 길이다.

그것은 바람에 날리며 하늘에서 떨어져내리는 눈송이 같은 것은 아닌지….

수직으로 내려오다가도 땅 위에 가까이 오는 순간, 바람에 날려 자기도 모르게 자리가 뒤바뀐다. 자식들을 거느리고, 마음에도 없는 서울에서 살고 있는 것도 그런 것과 다를 게 없다.

이제는 산문(山門)으로 들어설 수도 없는 곳에서, 때로는 생활에 찌드는 것도 살아가는 길이라고 생각하며 평범한 날이기를 바랄 뿐이다.

(새교육 1979. 9.)

빈 밥그릇의 압력

6.25의 전세가 중공군의 인해전술(人海戰術)로 불리해져가고 있었다. 서울 이남의 청장년은 한 사람도 빠짐없이 전략적 남하를 해야 했다. 장정들을 끌고 내려간 국민방위군 간부들은 백척간두(百尺竿頭)에 서있는 조국의 운명 앞에서 잿밥에 더 눈이 어두웠다. 수십만 장정들의 식량을 가로채어 수없이 병들고 굶어 죽었다. 서울이 수복되고 국회가 열리고 나서 사건이 겨우 백일하에 드러났다. 그리고 사령관을 비롯해서 몇몇 간부가 형장의 이슬로 사라져 갔다.

남하 대열에 끼어 20일 간의 도보길은 마산이 종착지였다. 그러나 행로는 다시 바뀌어 진주가 되었다.

1951년 1월, 그 대열에서 환자가 되어 함안으로 가던 도중에서 떨어져 나왔다. 10여 명의 환자의 인솔자가 되어 대전까지만 허용된 북상길에 올랐다. 그날부터 하루 두 덩이의 주먹밥 공급마저 끊긴 걸인(乞人)으로 전락했다. 뒷날 듣기로는 진주로 향한 대열은 다시 삼천포로 끌려갔고, 거기서는 인솔자마저 흐지부지 되어 그들 역시 걸인 신세가 되었다한다.

국도를 피해 산간 촌락을 거치는 동안에, 벌써 며칠 동안을 허기와 추위와 외로움에 떨어야했다. 무엇 때문에 살아야 하는가를 생각하는 따위는 배부른 때나 할 수 있는 생각이다. 끼니를 때워야한다는 것과 잠자리를 얻어야 하는 걱정이 반복되었을 뿐이었다.

몇몇 친구는 이미 문전걸식에 이골이 나 있었다. 그러나 내게 당해선 길들여지지 않는 고행(苦行) 중에서도 가장 참아내기 어려운 고행일 뿐이었다. 사흘 굶어 남의 담을 넘지 않는다는 자 없다고 한 극한성은, 굶주림의 절박감보다는 스스로 헐어버린 자존(自尊)의 한계를 드러낸 말인 줄로 안다. 한 그릇 밥의 구걸을 위해 남의 문전에 선다는 것은 내가 겪어야했던 최대의 고역이었다.

북상 금지선인 대전을 북쪽으로 끼고 돌아 일행과 떨어져 산내면 쪽으로 들어섰다. 거기서 다시 기성면으로 빠져 유사종교지대인 신도 내를 지나는 중이었다.

전쟁이 피폐 속에서도 산간 마을은 평화스럽게 저물고 있었다. 추녀 밑에 깃을 찾는 참새소리에 일모(日暮)의 고독이 파고들었다. 우수절 이 지나고는 있었으나, 먼 산 이마 위의 흰 눈이 지친 가슴을 처연하게 했다. 다가오는 봄이 더 아득하기만 했다.

마을에 찾아들 때마다 주인의 허락 없이 사랑채에 들어섰던 것은 지금 생각해도 만용이었다. 예의를 몰라서가 아니라 그렇게 배수의 진 을 치지 않고서는 잠자리가 얻어지지 않았다. 그런 북새통에도 엉덩이 만 붙이면 마른입으로 재워 보내지 않았던 것이 그 시절의 시골 인심이 기도 했다.

신도내를 지난 어느 마을 사랑채에 두 개의 제상이 놓여있었다. 상이 둘임은 전쟁의 탓이었던가. 어둠이 스미는 방에 앉아 안채로 부터의 후의를 기다렸다. 머슴인 듯한 중늙은이가 쇠죽을 쑤는 듯했다. 방 틈

서리에선 푸섶을 때는 연기가 향수(鄕愁)처럼 스몄다. 전쟁의 상처를 휘감는 연기에 더 비감했다. 지구상에서 행복한 사람은 전쟁을 모르는 사람이라고 처음으로 철학자 같은 생각을 해보았다.

얼마를 기다렸을까 안채로 난 문이 열리면서 저녁상이 디밀어졌다. 그리고 닫혀진 방문 밖에서 안주인의 목소리가 들려왔다. 문밖에서 저녁을 들라는 안주인의 말―직접 나를 향하지 않은 그의 말은 충청도에서 이어져 내려오는 내외법의 풍습이 아니던가. 대답을 생략하고 저녁상을 당겼다. 세상을 휩쓴 걸인 떼(국민방위군)가 아직은 이곳을 스치지 않았다는 말인가. 사발 위에 사발이 올라앉은 시골 인심의 오래간만의 포만에 취했다.

그러나 그것은 순간에 불과한 포만감이었다. 쇠죽을 쑤어주고 들어선 머슴이 빈 밥그릇과 나를 번갈아가며 내려다본다. 분간하기 힘든 신음소리 같은 것이 그의 입에서 흘러나왔다. 그것은 나에 대한 최대의 모멸이었다. 빈 밥그릇을 추궁하는 그에게 대꾸할 말이 없었다. 부대를 떠날 때 제대비 명목으로 받은 비상미 한 줌을 목숨처럼 차고 다니다가 털어 내주었다. 그리고 빈 밥그릇의 무게가 그토록 무거운 것인지를 비로소 알았다.

근 40년이 되도록 잊지 못하는 빈 밥그릇의 압력―코 앞에 닿지 않아 못 먹는 시대에 밥 한 그릇의 실수를 못 잊는 것이라면, 그것은 지나친 결벽일 수도 있다. 하지만 나는 그처럼 혼신의 힘을 기울여 빈 밥그릇의 무게를 받쳐본 일도 없다.

(湖西文學 제1집 1985. 9. 20.)

전쟁놀이를 하던 사나이

6.25전쟁 휴전 직후, 충청도 시골에 머무르고 있을 때, 중년을 바라보는 사나이 하나가 마을에 있었다. 그는 먹는 일과 입는 일 외에는 필요한 것이 없는 사람 같았다.

보수도 없이 주인집 농삿일만 했다. 자고나면 일하는 것밖에 몰라, 그의 등에는 언제나 지게가 붙어 있었다. 그와 어울리는 사람은 같은 나이의 어른이 아니라, 초등학교에 다니는 어린 것들이었다.

나무를 하러 가다가도 밭고랑에 엎드려 작대기로 총을 쏘는 소리를 내며, 아이들과 전쟁놀이를 벌였다. 그리고는 어린이들의 총에 맞았다며 쓰러져 죽어주는 시늉을 하였다.

마을 사람들은 그를 가리켜 모자라는 친구라고 했다. 새경(보수)을 받지 않고 입만 얻어먹는다 해서 한 소리다.

6.25의 전쟁이 휴전으로 멈추긴 했어도 살아가기가 고달파 서로가 돈벌이에 눈을 밝히던 때이다.

고향을 잃고 혼자서 떠돌던 그 시절 나는 세상 물정을 모르는 그 사나이가 부러웠다. 건강한 그의 체력과 먹고 자는 일 외에 걱정할 것이 없어 보이는 까닭이었다. 전쟁의 고난을 누구나 지니며 사는 터에 법 없이도 살 사람이었던 그의 생활이 부러웠다.

사람이 사람을 이웃해서 살아가는 데는 불문율의 약속이 있다. 이 약속을 깨는 사람들 때문에 성문화된 법률이 생겨난다. 날이 갈수록 인간성이 없어져가기 때문에 법률조항은 늘어만 간다.

법망(法網)을 벗어난다는 말이 있지만, 사람의 간교(奸巧)는 언제나 법률을 앞지르고 있다.

몇 해 전, 나는 버스 속에서 시계를 소매치기 당한 일이 있다. 두 눈이 살아 움직이는 나를, 그것도 많은 사람들 앞에서 채갔다. 이런 범죄가 법률이 없어서 한 것이 아님은 말할 나위가 없다.

회교 율법에서는 범죄자의 손가락을 자르기도 한다지만, 과연 그런 제도로 범죄가 없어지는 것인지는 알 수가 없다.

법은 대체로 선량한 사람들이 지킨다. 배운 것이 많다고 해서 지키는 것도 아니고, 지체가 높다고 해서 지키는 것도 아니다. 미련하도록 정직한 사람만이 지킨다.

그런 사람은 제 마음만을 믿고, 법을 악용하는 사람에게 당하기만 한다. 그러면서도 정직한 사람은 정직한 마음을 버리지 못한다.

준법정신을 시렁에 얹어 놓고, 법률을 만들기에 이골이 난 듯한 현대인들―벽돌담을 높이고도 그 위에 쇠창살을 박는 사람들. 그것도 모자라 다시 전자 장치를 해야 마음이 놓이는 사람들, 그러나 그런 것이 없이도 사는 사람들이 있다. 두메 마을 사람들은 대문도 없고 울타리도 없이 살아간다.

조무래기들과 전쟁놀이를 하며 총에 맞아 죽어주는 시늉을 하던 사나이―오늘 따라 나는 그 사나이가 보고 싶다.

(1986. 1.)

좋은 문장을 읽는 일

　수필은 전이나 지금이나 유명인사 혹은 특별한 삶을 산 사람들이 약간의 글재주만 있으면 되는 것으로 안다. 그래서 수필집이 많이 나오는데, 그런 글의 문장이 좋은 것이라고는 볼 수 없다.

　젊었을 때 시를 쓰는 친구에게서, 시를 써보라고 권유를 받은 나도 수필은 쉽게 쓸 수 있는 것으로만 알았다.

　그래서 서점을 지나게 되면 으레 들러서 문예지의 시만을 읽고, 새로 등단한 사람이 누구인가만을 보았다. 말하자면 시 외에는 관심을 두지 않았던 것이다.

　이렇게 해서 중년까지 시에 대한 관심을 버리지 못하고 왔는데, 이러는 동안 국내외 명사들을 두루 읽어서 시에 대한 이해력은 높인 셈이었다. 아무려나, 먹고사는 일에 매달려 그러한 것마저 중단이 됐는데, 사실을 말한다면 시 쓰는 일이 내게는 태이지 않았다고 하는 것이 옳을 것이다.

　이렇게 지내오다 제 3공화국이 무덤을 파 들어가는 조짐이 보일 무렵에 직장에서 쫓겨났다. 권력을 업고 내려온 자가 간부들을 무더기로 해직하고, 그 자리에 제 붙이들을 앉혀 놓았다. 그 때로 말하면, 국회의 의장이 행정부에 의해 임명이 되던 판국이어서 마음대로 해 먹게 내버려두었다.

여하간에 살아온 얘기를 풀어내 보았으면 했는데, 마음을 가라앉히고 써낸 것이 한국일보 신춘문예 수필부문에서 뽑힌 〈오음실 주인(梧陰室主人)〉이다. 이때 내 나이 56세였다.

당시 신춘문예에 수필이 있었던 곳은 한국일보와 조선일보 두 군데였고 지금은 모두 없어졌다. 그 이유를 모르겠으나 짐작하기로는 몇 해를 해오는 동안 신춘문예의 권위나 취지 그리고 명성에 걸맞을 만큼의 응모작을 기대할 수가 없었기 때문이 아닌가 해본다.

이런 생각을 하게 되는 까닭은 내가 그 동안 신문의 신춘문예와 국내 유수한 문학지에 응모한 수필 심사를 해보았지만, 응모작 대부분이 문장조차 이루지 못하고 있는 것을 보아왔기 때문이다.

수필은 첫째도 문장이고, 둘째도 문장이 돼야 하는 글이다. 하고 싶은 말을 쓰면 되는 것으로 아나, 문장이 그렇게 쉽게 되는 것은 아니다.

내가 뒤늦게 수필문단에 나오긴 했지만, 나는 그 때부터 비로소 수필이 쉽지 않다는 것을 알았다. 그리고 글 다듬는 일을 게을리 하지 않았다. 송(宋)나라 문장가 구양수도 글 다듬는 일을 자랑삼아 했다지만, 나도 글 다듬는 시간이 즐겁다.

당선된 〈오음실 주인(梧陰室主人)〉은 지금 보아도 쓸 만큼 쓴 글로 자인(自認)을 해보는 것인데, 자신의 글에 책임을 져야한다고 생각한 것도 그 때부터였다. 그 전까지 나는 특별하게 문장에 대한 공부를 해본 일이 없지만, 방법을 누가 묻는다면 그것은 좋은 문장을 많이 읽는 일이라고 해둔다.

　문제가 되는 것이 있다면, 지금은 좋은 글을 가려 읽기가 쉽지 않다는 점이다. 좋지 않은 것도 좋다고 상업주의가 부추기는 까닭이다. 이런 점으로 해서 문장 수련을 하는 사람들이 어려움을 겪는다.

　생각해 보면, 나는 좋은 문장을 접해서, 선인들의 운치나 풍류에 다소나마 안목(眼目)을 틔웠다.

　거듭되지만 수필지망생에게 말하고자 하는 것은 먼저 좋은 문장을 읽는 일이라고 해둔다.

(1998. 3.)

선물(膳物)

　1947년 엘리자베스 영국 여왕이 에든버러공 필립과 결혼을 할 때, 세계 사람들이 선물을 하였다. 국가의 원수급을 비롯해 서민에 이르기까지, 보낸 사람도 각색이고 품목(品目)도 각양이었다. 지위 높은 사람의 은제(銀製) 재떨이가 있는가 하면, 칠면조를 보낸 서민이 있고, 미국의 한 소녀는 몇 켤레의 나일론 스타킹을 보내기도 하였다.

　왕실에 보존된 이 품목 문서에는 인도의 간디가 보낸 것도 들어 있다. 비폭력 독립 운동을 이끌던 그는 손수 물레질을 해서 짠 무명천을 보냈고, 여왕의 할머니는 그의 독립정신이 담긴 것을 보고 탐탁치 않게 여겼다 한다.

　선물은 이렇듯 주고받는 의미와 가치에 따라 느낌이 갈리지만, 여하간 형식 이상의 성의가 담겨야 하고, 뇌물의 성격을 벗어야 한다.

　60평생을 지내 오는 동안에 나도 선물을 주고받으면서 살아왔다. 때로는 부담스러운 것도 있었고, 때로는 마음 편히 받은 것도 있었다. 부담스럽다는 것은 주는 이의 마음속을 보게 된다는 말인데, 말하자면 계산이 따르고 타산(打算)이 앞서면 서로가 불편하다는 뜻이다. 이래서 공직 사회에서 선물에 대한 시비는 끊이지 않는다.

나는 그런 것과는 관계가 없이 살아가고 있지만, 지금도 때로는 빚을 지는 마음으로 어쩌다 선물을 받을 때가 있다.

대부분이 건강을 염려하는 정이 담긴 것들이나, 애교스럽게도 초콜릿 상자를 건네주는 이도 있다. 그런 것을 받을 때는 살뜰한 정에 미소를 흘리지 않을 수가 없다.

지난 여름에는 색다른 것 하나를 받았다. 경기도 파주군(坡州郡)은 서울에서 1시간 거리의 통일로 주변의 시골읍이다.

신사임당(申師任堂) 묘소를 비롯해서 율곡(栗谷) 선생을 기리는 자운서원(紫雲書院)이 있고, 유덕(遺德)을 기려 해마다 이곳에서 백일장을 연다.

해를 거듭하는 동안 이 행사를 통해 여성만의 문학회가 생겼고, 이 문학회와 인연을 맺은 것이 그럭저럭 1년이 넘었다. 이들로부터 선물 하나를 받은 것이다.

회원들은 글공부를 하면서 문장을 가려 볼 줄 아는 눈을 떠간다. 모두가 진지하고 알뜰하며, 서두르지 않고 공부하는 자세가 성급한 모습이 아니어서 믿음직스럽다.

문인의 칭호를 달고 싶어 하는 것이 누구나의 욕심이지만, 그것이 서두른다고 해서 되는 일인가. 글보다 앞서야 하는 것이 사람이고, 수필에서는 그것이 더 긴요한 요소라는 생각에서 가끔 그런 얘기를 할 때가 있다. 그럴 때는 회원들의 자세가 진지해지면서 아무도 일러주지 않는 말을 들려주어 고맙다고 말한다. 친정아버지나 작은아버지 같다고 하는 것인데, 그런 말을 들으면 내 쪽에서 고마울 때가 있다.

말하자면 강사료만으로 계산을 끝내는 사이가 아니라는 의미이다.

파주에 나가는 날은 늦지 않기를 다짐하면서 나선다. 교통이 편치 않은, 각 면(面)에서 모이는 회원들을 생각하면 어길 수가 없다. 발목을 덮는 눈길에도 아기를 업은 젊은 회원이 나오고, 바쁜 일손의 시간을 쪼개는 중년도 있다.

이런 회원들이 내가 두 번째로 펴낸 수필집을 축하하는 자리를 만들어 놓고, 1돈짜리 금반지를 손가락에 끼워 준 것이다.

광복 후 나는 졸지에 고향을 잃은 몸이 되어 맨손으로 떠돌았고, 아내에게 건넨 결혼기념 금반지가 고작 2돈짜리였다. 자식들을 거느리며 살아오는 동안에 그것이 없어졌다 되살아났다 하기를 몇 번 하였다.

그 후 만들어 준 것이 있기는 하나, 재료나 형태상으로 원형으로 재생되지는 않았다. 이제 와서 그런 것쯤 되살려 내지 못할까마는 새삼스러울 뿐이어서 그대로 지내 오던 터이다.

회원들이 끼워 준 반지를 며칠 동안 끼고 다녀 보았다. 그런데 내 손가락에는 그것이 도무지 어울리지를 않는다. 풍채부터가 낄 만 하다고 보여야 할 일인데, 누가 보아도 괴죄죄하고 빈약하기만 하니 어울릴 까닭이 없다.

그뿐만 아니라, 사내가 반지를 낀다는 것은 우리 풍습이 아니라는 생각에서 스스로가 허락하지를 않는 것이었다. 이래서 회원들의 정성을 안사람에게 돌리기로 하였다.

금은보석이라면 오금을 못 펴는 시절에 가느다란 실반지를 값진 것으로 알 사람은 없다. 하지만 결혼반지가 되살아난 것처럼 안사람은 값을 붙이는 표정이어서 넌지시 말을 건네었다.

"장차 며느리에게로 물려주시오. 이런 실반지 값을 지금 세상에 누가 알겠소만, 주변 없는 문사(?)집에 들어온 표지일 밖에 없소. 후일에 가서는 며느리도 뜻을 알 것이오."

그렇다. 며느리는 후일에 가서 반지의 뜻을 알 것이다. 변할 리 없는 빛으로, 회원들의 이 선물은 내 집에 오래 전해질 것이다.

간디의 무명천이 영국 왕실에겐 하찮은 것이었을 터이지만, 간디의 참뜻이 담겼듯이, 회원들의 선물 역시 간디의 그것 이상으로, 내 생애의 의미를 붙여 내 집에 오래 전해질 것이다.

(1991. 5.)

우울한 입학식 날

　부평으로 가는 만원 전철 속, 오른쪽으로 한 사람 건너 5~6학년 쯤 돼 보이는 국민학교짜리 셋을 거느린 중년 여인이 서 있고, 왼쪽에는 미취학짜리의 손을 잡은 30대 부부가 서 있다.

　영등포역에 닿자, 내 앞에서부터 왼쪽 30대가 서 있는 곳까지 서너 사람 몫의 자리가 났다.

　그러자 자리에서 일어난 사람이 빠져 나오기도 전에 오른쪽 중년 여인이 민첩하게 세 아이들을 남의 앞 빈자리까지 밀어 넣고 여유있게 앉았다. 정작 앉으려던 사람들은 그 순발력에 멀쑥했을 뿐이었다.

　그것을 보고 잠시 후, 서 가고 있는 미취학짜리를 팔아 중년여인에게 한마디 건넸다. 그러나 그것은 되로 주고 말로 받은 격이 되어 제 앞가림이나 하라는 핀잔으로 돌아왔다.

　그 여인의 핀잔을 들은 후부터 나는 가죽 옷으로 성장(盛裝)했던 그 여자와 같은 차림의 여자를 유심히 보는 버릇이 붙었다. 그리고 매질을 말리는 시누이가 때리는 시어미보다 밉다는 말대로, 자리를 빼앗기고도 표정하나 변하지 않던 30대 부부—남의 좌석쯤은 빼앗을 수도 있다는 표정의 그 젊음이 미웠다.

부평역 광장에 내려서자, 때마침 스피커에서 흘러나오는 뉴스가 속을 다시 뒤집었다. 구속된 현직 도교육감의 재판소식—경북의 교사 자격증 위조 발급 사건에 1년 6개월을 구형한다는 검사의 논고가 흘러나오고 있었다.

30년 쌓은 공을 허물고, 교육의 수레바퀴를 거꾸로 돌렸다는 검사의 논고요지가 들리는 순간, 남의 자리를 빼앗고도 태연한 어머니와 제 몫을 빼앗기고도 무표정하던 '젊음'이 머리 속을 채웠다.

지난해 자식의 입학식에서 돌아오던 날이다. 버스 안에는 새로 대학 뱃지를 단 젊은이들이 가득했다. 내 귓전에는 그 때의 입학을 축하하는 총장 훈시의 여운이 아직도 사라지지 않고 있는데, 버스 속 광경과 전철 속에서 겪은 일이 겹쳐 마음이 편치 않았다.

"우리 대학은 조선조의 성균관처럼 나라의 인재를 기르는 전당이며, 신입생은 나라의 기둥과 서까래가 되어야 한다."…는 훈시였다.

내가 탄 버스는 관악구청을 지나 봉천동을 빠져나왔다. 그때까지 신입생 의자 옆에 노파 하나가 바닥에 내려앉고 있었다.

노량진을 지날 무렵, 노파 앞 학생이 뒷자리에 앉은 어머니의 곁으로 가자, 그 자리에 노파가 올라앉았다.

그랬으나 학생이 되돌아오자 노파는 다시 바닥으로 내려앉았다.

발밑에 내려앉은 노인을 바라보고 앉아 가기만 하던 차안의 학생들은 천하의 수재가 모여들었다는 명문 대학의 젊은이들이었다.

나라의 기둥이 되라던 총장의 훈시는 그로부터 4년이 지났다. 나는 이 봄에 졸업을 했을―노파를 바닥에 앉히고 가던 그 젊은이가 어디서 무엇을 하고 있는지, 안 해도 될 걱정을 하면서 우울한 입학식날을 되새긴다.

(1979. 2.)

옛 향기의 산책

　통문관(通文館)엘 들어서면 산적(山積)한 고서(古書) 더미의 향기에 쌓인다. 이중에서 내가 볼 수 있는 것은 광복 전후의 것이 고작이고, 그 밖의 것은 모두가 전문학자들이나 보아야 할 한적(漢籍)들이다. 그런 틈에서 백범(白凡) 선생이 붓글씨로 오(吳) 모씨에게 서명을 해준 〈백범일지(白凡逸志)〉 한 권을 구하였다. 초판본이어서 귀중할 뿐 아니라, 서명을 한 선생의 생전 진필(眞筆)이 더 귀중하다. 그 후 근원수필(近園隨筆) 초판본을 비롯해서 몇 가지를 구하였는데, 시, 서, 화인들의 인각(印刻)을 모은 위창(葦滄)의 근역인수(槿域印藪)도 볼만한 책이다. 거기에는 우리나라 전각(篆刻)예술이 모두 담겨져 있다.

　책방엘 들어서면 주인 산기장(山氣丈)은 가끔 다방으로 안내하여 맞아주었다. 그럴 때마다 옛 향기 속에 묻혀 지내는 그 분을 보면서, 아무 것도 해놓은 것 없이 가난뱅이로 살아온 나로서는 고서 향기에 젖어 지내는 그 분보다 부러운 일은 없을 것이라 생각하였다.

　통문관 주인의 '책방비화'에는 그 분의 평생이 담겨져 있다. 자수

성가(自手成家)로 시작한 야시장(夜市場) 책방이 지금은 한국의 석학(碩學)뿐만 아니라, 외국의 학자까지 드나드는 문화공간이다. 내가 그 분의 '책방비화'를 곁에 놓고 있는 것은 그 책이 고스란히 옛향기를 발하는 까닭이다. 사랑이네 고독이네 하는 젊은이에게는 흥미가 있을 리 없는 책이지만, 언제라도 펴들면 타임머신을 탄 것처럼 고색창연(古色蒼然)한 향기 속으로 젖어든다.

전적, 서화 등에 얽힌 일화들을 통해서 선인들의 교양과 지식과 지혜 등에 접하게 되고, 고난에 찼던 일제하의 일들도 되살아난다. 일제에게 도둑맞았다가 광복 후에 되찾아온 국보-세한도(歲寒圖) 얘기라든가, 월인석보(月印釋譜)에 따른 얘기, 가짜 추사(秋史) 글씨에 얽힌 실수담 그리고 고문서를 사들였다가 일경(日警)에게 곤욕을 치른 일 등, 하나같이 관심을 끌지 않는 얘기가 없다.

추사는 글씨도 글씨이지만, 웃지 못할 일화에 더 흥미가 따른다. 분명한 추사로 알고 산 것이 가짜이어서 요절복통할 후문을 남기는 것이 추사 글씨이다. 추사는 알아도 완당(阮堂)은 모른다는 우스개 말대로, 멋도 모르는 복부인까지 끼어들어 바람을 일으킨 일이 있으나, 지난날 경무대(지금의 청와대)에 들어간 것 중에는 가짜가 더 행세를 했다는 후문(後聞)도 있다. 여하간 추사는 일세(一世)를 풍미(風靡)해서 그를 본 딴 대원군(大院君)을 비롯, 소치(小痴), 우봉(牛峰) 등이 추사를 방불케 한다.

나에게도 추사 글씨 얘기 하나가 있다. 1970년대 초, K시인에게 볼만한 것이 있다며 N씨가 알려왔다. 서예가 한 사람과 함께 세 사람이 시인의 집으로 갔다. 시골출신 제자가 맡겼다는 그 액자에는 두 개의 글자가 큼직하게 쓰여져 있었다. 대문을 들어서자 건넌방 문틀 위에 걸린 그것이 시야에 가득히 들어왔다. 감식안(鑑識眼)이 높고 수장품(收藏品)도 꽤 가지고 있는 시인은 그 글씨의 신운(神韻)에 빨려 자다 말고도 일어나본다고 극찬하였다.

우리는 액자를 내려놓고 감상하는 모습까지 사진으로 담았다. 볼 줄 모르는 나는 남이 하는 대로 그저 덩달아 감탄에 겨워 큼직하게 뽑아 보내온 액자 글씨 사진을 보물처럼 챙겨왔다.

그런데 며칠 후 N씨에게서 전화가 오기를 진품이 아니라는 얘기이다. 그 말을 듣고, 서로가 침이 마르게 감탄하던 모습들이 떠올라 혼자 실소(失笑)를 금할 수 없었다. 이토록 진가(眞假)를 구분할 수 없는 것이 추사글씨이다. 그런 점에서 어느 면에선 가짜라는 것이 진품일지도 모른다.

이보다 앞선 일인데, 볼만한 것이 있다며 N씨가 전화를 한 일이 있다. 앞서 말한 K시인이 흥정을 하다 만 것이 있으니 생각이 있으면 보라는 것이었다. 값을 물어보니 내가 갖기엔 비교적 알맞은 것이었으나 그대로 선뜻 내킬만한 값이 아니었다.

세로 26cm, 가로 22cm 크기에 칠언(七言) 네 구절이 담긴 시초(詩草)인데, 있어야 할 낙관이 없는 것이 흠이었다. 그러나 누가 무어래도 추사라고 N씨는 못을 박았다. 그러면서 며칠 전 일이니, 그동안에 임자가 나타났을지 모른다며 서두르라는 것이었다.

이쯤 되고 보니 결단을 아니 내릴 수가 없어, 늦가을 가로등 불이

켜질 무렵 세 사람은 또 거리로 나섰다. 없어지지나 않았나 하고 슬며시 진열장을 들여다보았더니 그대로 있는 것이 보인다. 이런 때 눈독이 잦다 싶으면 값이 달라진다며 N씨가 나서서 주인을 찾았다. 그러자 점원이 말하기를, 제가 말하는 값대로라면 내줄 수가 있다하여 N씨는 점원의 말에 이유를 붙였다.

낙관(落款)도 없고 뭉개진 글자가 두 개에다가 끝 귀절에도 글자 두 개가 없으니, 어찌 제 값을 바라겠느냐 하였다. 점원도 그럴듯했던지, 길 건너 대포집에 있다는 주인을 부르러 달려 나갔다. 그러자 반쯤 길을 건넌 점원을 N씨가 갑자기 불러세웠다.

이유인즉 술기운으로 돌아온 주인의 입에서 딴 소리가 나오기 십상이란다. 그러니 긁어 부스럼이 되기 전에 두말말고 들고 가자하여 들고 왔다.

며칠 후 추사전집(秋史全集)에서 찾아냈다며, 뭉개진 글자와 떨어져 나간 글자를 N씨가 알려왔다. 내용인즉, 칠석날 소년 제자들과 함께 시를 지어 읊은 감회이다.

표구해 놓은 것을 꺼내놓고 보니, 구한 날짜가 1970년 가을이다. 후에 들은 얘기지만, 물건은 제각기 임자가 있다면서 내게로 온 추사 시초를 놓친 것을 K시인은 퍽 애석해 했다 한다.

(1990. 9.)

마음의 고향

5만분의 1 지도를 챙기고 백암과 강원도 산골 마을을 무작정 찾아나섰다. 목적지는 소양호(昭陽湖) 뱃길로 두어 시간, 그리고 이곳에서 다시 몇 십리를 걸어야 한다고 한다. 우리는 타임머신을 탄 기분이 되어, 넓고 시원한 소양호를 달렸다. 이 길은 댐이 생기기 전, 양구(楊口)와 인제(麟蹄)로 통하던 버스 길이다. 지금은 육지가 물길이 되어 60마력 동력선이 산골 주민을 실어 나른다.

30분 가서 두어 사람 내려놓고, 한 시간쯤 가서 서너 명을 내려놓는다. 배가 닿을 땐 마을은 보이지 않고, 산모롱이를 돌아선 오솔길이만이 한적하다. 소양호의 물길은 춘천에서 다섯 시간 안팎의 뱃길이지만, 배편이 끊기면 절해(絶海)의 고도(孤島)나 다름이 없다.

전날 같으면 돛단배에서 뱃노래가 나올 길이지만, 엔진 소리가 시끄럽다. 배를 탄 남녀 모두 손마디가 굵고 얼굴이 그을어 있다. 얘기를 건네면 오래 사귄 사람처럼 격의(隔意)없이 대해준다. 같은 좌석에 앉아 몇 시간을 가도 가슴을 열지 않는 도회인과 다르다.

소양댐 선착장을 떠난 지 두 시간 만에 내평리라는 곳에서 배를 내렸다. 들은 말대로 걸어야 하는 곳이 아니고, 산모롱이를 돌아들자 바로 마을이 나타난다. 마을이라고는 하나 이 산 밑에 한 집, 저 산 자락에 두어 집이다. 울타리도 없이 서 있는 모습이 한국화 속의 그림 그대로다.

우선 이장(里長)을 만나야 했다. 그러나 그 일이 수월치가 않다. 저 산 밑 집인가 하고 가자니 도랑을 건너야 하고, 이쪽 집인가 하고 묻자니 가파른 길을 올라야 한다. 산중의 풀숲 길엔 적막만이 고이고, 발밑에선 계곡을 흐르는 물소리뿐이다. 가슴을 펴고 심호흡을 하니, 비로소 심신(心身) 속의 서울의 먼지가 말끔히 가신다.

가파른 길에 앉아 쉬고 있는데, 머리 위에서 사나이 하나가 홀연히 나타났다. 윗마을에 다녀온다는 이 사람이 바로 이장이다. 서울에서 온 뜻을 말했더니, 선뜻 집으로 가자며 앞장을 선다. 사립문도 없는 뜰에서 우리를 보고 짖던 개도 금방 꼬리를 치며 반갑다는 표정이다. 극성맞게 접근을 막는 서울의 개와 다르다.

우리는 등잔불 밑에서 저녁상을 받았다. 문을 여닫을 때마다 불이 꺼진다. 도합 열두 채가 마을을 이루고 있으나, 이장 집만 빼고는 전기가 들어와 있다. 놀라운 것은 자동전화가 있어 전국 어디고 통화가 된다. 서울을 벗어난 공간개념과 시간개념이 무너지면서 타임머신을 탔다는 기대가 깨지고 만다.

우리는 저녁상 머리에서 그것을 더 실감하였다. 강냉이밥, 감자밥을 먹어보자던 것이 도회와 다름없이 쌀밥이다. 아래채에 쌓인 강냉이는 그것이 쇠먹이고, 마당가의 기계는 옥수수를 가는 기계였다.

마을 어귀에는 2~30마리의 소가 방목(放牧)되어 있었다.

마을에는 아직 디딜방아가 남아 있어 원시적 모습을 보인다. 하지만 명절 때는 춘천에 나가 기계떡을 뽑아온다고 했다. 절해고도에 와 있는 기분이 다시 허물어지는데, 찻길이 닿지 않는 곳이 아니고선 강냉이밥, 감자밥은 옛이야기라는 것. 우리는 가지고 간 쌀을 털어 내놓으면서 서울에 살면서도 어둡게 살아온 것을 알았다.

이장은 일 년 계량(計糧))을 댈 만큼 논농사를 짓는다. 반달 같은 논배미가 층층이 터서리에 매달려 있다. 그 곳 논에도 농약봉지가 보여 다시 서울을 벗어난 기분을 되돌려 놓았다. 놀라운 일은 국민학교가 폐교되어 두 명만이 남은 학생을 아침저녁으로 장학선이 와서 이웃 분교로 실어 나른다. 젊은이들이 도시로 떠난 까닭이다. 이런 사정을 모르고 도시에 지친 사람은 전원으로 가고 싶다는 말을 한다.

우리는 등잔불을 끄고 잠을 청하였다. K씨가 풀어놓은 머리맡 회중시계 소리가 재깍거린다. 이곳까지 따라와 시각을 저며 내는 소리가 아수라 같은 서울과의 간격을 다시 이어놓는다.

산마을의 밤은 깊어가고, 앞산에선 소쩍새 울음이 초여름 밤에 가득하였다. 소가 밤참을 먹는지, 외양간에선 여물 먹는 소리가 들리고, 흙내 나는 방에선 주인의 코고는 소리가 가득했다. 그 소리가 평화로우면서 잠시나마 나는 고향에 와 있음을 느꼈다.

(1986. 9.)

한가한 마음

수색(水色) 밖에서, 정년 후 밭을 가꾸며 지내는 사돈어른에게 나
갔다가 풋고추, 가지, 애호박, 열무 등 여름 채소를 얻어가지고 왔다.
풋고추 한 알갱이라도 사 먹어야 하는 것이 도시살림이라며, 사양하
는 것도 마다하고 사돈어른은 여물지도 않은 풋콩마저 가지째 꺾어
꾸려준다.

시골에 내려올 때마다, 서울 누님에게 어머니가 꾸려주시던 생각
을 하면서 들고 왔다. 이따금 시장에서 보따리를 들고 오는 안사람
을 길목에서 만나면 마주 들고 올 때가 있는데, 동네 어귀에 들어서
면 아내는 남의 이목(耳目)이 있다며 굳이 빼앗아 혼자 든다. 오늘
은 그런 것 개의치 않고 농장주(農場主)의 기분이 되어 들고 왔다.

돌아와 시멘트 바닥에 풀어 놓으니, 밭에서 쉬던 숨을 그것들이
그치지 않고 있다. 사돈어른의 평온한 은거(隱居)생활도 함께 묻어
와 있다. 시장 채소와 별 다를 게 없건만, 흥정을 해서 들고 온 것이
아니라서 그런지, 들고 온 나보다도 안사람은 더 대견해 하며 감상
(感傷)을 한다. 흙내를 잊고 살아가는 일에 회의마저 일 때가 있으

나 살아가는 길은 역시 흙이라는 것밖에 생각할 수가 없다.

저녁을 마친 뒤 불을 켜지 않은 채 혼자 거실에 나앉아, 낮에 들고 온 풋콩가지를 들고 까기 시작하였다. 시계추 소리만이 들리고, 대문 밖 저만치의 아수라(阿修羅)가 여울져 들어오는 어둠 속에 풋콩 냄새가 배토롬하게 풍긴다.

고향의 냄새이다. 모깃불 연기를 맡으며, 부채질을 하는 여름밤 촌정(村情)이 아쉬워지면서, 손끝으로 콩 꼬투리를 더듬어 책장을 넘기듯 한가로움에 젖어본다.

무아무념(無我無念)이라면 과장이 되지만, 마음속에 펼쳐지는 여백을 느끼며 해방, 분단, 전쟁 그리고 병고—지나온 길을 거슬러 올라가 허망(虛妄)같은 것을 조금 느끼기도 한다.

부엌에서 들려오는 안사람의 설겆이 소리가 오늘따라 다가오면서 귀가가 늦어지는 아이놈들의 소재를 더듬어 본다. 콩 가지를 든 어둠속에서 시간의 날줄(經)에 씨(緯)를 넣는 가을 풀벌레의 소리가 한가한 시간을 저며 낸다.

(韓國隨筆 1981. 9.)

사람 그리고 그리움
-만추 단상(晩秋斷想)-

가을이 깊어질 무렵이면 소슬한 바람결에 한 해가 또 가는구나 해지면서 공연히 쓸쓸해진다.

삼복(三伏) 더위를 지내고 나면, 맹위(猛威)를 떨치는 잔서(殘暑) 속에서 9월을 넘기고 아침저녁으로 선선함을 느낀다.

10월이 깊숙해지는구나 싶으면 무서리가 내리고, 어느 날 풍새가 사나워지면 된서리가 내린다. 된서리가 내리면 하루아침에 풀잎들이 사그라지는데, 이런 때면 겨우살이 걱정을 하던 일들이 떠오른다. 그리고 세월의 흐름에 놀라기도 한다.

상강(霜降) 무렵이면 초목들의 풀이 꺾이는데, 이런 것에 빗대서 권불십년(權不十年)이라 하였다. 서리 맞은 풀처럼 권세가 오래 가지 못한다는 뜻이다. 죄인을 다스릴 때 서릿발-추상(秋霜) 같다는 말을 하지만, 근년에는 추상은커녕 뜨뜻미지근한 바람만도 못하게 법 집행을 한다 해서 사람들이 법의 위신을 업신여긴다.

고향엔 나보다 20년쯤 나이 많은 머슴살이를 하는 사람이 있었다. 그는 노래를 잘 불렀다. 마을 사람들은 그런 그가 어디서 흘러왔는지 아는 바가 없었고, 어려서 거지에 끌려 다니는 것을 마을에서 빼돌렸다는 것뿐이었다. 그런 까닭에선지 그가 부르는 노래 소리에는 애조(哀調)와 수심(愁心)이 어렸다. 신고산타령, 정선아리랑, 담바구(담배) 타령 등의 슬픈 가락들이었다.

나는 그때 그가 부르던 노래 '동래나 울산 담바구야…' 하는 대목에서 울산의 지명을 처음으로 알았다. 담바구 타령을 들은 이후, 울산에 대한 것을 더 알았다.

6.25전란의 복구가 한창이던 시절, 충청도에서 피난살이를 하고 있을 때, 그 울산의 바닷가 조그마한 학교에서 시를 쓰는 사람과 편지를 주고받았다. 얼굴을 모른 채 주고받은 횟수가 잦아지면서, 그에 이끌려 경부선 열차에 몸을 실었다. 여행의 즐거움은 화사한 감상이 되기도 하나, 때로는 고독을 동반하는 사치스런 길이 되기도 한다.

동해 남부선 한적한 역에 닿았을 때 밤하늘엔 별이 촘촘하였다. 전깃불 없는 밤이 개 짖는 소리에 깊어가고….

바닷가 마을의 친구를 만난 후, 나는 그와 끊이지 않고 음신(音信)을 이어왔다. 그러던 그가 갑작스런 사고로 변을 당해 세상을 떴다. 사람은 누구나 만나고 헤어지는 것이지만, 그런 일은 모두 하늘에 의해 정해진 것 같다. 담바구타령으로 울산을 안 것도 그런 것이었고, 소설을 쓰는 울산 친구 B를 만난 것도 그런 것이다.

소설을 쓰는 울산 친구가 소설집을 펴냈을 때, 서울의 몇몇 친구와 자리를 함께 했다. 동리(東里) 선생은 새벽 2시가 넘도록 술잔을 돌리며 문학을 얘기했다.

　지금은 소설집을 낸 친구도 갔고, 동리(東里) 선생도 세상일에서 멀어져갔다.

　담바구타령을 부르던 사람의 뒷소식이 묘연한 것도 가슴 아프다. 그가 38선을 넘어 내가 있는 마을로 와서 머슴을 살던 일….

　그는 공산당 치하에서 떠받들려 감투를 썼지만, 그가 그런 자리에 나설 사람이 아니었다. 머슴살이를 하며 오로지 농사일만 하던 사람이다.

　등에서 지게를 벗어놓을 줄 모르던 사람, 어질게만 보이던 그가 애조 띤 노래만을 부르던 모습, 그런 그가 지금 어디서 무엇을 하고 사는지, 그가 보고 싶고 그의 노래 소리 듣고 싶은 계절이다.

(1997. 11.)

아름다운 여인상

　나는 여성의 미를 밀랍으로 깎아 만든 듯한 미모보다는 수더분하고 언틀민틀하게─어찌 보면 촌사람답게 보이는 모습을 좋게 본다. 이런 때문에 꽤 잘생긴 결혼상대가 나타났을 때, 첫 눈에서부터 그는 내게서 멀어져간 일이 있다. 이것은 내가 잘나지 못한 것을 변명하는 것으로 들어도 된다. 나의 이런 용모 감각은 아름다운 것은 자연적인 것이라야 하고, 인공적일 때는 소박한 맛을 느낄 수가 없는 데서 오는 이유이다. 꽃의 경우만 해도 그러해서, 장미나 백합은 마음으로 와 잡히지 않는다.

　세상이 삭막해져 가는 것은 자연적인 것을 벗어나 인공(人工)을 가한데서 오지 않은 것이 없는데, 장미나 백합이 바로 그렇게 보이는 까닭이다.

　사람을 볼 때 아름다움이 용모에 있는 것만은 아닌데, 여인의 경우에서 내가 아름다움을 느끼게 되는 것은 여인이 아기에게 젖을 물리는 모습이다. 한국의 여성─우리의 할머니와 어머니들은 가슴을 드러내는 일을 목숨을 걸 만큼 소중히 했다. 치마허리를 추키고도 끈으로 다시 단속을 한다. 그러나 이렇게 단속한 가슴도 아기에게 젖을 물릴 때만은 때와 장소를 가리지 않고, 금단의 가슴을 풀어헤친다. 나는 이 모습을 아름다운 것 중에서도 아름다운 것이라고 감히 말한다. 근래에 와서는 이런 모습이 눈에 띄지 않지만, 여인의 상징인 풍만한 가슴도 사라져가고 있다.

여성의 모성애는 아름다운 것 중에서도 가장 거룩하게 아름다운 것이다. 우리의 어머니들은 그런 아름다움으로 더 성스러운 자리를 누렸다. 그러나 지금의 여인들은 외형적 아름다움에만 빠져 머리에 물을 들이고, 없는 유방을 인공으로 부풀린다. 말라붙은 가슴을 브래지어로 눈가림을 하는 것을 보면, 여성의 아름다운 조건이 가슴이라는 것을 말하는 듯하다.

소년시절 나는 여선생님이 교실에서 아기에게 젖을 물리시는 것을 보았다. 일인 교장 밑이던 그 시절에 우리들은 선생님의 그런 모습을 우러러보았다. 나는 5남매 중 막내로 태어나 자랐지만, 너댓 살이 넘도록 어머니 젖가슴에 매달리곤 하였다. 그래서인지 교실에서 젖을 빨리시던 선생님의 모습이 오늘까지도 잊을 수 없는 회상으로 남는다. 나는 어머니의 젖을 만지다가 품에서 잠이 들곤 하였지만, 오늘까지도 잊을 수 없는 것이 어머니 품이다.

지금은 대부분의 아이들이 우유를 먹으며 커가지만, 우유로 커가는 것이어서 그런지, 요새 유아(幼兒)들은 소리를 잘 지른다는 말을 듣는다. 어느 날, 손주놈이 우유를 달라며 보채기에, 하는 양을 보려고 제 할미가 가슴을 열고 젖꼭지를 내보였다. 제 아비나 고모들의 경우라면 허겁지겁 달려들었을 장면인데, 물끄러미 바라다만 보다가 외면을 하고 마는 것이다.

나는 그 광경을 보고 어처구니가 없기도 하고, 허탈감 같은 기분이 들면서 혼자서 탄식을 하였다. 어미의 젖가슴을 모르면서 자라는 세대, 이것은 우주의 질서 한 모퉁이가 모성애에서부터 무너져 내리는 증거가 아니고 무엇인가.

분신(分身)에게 모체의 체온을 느끼지 못하며 자라게 하는 세태도 세태지만, 젖가슴을 말려 붙이면서까지 모성애가 퇴색해져 가는 것은 삭막한 것 중에서도 삭막한 것이다.

자연의 이치에서 벗어나려는 삶의 방식을 지표처럼 내세우고, 이것을 과학하는 자세라고 말하지만, 젖을 말려 붙이는 모성 부재의 삶은 생각할수록 무서운 일이다.

(1986. 12.)

돌아가고 싶다

이곳 산본(山本)으로 이사하기 전 과천에서 1년을 머무르기까지 나는 서울의 홍은동 작은 집에서 20여 년을 붙박여 살았다. 스위스 호텔 안동네인 그곳에서 각종 새소리를 들으며 살아왔다. 내가 건강이 좋지 않아 보이면, 사람들은 나를 산엘 오르라 하지만, 그럴 때면 그렇게 하마고 그저 건성으로 대답만 하였다.

이곳은 아침 공기가 한층 맑아서 산을 찾는 사람들이 모인다. 그런데 정작 산과 가까이 살면서 나는 산에 오르는 일이 드물다. 게으르기도 해서이지만 이런 행동 밑바닥엔 태인대로 살지 하는 생각 때문이다. 젊었을 때, 늙은이가 오죽잖은 몸짓으로 운동을 하는 것을 보면, 좋게 보아야 할 일인데도 나는 그렇지가 않았다. 그렇게 해서 오래 살면 무엇하나 해서이다.

나는 지금 일흔이 넘도록 병주머니와 약봉지를 달고 지낸다. 건강을 위해 좋다는 산을 옆에 두고도 오르지 않는 것을 아는 사람은 구제받을 수 없는 자라 할 것이다. 하지만 운동을 해서 몇 해 더 살고, 안 해서 먼저 간다 하기로서니 늙은이들의 그 몇 년을 더 사는 길이 무슨 의미가 있다 할 것인가.

이곳 산에는 진달래가 유난하다. 그런데도 이 꽃이 다 지도록 겨우 한 번 올라 봄을 완상하였다. 진달래를 보면 공연히 슬퍼지고, 고향이 그리워진다.

이런 산을 두고도 오르지 않는 것은 핑계가 없지 않다. 아침에 일어나면 먼저 책상에 앉는 버릇이 붙었는데, 이렇게 아침 시간을 보내는 까닭은 눈이 차차로 어두워져가면서 맑은 시력을 아침결에 얻고자 해서다.

신록 이후 두 번째로 뒷산엘 올랐더니 아카시아가 만발해서 꿀냄새가 진동한다. 앞세운 세 돌짜리 손자놈이 까치를 보고 신기해한다. 게으른 나에게도 신선하다. 손자놈의 이런 모습을 보면서 자연과 멀어져 자라는 일을 생각해보니 앞날이 걱정거리다.

나이 들면서 날로 그리워지는 것이 전원 속에 묻혔으면 하는 일이다. 옛사람들은 어디에 살든 자연 속이었는데도, 시가(詩歌)에 보이듯 청산(靑山)을 예찬하였다. 이런 것으로 보면 사람의 마음속에 변하지 않고 자리 잡은 것이 자연인데, 자연은 진실로 어머니의 숨결이요, 어머니의 품이다.

산본으로 나온 후로 아쉬운 것은 서울 길이 멀어진 일이다. 친구도 멀어져서 만나기가 어렵다. 다행하게도 서울로 가는 길목―인덕원 사거리에서 과천을 거쳐 사당동으로 이르는 버스길이 좋다. 발 닿는 곳마다 도시화의 물결로 삭막해져 가는 것만을 보지만, 이 길만은 아직 자연의 모습을 그대로 간직하고 있다. 시야를 청신(淸新)

케 하는 길가의 야산 풍경이 그렇고, 산허리의 과수원과 더러 보이는 나지막한 집이 그러하다.

인덕원을 지나는 길가에는 논이 남아 있는 것도 보인다. 농촌 풍물을 그곳에서 되새기게 된다. 청명한 가을날이면 넉넉했던 농촌인심을 그것에서 추억하게 되고, 가을걷이가 끝나면 계절의 적막감을 거기서 또 느낀다. 이런 강산이 좋아서였을 터이지만, 근원(近園)은 소품으로 그린 풍경화 화제(畵題)에 '강산이 무한 좋다'(江山無限好) 하였다.

시야가 좋은 전원풍경의 버스길을 놓아두고, 지하를 달리는 전철을 탄다. 교통이 막히는 것이 이유이다. 하지만, 그런 이유만큼 나는 바쁠 것도 없는 사람이다. 그런데도 공연히 속도병에 걸려 조급해져 간다. 강 다리가 내려앉고 백화점이 무너지고 하는 참사가 이 속도병 때문인데도 그 속도병에 사람들은 불감증 환자가 되어간다. 이런 것을 생각하면 도연명(陶淵明)처럼 훌훌 털고 고향의 자연 속으로 돌아갔으면 한다. 허나 내게는 돌아갈 고향이 없다.

(1995. 8.)

접동새

올해도 여름으로 접어들면서부터 뒷산에서 접동새가 운다. 마을에 불이 켜지고 땅거미가 밀릴 즈음이면, 거리의 소음이 한층 심해져서 소란스럽기가 그지없다. 이런 공기를 가르고 저녁이면 어김없이 뒷산에서 우는 그놈의 소리가 처절하다. 20년 동안을 홍은동 한 군데서 살아오지만, 우연하게도 몇 년 전부터 들려오는 그 소리를 처음 들었을 때, 깊은 산에서나 우는 놈인데 하고 귀를 의심하였다.

내가 접동새 울음을 처음 들은 것은 자유당 정권의 협잡배들에 의해 부정선거가 저질러지던 시절이다. 교사의 신분으로 입바른 소리를 했다 해서 충북 산골로 쫓겨났을 때였다. 햇볕이 잠깐 드는 마을에서 밤마다 창가에 와 우는 그놈의 울음을 벗하곤 하였다. 옛 문인들이 시름을 달랜 시문 속에서나 알았던 새이지만, 그놈의 울음소리를 처음 들으면서도, 접동새임을 쉽게 알았다. 피를 토하는 듯 들렸기 때문이다.

때로는 영창가에 와서 우는 것이었으나, 초저녁에 오지 않으면 새벽녘에 왔다. 새벽에 오지 않으면 한밤중에 왔다. 울면 울어서 깬

잠을 설쳐야 했고, 그치면 그쳐서 울기를 기다려 눈을 붙이지 못하였다. 가냘픈 듯 하면서도 깊은 밤을 흔드는 그 놈의 울음에 실향의 만감이 실리곤 하였다. 육친과 헤어진 아픔이 골수로 스몄다. ―내가 있는 곳은 어디쯤인가―세월의 배에 누워 향방 없는 상념을 뒤척이곤 하였다. 새벽달이 비친 창가에 나뭇가지 그림자가 어른거리면, 그놈의 울음은 한층 처절했다.

올해도 홍은동 뒷산에서 우는 접동새는 집안에서도 잘 들린다. 그런데도 굳이 밖으로 나와서 장독대에 올라 귀를 모으고, 어둠 속에서 방향을 더듬는다. 동네 건물 벽에 메아리지는 울음이 앞산 언덕에서 우는 것 같기도 하고, 뒷산 숲속에서 우는 것 같기도 하다.

내 집에서 접동새 울음을 듣는 사람은 나 하나뿐이다. 서울에서 태어나 자란 아이들이나 안사람이 그놈의 비절(悲絶)한 목청을 알 리가 없다. 산마을 사람들은 접동새를 소쩍새라고 부르지만 '솟적' 하고 울면 흉년이 들고, '솟적다'로 들리면 풍년이 든다고 말한다.

접동새에게는 한자 이름이 많이 붙는다. 자규(子規), 불여귀(不如歸), 촉백(蜀魄), 촉혼(蜀魂), 또는 귀촉도(歸蜀道) 따위이다. 촉나라 임금의 혼백이 화했다는 촉백이나 귀촉도라고 한 것에는 유래가 있음직하다.

촉은 지금의 중국 사천성이다. 그곳으로 닿은 길이 험난하기 이를 데 없다 해서 세상 살아가는 어려움을 촉도난(蜀道難)이라는 말로 비유한다. 그 촉으로 가는 길―귀촉도(歸蜀道)라 했으니, 사연이 있다면 그 사연은 예사 사연이 아닐 것이다.

영월 산중의 어린 단종이 달밤에 우는 그놈의 울음에 붙인 한(恨)만 해도 그렇다. "촉백아 네가 피나게 우니 나도 피가 맺히고, 네가 울음을 멈추면 나도 수심이 멎는구나—" 했다. 접동새를 읊은 또 한사람의 시인은 "자류야 울려거든 너만 울지, 왜 나까지 울리느냐" 하였다.

접동새를 아는 사람 가운데는 흔히 두견(杜鵑)으로 아는 이가 있다. 그러나 두견은 '쪽박 바꿔 주'하고 들려서 그 울음소리대로 '쪽박새'라고도 한다. 그놈의 울음은 처절할 것이 없고, 밤에만 우는 접동새와는 달리 두견은 주로 낮에 운다. 옛 시문 가운데, 두견, 자규, 불여귀 한 것은 모두 접동새를 두고 한 말이 아닌가 한다.

저녁마다 어김없이 접동새 소리가 들리지만, 도시 복판에 사는 마을 사람들이 듣는 것인지는 알 수가 없다. 대부분 흘려듣지 않으면 아예 듣지 못하는 것인지도 모른다. 옛 문인이 지금의 서울에 와 앉아 나처럼 듣는다면, 그놈의 울음에 무심하지는 못할 것이다.

그놈의 비절한 울음을 들으면서, 초라한 내 방에 이름 하나를 붙여보고 싶다. 귀촉도누실(歸蜀道陋室) 쯤으로.

(1986. 6.)

역사 앞에서

세검정(洗劍亭) 홍지동(弘智洞) 언덕 상명여대(祥明女大)로 들어서는 길목에 과거의 한 시대를 거친 명사(名士)의 고가(故家) 한 채가 있다. 양옥(洋屋)들만 들어서 있는 마을 한가운데, 눈길을 끄는 한옥(韓屋)이 그것, 오래 전 시골에서 갓 올라온 소설가 H씨가 이 집에 머물렀던 일이 있는데, 그는 세 들어 사는 집이긴 했어도, 보통 집과 다르다는 생각으로 살았다 한다. 바로 춘원(春園)의 고가(故家)였던 까닭이다.

친일문필(親日文筆)로 역사 속에 묻힌 이름이긴 해도, 고가의 옛 주인은 우리의 한 시대를 이끈 문사(文士)였다. 그 집 앞을 지나다니면서, 나는 지난날의 일들이 떠올라 종종 회상(回想)에 잠기곤 하였다. TV드라마에선 지금도 일제(日帝) 밑에서 겪던 일들이 되살아나지만, 공출(供出)이라는 이름아래 군량미(軍糧米)로 쌀을 빼앗기던 일, 구주(九州), 북해도(北海道), 사할린 등지의 탄광에 강제 노역(勞役)으로 끌려가던 사람들의 모습, 이런 일은 내게도 발등의 불이 되어 가슴을 조이게 했던 일들이었다. 그런 일들이 홍지동 고가를 지날 때면 스크린의 영상처럼 스치곤 하였다. 이렇듯 일제(日帝)와 우리 사이에 파였던 원수지간의 골(谷)도 지금은 국교(國交)가 트인 사이가 되었다. 그러나 아직도 저들은 침략의 역사를 교과서로까지 감추어 놓고, 심심하면 방자한 망언(妄言)을 서슴지 않는다.

어두웠던 시대에 우리에겐 겨레를 이끄는 지도자가 많았다. 홍지동 고가의 옛 주인도 그런 지도자의 한 사람이었음은 우리가 다 아는 사실이다. 일세를 떨치던 그의 문필은 지금도 이 나라 문학사 한 자리를 차지하고 있다. 이것은 참으로 얄궂은 일이어서, 흐르는 세월에도 지워지지 않는 흔적이 되어 서글픈 일이 되고 있다.

춘원이 붓을 잡던 방으로 들어서 보았다. 후배 문인 몇 사람이 다녀간 흔적만을 보인다. 변호인이라도 대야 할 만큼 쓸쓸하고 적막하기가 그지없다. 지금 살고 있는 주인은 이 집을 사들여 개축을 했다. 그리고 '명사'의 집에 살고 있음을 자랑을 한다. 만해의 심우장(尋牛莊)을 찾았을 때의 감회와는 달리, 나는 그의 말이 공허하게만 들려 착잡한 심정에 젖어 들었다.

때마침, 전해지는 뉴스가 고가에 들어선 마음을 어지럽게 하였다. 고국에 돌아오지 못한 한 정신대 노파(老婆)의 뒷소식이다. 일본군 위안부로 내몬 자들이 누구이냐며, 신문사에는 항의 전화가 빗발쳤다고 한다. 고가의 뜰에 서서 역사의 심판엔 관용(寬容)이 없고, 준엄(峻嚴)하다는 사실 앞에 송연(悚然)한 심정이 일 뿐이었다. 홍지동 언덕 고가 맞은 봉우리에는 흰구름만이 떠 흐르고 있었다. 역사는 만들기 쉬워도 역사에 떳떳하기란 어렵다는 듯이….(1984. 12.)

38선을 넘은 얘기

    광복이 되면서 6.25전쟁이 일기까지 서너 번 38선을 넘었다. 고향 집은 지금 휴전선 속에 들어가 있으나, 구 행정지명으로는 경기도 연천군 왕징면 기곡리(連川郡 旺澄面 基谷里) 637번지이다. 위치상 으로는 서쪽의 장단군(長端郡)과 접경을 이룬 곳이고 동쪽으로는 연천군의 끝이다.

    휴전이 되면서 일직선이던 선이 S자 형태로 구부러졌으나 얄궂 게도 그렇게 변한 선 안으로 들어오질 못하였다.

    나는 남에서 해방을 맞고 한 달쯤 지나서 38선을 넘었다. 이쪽은 경비를 하지 않았으나 북에선 이미 소련군이 나와 있었다. 이런 것 을 모르고 중부의 고랑포(高浪浦)읍 임진강 나루를 건너 '널두니' 마을에 다다랐을 때 소련병사에게 잡혔다. 남에서 미군을 본 것이 처음이지만, 북에서 소련군을 본 것도 처음이었다.

    병사에게 몸수색을 당하였으나 지닌 것은 신문뿐이었다. 시계와 만년필, 라이터 등은 모두 두고 떠났다. 신문을 가지고 간 것은 새소 식에 주렸을 고향을 생각해서이고, 시계와 만년필을 두고 간 것은 소련군이 빼앗는다는 소문을 들은 까닭이다.

신문을 들추던 병사의 파란 눈이 번득였다. 그리고 이내 표독스레 살기를 띠고 내 목에 따발총을 들이댔다. 무엇이라고 지껄여댔으나 '아메리카 스파이'라는 말밖에 알아들을 수가 없었다.

이실직고(以實直告)하라는 모양으로 방아쇠를 당기는 시늉을 하였지만, 해명할 도리가 없었다. 때마침 마을사람 하나가 나타나 나의 신상을 물었다. 인사를 나누고 보니 공교롭게도 증조할머니의 친정붙이였다. 할머니는 그 마을에서 시집을 오셨다. 그의 손짓 몸짓의 통역 덕으로 위기를 면하였다.

고향집은 그곳에서 30리를 더 들어가야 한다. 병사가 악수를 청하고 미소를 지으며 잘 가라 하였으나, 나는 등골의 땀줄기를 의식하며 되돌아나올 걱정이 앞섰다. 그리고 38선이 무엇인가를 비로소 알았다.

돌아오는 길은 전곡(全谷) 쪽의 한탄강(漢灘江)을 택하였다. 광복이 된 지 두 달이 가까운 때였으나, 경원(京元) 국도에는 인파가 메었다. 멀리는 북만주에서부터 가깝게는 38선 어간에서 남하하는 사람들이 밤낮을 가리지 않았다.

이 대열에는 일본의 학정을 못 이겨 조국을 떠난 이들이 있었고, 일본인보다 더한 행세로 호강을 누리던 조선 사람도 있었다.

이런 대열과는 다르게 삼삼오오 옆길을 타는 사람들이 있었다. 일본인들이었다. 이들은 한국인의 삼베 등걸잠방에 밀짚모자를 눌러쓰고, 여자는 얼굴에 흙칠을 하였다. 그들은 이런 변장으로 패망

자가 겪어야 하는 곤욕을 피하였다.

서울로 가는 길을 묻기에 자상하게 알려줬더니, 몇 번씩 허리를 굽히며 고맙다고 하였다. 이렇게 쫓겨 간 자들로부터 지금의 우리가 그들의 안중에 없는 것을 생각하면, 역사의 희롱에 울분을 금할 길이 없다.

한탄강 쪽 경비망은 갈 때의 서부보다 허술하였다. 여울목에서 짐을 건네주는 늙은이를 보고 누군가가 그를 엄복동이라 하였다. 올려다보면 안창남 비행기요, 내려다보면 엄복동 자전거라고 민요로까지 불리우던 그 사람이다.

음식점 배달부로 자전거 명수(名手)가 되어 이름을 날리던 사람이 초라한 지게꾼이 되어 호구를 면하고 있었다.

나는 이듬해에도 38선을 넘고 1947년 여름에도 넘었다. 그러나 그 해에는 북쪽 경비대에 잡혀 20일간을 갇혔다 풀려났다.

1947년 여름은 남북이 각각 정부를 세우기 1년 전, 양쪽의 경비망이 삼엄하였다. 그런 것을 알면서도 위험을 무릅썼던 것은 늙으신 어머니가 보고 싶어서였다.

경계망을 뚫는 방법이 물물교환을 하는 남북 간 상인을 뒤따르는 일이었다. 동두천 보산리(保山里)에서 소요산 줄기를 넘으면 골짜기에 장이 선다. 밤중에 만나는 양쪽 상인들이 여기서 물건을 바꾸는데, 남쪽에선 키니네, 다이아찡 등의 약품류와 광목 등을 가지고 갔고, 북쪽에선 함경도 특산물인 삼베와 건어물 따위를 가지고 왔다.

그 해에는 보산리로 피난 나온 사촌형의 안내를 받았다. 해가 진 후 산길을 타야 하는 일이 고되었으나, 그 길은 이쪽의 경계망을 뚫는 방법이기도 하였다. 칠흑 같은 숲속을 더듬어 9시쯤에야 장터에 닿게 되는데, 이때 10시쯤 나타나는 북쪽 상인을 눈치껏 따라붙어야 한다.

그 전까지 나는 38선을 혼자 넘어 다녔지만, 그 해에는 고향 친구와 동행하였다. 내게는 단순한 귀향길이었지만 그 친구는 평양행이 목적이었다. 그는 김순남(金順男)이 곡을 붙일 만큼 시를 썼고, 해주에 있는 이원조(李源朝)에게 보일 소개장을 지녔다고 하였다. 이토록 이념에 물든 친구였으나, 나는 그가 그토록 철저한 줄은 몰랐다.

장터에서 저녁을 마친 우리는 너무 피곤해서 그 자리에서 곯아떨어졌다. 어두운 산길을 더위와 시장기에 시달렸던 까닭이다. 얼마를 잤을까 아차하고 깨어났을 때, 북쪽 상인들은 사라지고 없었다. 이튿날 빈 장터에는 청년 두엇이 배회하고 있었다. 우리는 무심했을 뿐이었으나, 그들은 이쪽의 기관원들이었다. 우리는 이내 수상한 자로 몰려 남으로 나오는 상인에 인계되어 동두천 지서로 끌려 나갈 판이었다. 친구는 그렇다치고 나는 암담하였다.

막막한 생각에 잠긴 채, 끌려가다가 우리를 끌고 가는 사람을 보았다. 그랬더니 뜻밖에도 낯이 익은 사람이 아닌가. 그는 아버지와 아는 사이였고, 그도 놀라 사정을 물은 다음 기관원에게 보증을 서주었다. 그렇게 해서 그날 밤 무사히 북쪽 상인의 뒤를 따랐다.

상인들은 캄캄한 산길을 비호(飛虎)처럼 날았다. 우리는 젖 먹은 힘을 다해 따랐으나, 경계선을 넘어선 지점에서 깜짝할 사이에 놓치고 말았다. 그들은 우리가 장애물이었다. 어둠속에서 능선을 헤맨 끝에 한탄강에 닿았으나, 검푸르게 보이는 강물에 들어설 수가 없었다. 천신만고(千辛萬苦)로 38선을 넘긴 했으나, 여기서부터가 난관이었다. 때마침 내리는 부슬비와 땀에 절은 몸에 시장기마저 겹쳐, 우리는 한 걸음도 뗄 수가 없었다.

어스므레하게 강가에 있는 보초막이 보였다. 호랑이굴을 쑤신다는 말 짝으로 우리는 숨을 죽이고 다가갔다. 다행히 빈 둥우리여서 그 속에 들어가 쓰러지고 말았다. 깨어났을 때는 해가 높이 솟은 뒤였고, 이내 전곡 내무서로 끌려 나가 그날부터 하루 두덩이의 좁쌀 주먹밥으로 20일을 갇혔다. 밤이면 누런 계급장의 사나이가 나타나 김일성 장군이 지상낙원을 건설한다고 나발을 불었다.

20일이 되던 날 밤, 남북 사람들이 각각 되돌려 보내졌다. 남쪽 사람에겐 지상낙원이 그리워 왔을 터이지만, 돌아가서 미제와 싸우라 하였다. 그것이 돌려보낸다는 이유였으나, 나는 지척에까지 갔다가 어머니를 못 뵙고 오면서 해방된 현실이 이꼴인가 하고, 울화가 치밀고 허탈에 빠졌다.

백범(白凡) 선생이 통일의 비원을 안고 넘었던 그 선이 동족의 피로 물든 휴전선이 되고, 그것이 오늘에까지 이를 줄도 모른 일이었다.

지난해에 한 발자국이라도 고향집 근처에 다가가 보고 싶어 휴전선 학술 탐사진을 따라나섰다가 능선에 올라 철책 멀리 주추만 남아 있을 고향집 방향을 바라다만 보았다.

　해방이 되기는 했으되 희롱을 하듯이 그어진 선, 이 선에 사적(私的)으로는 한이 쌓이고, 민족적으로는 용서 못할 전쟁 범죄와 갈등의 세월만이 쌓여왔다. 이제는 알량하다는 말로밖에 대접받지 못하는 그 이념이 민족의 자존도 없이 분단을 굳혀, 나에게선 눈물샘마저 마르게 하였다.

　아버지 어머니가 살아계실 리 없고, 언제 어디서 어떻게 가셨는지 알 길조차 없게 만든 통분과 비원의 분계선—38선으로 이어지는 한은 꿈속에서 또 꿈을 꾸는 것 같다.

(1993. 1.)

경순왕릉(敬順王陵)에서

파주의 여성문학회원들 안내로 고랑포를 거쳐 경순왕릉 길엘 나섰다. 경순왕은 신라의 56대 마지막 왕이다.

왕릉이 있는 곳은 지금의 행정구역상으로 경기도 연천군 백학면 고랑포(蓮川郡 百鶴面 高浪浦)이나, 6.25전쟁 전에는 장단군 장남면(長湍郡 長南面) 고랑포리이다.

소년시절 고향에서 파주 땅으로 오는 길에 나는 고랑포를 거쳐 다녔다. 고향집은 휴전선 속이어서 폐허가 된지 오래이다. 그래서 연연한 마음이 일면, 고랑포만이라도 가보았으면 해 왔다. 이런 심정을 알고 회원들이 나를 고랑포 길로 안내했던 것이다.

그러나 정작 도착해 보니 고랑포라고 하는 곳은 전의 고랑포가 아니다. 옛 고랑포는 휴전선에 가까워 접근할 수가 없는 곳이 됐고, 지금의 고랑포는 새로 생긴 마을에 붙여진 이름일 뿐이다. 옛 고랑포를 못 보는 것이 아쉬우면서 분단의 현장 감회가 다시 새로웠다.

그리고 경순왕릉 입구까지 가고서도 출입통제로 발길을 되돌려야 했다. 결국 회원들의 성의가 수포로 돌아가 고랑포 타령을 한 내가 미안하였다.

그러다가 해가 바뀐 지난 초겨울에 경순왕릉을 가보게 되었다. 경순왕 하면 사람들은 잘 모를 수도 있겠으나, 마의태자(麻衣太子) 아버지라면 이해할 것이다. 역사를 아는 사람에게는 말할 거리도 되지 않으나, 경순왕의 아내는 고려 태조 왕건(王建)의 딸 낙랑공주 (樂浪公主)이다.

신라를 말하면 누구든 경주를 떠올린다. 하지만 경순왕릉은 그 경주와 거리가 먼 이곳 경기도 북단 장단 땅에 와 있다. 이 점을 생각해보게 되는 것인데, 그가 왕건의 사위이고, 이곳 묘소가 고려 의 수도 개성과 가깝다는 것을 안다면 이해할만 하다.

아무려나 왕릉 앞에 서서, 흥망성쇠의 한 조각을 보는구나 하였 다. 삼국을 통일하고 빛나는 문화를 이룩한 그 신라의 마지막 왕릉 앞에서, 흔히 말하듯이, 사람이 사는 일은 꿈같은 것이구나 하였다. 통일을 이루었던 신라가 망하고, 그 신라를 멸망케 했던 고려가 또 망하였으니….

역사는 이처럼 도는 것인데, 이런 것을 겪고 배우면서도, 사람들 은 권세에 매달려 아등바등한다. 휴전선 철책과 감시초소가 보이는 능역에 서서 나는 잠시, 끊어진 산하의 허리를 더듬고 있었다.

하지만 국토가 갈라진 이런 상처도 시간이 흐르면 아물 때가 있 을 것이다. 말없는 폐왕의 무덤 같이 비바람 속에서 사연만을 전할 것이다.

역사는 이렇듯 쉬지 않고 이어져 간다. 금세기에 성난 파도처럼 인류사를 흔들었던 공산주의가 생긴 것도 그런 것이었고, 세계를 휩쓸던 그것이 무너져 내린 것도 그런 것이다.

끝없는 시간에 획을 그으면서, 역사란 언제나 한 단계 높게 탐욕스런 모습으로 등장한다. 역사는 이렇듯 새롭게 굴레를 만들어 간다.

천추에 남을 한(恨)—동족상잔의 상징 휴전선에서, 폐왕의 초라한 무덤이 그것을 말하듯 잠들어 있다.

(1992. 2.)

옷

　태평양 전쟁 시절 입을 거리가 없어, 조선 사람은 집에서 심은 목화로 무명을 낳아 거기에 국방색(國防色) 물을 들여 입었다.

　이른바 국민복이라는 것으로서 중국이나 북한 사람들의 옷처럼 넥타이가 필요 없는 옷이었다. 모든 물자를 전시체제로 통제했고, 그것도 모자라 강제로 징발(徵發)을 하는 등, 일제(日帝)의 수탈(收奪)은 발악적이었다. 그리하여 농촌에선 삼(麻)과 목화를 심어 옷감을 근근이 해결했으나 그것마저 마음대로 할 수가 없었다.

　민족자본으로 이룩했다는 '경성방직'이 짜내는 광목이 있었고, 일본에서 수입해 온 것이 있기는 했으나 서민과는 거리가 먼 것들이었다.

　입을거리에서 저들의 수탈 방법은 목화를 심는 일에서부터 시작이다. 군복을 조달하는 방편으로 책임면적이 부과되고, 강제성이 따른 생산량을 빼앗기고 나면 남는 것이 없다. 그리하여 제 것을 가지고도 도둑질하듯 하였다. 이런 상황에서 해방 한 해 전, 나는 처음으로 명주 비단옷 한 벌을 얻어 입었다. 하숙집으로 돌아와 갈아입으면서 귀공자가 된 기분이곤 하였다. 장성한 막내에게 입히려고 늙으신 어머니가 손수 베틀에 앉아 낳은 것이다. 지금으로 말하면 실크인데, 그런 비단을 낳으면서 어머니는 정작 몸에 대지 않으셨다.

내가 소년시절이던 때의 평상복은 지금의 아이들 같지 않아서 여름이면 삼베 고의적삼이고, 그 밖의 철에는 목화로 만든 무명이었다.

삼베 고의를 입을 때는 팬티를 입지 않던 때여서 가랑 속에 대롱대롱 매달린 것이 훤히 비쳤다. 그러던 것이 지금은 옷차림의 풍습이 바뀌어 일제가 강요했던 여성의 노동복 '몸빼'가 일상복으로 굳어졌다. 한국여성의 고유한 속옷ー고쟁이가 사라진 것도 그런 것 중의 하나다. 고쟁이란 샅부분이 앞뒤로 터져 용변(用便)에 편하면서 아름답고 실용적인 한국 여인의 속바지이다.

여성의 옷은 개방적인 것이 남성과 다르다. 그중에서도 일본여성의 전통의상 '기모노'는 더 특이하다.

한국여성의 치마처럼 몸단속을 하는 끈마저 없다. 이것이 선머슴들의 익살이 되곤 했는데, 기모노엔 '오비'라는 장식용 띠를 두른다. 이것을 펼치면 길이와 넓이가 마치 한국인의 요잇과 같다 해서 익살이 되는데, 아무데서고 풀어 깔면 알맞은 자리가 된다는 것이다.

아무튼 이즈막엔 형태상으로 의상은 성(性)적 구분의 의미가 없다. 예절상으로나 미관상으로나 따져 말할 거리가 없어졌다. 새로운 모양이 나왔다 하면, 동네 개가 서로 따라 짖듯 모두가 닮아간다. 앞뒤가 터진 고쟁이가 사라지긴 했어도 그것이 유행한다면 역시 다투어 입고 나설 것이다.

　고쟁이에 얽힌 익살이 있다. 이 익살은 마해송의 글에 나오는데, 줄거리가 이러하다. 한 친구가 해질녘에 친구 집을 찾는데, 큰집에 제사가 들어 지내고 올테니 사랑에서 자라고 한다. 밤이 되자 머리맡에 퉁소가 보여 입에 대고 불었다. '삐이'하고 소리를 내자 안채로 난 문이 열리면서 그림자 하나가 들어섰다. 그리고 훌훌 벗고 다짜고짜 이불 속으로 파고들었다. 그제서 피리의 용도를 안 친구, 다음 일이 난감하였다. 해서 목소리를 죽여 "오늘밤은 안 돼. 손님이 와서"하였다.

　그림자는 혼비백산(魂飛魄散), 주섬주섬 옷을 걷어안고 안채로 사라진다. 나그네 친구도 급하기는 마찬가지여서 어둠 속에서 갓끈을 조이고 두루마기 자락을 날리며 줄행랑을 놓는다.

　그런데 이상하게 가랑이 밑에서 바람이 일지를 않는가. 그제서 이유를 알고 가까운 숲속에 들어 해지기를 기다린다. 그리고 다시 마을로 스며들어 주인 것을 훔쳐 입고 줄행랑을 한다는 줄거리다.

　해방이 되고나서 구차한 친구 하나가 아내의 바지를 입고 나온 것을 보았다. 여군이 입는 군복바지이다. 터져야 할 앞이 막혔을 뿐 남성의 바지와 다를 것이 없다. 두루마기 자락으로 터진 사타구니를 감싸며 줄행랑을 놓아야 했던 차림으로 본다면, 의상의 변천사는 천지가 개벽한 것만큼이나 변한 모습이다.

　중국인 노동자가 입는 바지—가장 천하게 여기던 옷이 여성계에서 가장 첨단형이 된 것도 그런 것이다.

미국 남부 텍사스주에 갔을 때 공항에 내려 사람들의 옷을 보고, 비로소 이국(異國)에 왔음을 실감하였다. 늙은 남녀 가릴 것 없이 모두가 허벅지를 드러낸 차림이다. 그 모습이 햇병아리의 다리처럼 매끈하다면 모르겠는데, 늙다리 닭처럼 옹이진 무릎패기들이어서 가히 목불인견(目不忍見)이었다. 그런 모습을 보는 순간, 상것들의 나라에 왔구나 하였다.

사람이 동물과 구분되는 데에는 몇 가지 요건이 있다. 그 중의 하나가 옷을 입는다는 사실이다. 근래에는 벗는 것도 예술이라 한다지만 옷이란 벗어야 할 때만 벗어야 한다.

(1992. 7.)

제 3 부

評　說

모촌(牟邨)의 수필

—'정신과로 가야할 사람'을 중심으로—

車 柱 環

(서울대 명예교수, 문학박사, 중국문학)

모촌(牟邨)은 젊을 때부터 문필활동에 종사하여 각종 정기간행물에 글을 발표하여 왔고, 세상에 그리 널리 알려지지 않았으나, 발표된 글로 인해서 곤욕을 치르는 필화사건의 주인공이 된 적도 있었다. 그러던 모촌이 아마도 심기일전하는 새로운 출발점을 마련하기 위해서였다고 짐작되지마는, 50대 중반을 넘어선 나이에 '한국일보'의 신춘문예 수필 부문의 관문을 통과하는 형식을 취해 수필가로 행세하기 시작하였다.

본래 청장년의 시기에 문필활동을 통해 문장실력을 다져왔던 터였으므로 모촌은 그동안 근면하게 수필을 써내서 동호인들의 큰 관심을 끌기에 이르렀다. 〈정신과로 가야할 사람〉은 최근 5년 동안에 모촌이 발표한 수필 중에서 자신이 72편을 추려 엮어낸 그의 제1 수필집이다. 서도(書道)의 깊은 경지를 이해하고 있는 모촌은 〈모촌수필(牟邨隨筆)〉의 제자(題字)를 친필로 써서 우리에게 보여주었고, 표지의 구성과 속표지의 컷은 모촌의 두 분 따님이 담당하였다. 그리고 모촌의 수필에는 그의 부인에 관한 이야기가 빈번하게 나온다. 이 모촌의 수필집은 말하자면 한 집안의 사랑이 응축되어 이루어진 독특한 의미를 지닌 책이기도 하다. 남달리 가정을 소중하게 여기는 모촌의 진정이 실천적으로 그리고 시범적으로 제시된 산물이라 하겠다.

모촌의 수필을 향수의 문학이라 단정하여도 지나치지 않을 정도다. 두고 온 고향이 그립다는 것은 누구나 말할 수 있는 일이기는 하지마는 모촌의 경우는 유달리 심각하여서 되풀이 드러내어져 있는 그의 향수에 접하면, 환갑이 넘은 그의 나이를 생각하면서 감탄하게 되고, 심지어 절실하고 중대한 일을 잊어버리고, 무사안일하게 소일하고 있는 군상들에게 경각심을 환기시키고 있는 듯이 느껴지기까지 한다.

해방 전까지는 모촌의 고향은 아무 때나 찾아갈 수 있는 시골집의 고장이었다. 동란 이후 그곳이 군사분계선 북쪽으로 들어가 버려서 언제 찾아갈 수 있게 될지 막연하여진 것이다. 수복이 되어 들어갔다가 자당을 남겨둔 채 모촌은 1.4후퇴 때 임진강 나룻배를 타고 남하하였고, 오늘에 이르는 30년 동안 고향과 단절되어, 상념 속에서 그곳을 그려보며, 가시지 않는 시름을 주체하지 못하고 있다.

〈실향기(失鄕記) (1)〉에서 그 나름의 고향에 대한 정의를 내리고 있다.

"고향에서 사는 길이, 비바람 속의 나그네 같은 고된 행로라 할지라도, 동산에 뜨는 달의 정처럼 아름다움을 간직하게 해 주는 곳이 고향이다."

모촌은 대대의 조상 묘소를 지키면서 남아 있겠다고 하며 그를 전송하던 자당을 자책과 체념으로 뒤얽힌 착잡한 심정으로 추모하면서, 산새의 울음소리에서조차 모정을 느낀다.

"어머니는 내가 마지막 뵙던 날의 모습을 하고 영원히 내 가슴 속에 살아계시리라. 동족상잔의 제물이 되시고, 나는 이렇게 남아 어머니를 생각한다. 하늘에 대고 웃을 수도 없는 이 원죄를 이제는 원망할 것도 없고 가혹하다고 생각할 것도 없다. 나의 어머니는 그래서 어느 날 한 마리의 산새가 돼 하늘을 날고 계시는 지도 모른다. 휴전선 지뢰밭 금줄에 앉아 못다 한 원죄의 봄날을 울고 계시는지 모른다. 임진강 맑은 물에 목을 축이시며, 잡초 우거진 빈터를 날고 계시는지 모른다. 몇 해 전 민통선 북방 가까이 갔을 때, 나는 그렇게 어머니가 울고 계시는 모습 −지뢰밭 금줄에 와 앉아 울던 산새의 울음을 들었다. 공산(空山)을 적막하게 하던 그 산새의 울음은 지금도 귓가에서 사라지질 않는다."

〈사모곡(思母曲)에서〉

우리는 모촌의 이러한 글을 읽으면서, 그를 포함한 모든 실향인사들을 위해 잃어버린 고향땅을 되찾아내야 한다는 생각을 갖게 되지만, 모촌의 눈에는 타향살이로 고향을 잃고 있는 자신만이 실향민이 아니라, 고향에서 살면서 고향을 잃고 있는 사람들이 많다고 보여지므로, 우리에게는 다른 또 한 가지의 고향 찾기의 과업이 주어져 있음을, 모촌은 일깨워주고 있는 셈이다. 모촌은 자기 상념 속의 고향이 모든 사람의 고향이기에 합당하다고까지 생각하고 있다고 여겨진다.

모촌은 고향과 연결시켜 자신을 관조하기도 하였다.

"고향을 잊지 못하는 사람은 인생의 길에서 지친 사람이다. 어디서나 정을 못 붙이고 사는 나와 같이, 아무 것도 이루어 놓은 것이 없는 사람이다. 약관에 뜻을 세우고 고향을 나선다는 말이 있되, 인생의 낙제생이 돼 나는 그저 고향을 연연하며 자상(自傷)을 하고 있을 뿐이다."

〈실향기(失鄕記) (1)에서〉

모촌은 자기를 제시하는데 있어 극히 겸허하고 때로는 스스로를 비웃는 일까지 서슴지 않는다. 내가 보기에는 모촌이 결코 인생의 길에서 지친 사람 같지 않고, 아무 것도 이루어 놓은 것이 없는 사람이라고는 여겨지지 않으며, 인생의 낙제생이라는 판정을 내릴 아무런 근거도 가지고 있지 않다. 항용하는 말로, 지나친 겸손은 오만과 통한다고 하지만, 우리는 모촌의 이러한 자겸과 자조의 자세에서 오만이라고까지는 말할 수 없어도, 시대와 사회를 평가하는 틀림없는 척도를 자신만이 지니고 있음을 풍기는 듯한 느낌을 갖게 된다. 사실 모촌은 시대와 사회를 헤아리는 눈이 엄정하고 예리하다. 그는 수필을 쓰는 일까지도 그것을 임하는 태도가 근엄하다.

"아무에게라도 말하지 않고서는 그대로 지나쳐 버릴 수 없는 것들을 쓰고 싶었다."고 이 책 발문에서 자술하고 있다. 말하지 않고 그대로 지나쳐버릴 수 없는 사연으로 그의 글이 이루어져 있는 것이다.

모촌은 반골을 느낄 만큼 강렬한 항거정신을 발휘하지는 않지마는 그의 글의 바닥에 깔려 있는 비판의식은 예사롭지 않다. 다만 그는 어느 경우에도 실망으로 끝나는 일이 없고, 차원 높은 희망을 걸기를 잊지 않는다. 이 점이 모촌의 수필에 광도(光度)를 보태주고 있다.

모촌은 서화에 대한 연구가 범연하지 않을 뿐더러 일가견을 가지고 있고, 또 그 자신 서도를 아는 사람이기도 하다. 그리고 한국학 전반에 걸친 소양으로 때로는 그의 글을 읽는 사람으로 하여금 무식함을 자인하게 하여 주기도 한다. 거기에다 한국적인 풍류가 몸에 배어서, 그의 생활이 거의 예술 그 자체같이 여겨지게 한다. 오음실 주인(梧陰室主人)으로 자호한 내력을 비롯하여, 규율이 있으면서도 그지없이 단란한 가정이며, 그의 주거와 연결되는 산천의 예찬이며, 어느 하나 그의 생활예술을 가꾸어 나가는 데 기여하지 않는 게 없다. 그러면서도 그는 "내가 가야할 곳은 정신과가 아닐까 하는 것이다."라고 하였으니, 이는 마치 온 세상 사람이 정신과로 가야 하지 않겠나 하는 그의 우려를 반어적으로 표현한데 지나지 않는다고 받아들여야 할 게 아닌가 싶어진다. 그의 글은, 물론 야유나 비꼬는 따위의 저속한 기법은 쓰여지지 않고, 오히려 자신까지도 참여하고 있는 세상일을 뚜렷하게 자각하면서, 진솔함을 잃지 않고 정면적인 서술로 시종되어 있다. 모촌의 인간이 진국이라는 이야기기도 된다.

모촌은 본래 교육자로 출발하여 초년을 순수하고 열성에 넘치는 일선교사로 지냈다. 그리고 그의 부인도 오늘날까지 교사로 근무하고 있다. 그러한 관계로 모촌의 글에는 교육 내지 교권에 관련된 일들이 다루어져 있다. 모촌은 학교라는 국한된 교육의 장의 테두리 안에만 머물러 있지 않고, 교육을 거시적으로 파악하여 국가 내지 민족의 차원에까지 확대시켜 여러 가지 각도로 검토하고 있다. 그는 교육이 진실된 효과를 발휘하여 인간관계가 사랑과 의로움에 보람을 느끼게 되기를 기대하였다.

모촌은 젊은 나이에 교육 일선에서 사명감을 가지고 일하다가, 부조리를 묵과하지 못하는 고지식한 처신 때문으로 겪어야만 했던 뼈저린 경험을 가지고 있다. 그 어간의 경위를 회고조로 써낸 글도 들어 있다.

그는 몇 차례고 그늘에서 정직하고 의롭게 교단을 지키는 평교사들의 노고를 대변하면서, 그들이 교육 현장의 주역임을 깊이 인식하여, 그들을 존중하여 어떠한 경우라도 부당하게 인격을 유린하는 일이 없어야 함을 힘주어 말하고 있다.

모촌은 한때 수도승이 되기로 작심했다가 번의하고 교사 생활을 했다. 도를 닦는 것은 어디에서나 정성만 있으면 해낼 수 있다고도 하지만, 모촌은 교사생활을 수도생활과 합치시켰던 듯하다. 평교사의 자리에서 물러나서도 정직하고 의롭게 교단을 지키던 숭고한 뜻을 잊지 않고, 그것을 세상에 일깨워 주려고 하는 열의는 역시 그의 수도자적인 일면의 발로라고도 볼 수 있다.

앞에 든 몇 편을 포함한 모촌의 명편(名篇)으로 꼽히는 모든 작품들이 다 수록되어 있다. 모촌의 수필은 볼품 사납게 가다듬은 티가 없고, 자신의 인간을 꾸며서 내놓지 않아 진솔하고 소탈한 특색을 지니고 있다.

〈야래향(夜來香)〉, 〈눈 내리던 날〉, 〈세한도(歲寒圖)〉, 〈주은규(朱銀圭)의 결혼〉, 〈하룻만의 환속(還俗)〉 등 몇 번을 읽어도 물리지 않는 호품(好品)들이 많다.

수졸(守拙)과 택선(擇善)의 문학

許 世 旭

(시인, 수필가, 고려대 중문과 교수)

모촌(牟邨)이 백년 전 이 땅에 태어났다면, 그도 어쩌면 남산에 살 것이요, 나막신을 신고 딸각발이의 별명으로 고집 부리는 샌님이었을 것이다. 모촌이 천육백년 전 중국의 진나라에 태어났다면 그도 어쩌면 쥐꼬리만한 봉록의 벼슬을 내동댕이치고 가난과 강직을 지조처럼 지키는 도잠(陶潛)같은 꼬장꼬장한 선비였을 것이다.

그는 경기도 도민이면서도 드물게 보는 실향민이요, 그는 한 평생 문학을 신앙했으면서도 이순(耳順)을 바라보면서 등단을 결심한 지각생이요, 그는 병약(病弱)에 가난을 무릅쓰면서도 몇 차례의 일터를 헌신처럼 던져버린 기골(氣骨)이었다.

모촌이 젊어서 비록 시를 썼다고 회고하지만, 그는 천성의 수필가임에 틀림없다. 그것은 강직한 선비의 기질이 그 토양을 일구었고, 그가 고향을 지척에 두고도 돌아갈 수 없음은 물론, 고향을 지뢰밭으로 만들고 말았다는 향수와 민족적인 가책이 그 자료를 만들었고, 그가 현실을 건너마을처럼 관망하면서 스스로를 무명의 세계에서 수졸(守拙)할 수 있는 도가적(道家的) 사상의 맥박이 그 지조를 형성한 것이다. 다시 말하면 유가적(儒家的) 행위규범(行爲規範)에다 시대적 우수(憂愁), 도가적 사고전개(思考展開)가 그의 수필을 끌고 나가는 골격이요 저류(底流)인 것이다.

모촌은 필자와 월례회에서 자주 만난다. 수척한 몸매에 침묵하는 자세를 보면, 얼 듯 어느 산모롱이에 우두커니 서 있는 나무등걸. 좀처럼 눈도 끔벅이지 않는다. 어쩌다가 말문을 열면 깐깐한 샌님, 말씨는 느릿하지만 한마디도 허술한 게 없다. 간혹 칼날을 보이지만 금시 감추고 말며, 간혹 의견을 개진하지만 금시 겸손한 원 위치로 돌아가고 만다.

일찍이 우리들의 선비란 강직한 자세로 우국애시(憂國愛時)했다. 불의를 보면 카랑카랑 분노했었다. 부정을 보면 주령을 흔들며 고래고래 호령했었다. 그런가 하면 스스로의 불운이나 불행이 오면 그것을 얼른 안명(安命)했다. 그리고 무명(無名)과 무위(無爲) 속에 스스로를 보호받고, 은일(隱逸)과 탈속(脫俗)으로 스스로를 수졸하였다.

이것은 선비의 참여에서 귀은(歸隱)까지의 정률(定律)이다. 결코 오늘날의 벼슬아치처럼 봉사란 구실로 마르고 닳도록 자리에 연연하지 않는다. 결코 오늘날의 대장부처럼 쉽사리 가난과 소외를 두려워하지 않는다. 벼슬에 연연하고 가난을 두려워하는 자가 바로 졸부(拙夫)인 것이다.

수졸하는 사람은 투기(投機)하지 않는다. 수졸하는 사람은 속기를 벗어난 사람이다. 수졸하는 사람은 명리(名利)쯤은 우습게 극복해 버린 사람이다. 도연명 '귀원전거(歸園田居)'에서 '수졸귀원전(守拙歸園田)'함은 바로 이런 경지를 두고 말한다.

나는 모촌이 굳이 도잠(陶潛)의 '수졸'에 견주어도 크게 어긋나지 않게 생각한다. 우선 기질이 비슷하고 체험이 비슷하다. 연명(淵明)에겐 젊었을 때 유협(遊俠)의 기질도 있었다. 영웅을 숭배하고 칼질을 배우고 훨훨 떠도는 일을 좋아했다. 모촌의 수필에서 그런 것을 읽을 수는 없지만, 그의 가슴 한 귀퉁이에는 그런 검협(劍俠)의 벽도 숨겨 있으리라 본다. 적어도 그의 수필 속엔 가끔 칼날 같은 의분(義憤)이 서리고 있기에 말이다.

다만 모촌은 도잠(陶潛)처럼 버드나무 다섯 그루를 심은 전원으로 돌아가지 않고, 홍은동 아스팔트와 블럭의 작은 골목으로 숨어버린 것이다. 거기서 지난날 "철없는 것들에게 황국신민이 되라"고 가르쳤던 옛날을 통회(痛悔)하고, 유신체제의 굴레가 한발 한발 죄어올 때, 직장을 내동댕이 친 그 세월을 안위하고, 거기서 지금은 수필병을 앓다가 심지어 그것을 딱 절필하고 싶을 만큼 엄청난 고민을 삭이며 사는 것이다.

윤모촌은 〈식자우환(識字憂患)〉에서,

"내가 쉬운 글자를 두고도 어려운 글자를 쓰는 것은 쓸데없는 고집이다. 많은 사람에게 알리기 위해서라도 쉬운 글자를 쓰라고 하는 이가 있지만, 이름 알리는 일이 무슨 대수로운 일인가"처럼 스스로 이름의 매몰을 추구했고, 〈천 사람의 이름〉에서 보다 적극적으로 무명씨를 선망하기에 이르렀다.

"아침에 빛나다가도 저녁이면 녹이 스는 이름들, 언제 어디서고 떳떳한 것은 무명씨의 이름이 아닌가 한다."

무명을 추구하고 흠모하던 모촌은 〈반벙어리의 여운〉, 〈아낙 군수〉, 〈홍은동 참새〉 등에서 수줄하는 생활과 그 투박한 신념이 영롱하게 보인다.

"똑똑한 혀를 가지고도 모자라는 생존경쟁의 절규를, 짐짓 반벙어리 행세로 일관해 온 그의 반생, 그가 스스로를 자족하고 있음은, 자족 아닌 자조(自嘲)의 삶을 달관한 것은 아닌지."

"수필가 행세는 더 어려운 것이니 가을엔 또 버섯이나 길러볼까 한다."

"내가 사는 홍은동 일대는 얼마 전까지만 해도 시골이었으나, 지금은 도회의 한복판이 되고 말았다. 조금만 벗어나도 살기 좋은 시골이건만, 고놈들은 무얼 바라고 서울 복판에 눌러 사는지 알 수가 없다. 어쩌다 서울에서 살게 된 나처럼 고놈들도 별수 없이 그렇게 됐다는 말인지. 날개를 가지고도 공해 속을 벗어나지 못하는 꼴을 보면, 옮겨만 앉아도 부동산 재미를 보던 세월에, 주변 없이 한 군데서 15년 동안을 붙박혀 사는 나와 다를 게 없다."

이 속에 나오는 반벙어리나 아낙군수, 홍은동 참새는 곧 윤모촌의 화신인 것이다. 반벙어리로 자족하고, 헛수고 삼아 버섯이나 기르면서, 그리고 주변 없이 유행도 따르지 못하면서 도시에 은거(隱居)하는 자화상인 것이다.

모촌은 수졸을 긍지로 여기기에, 소유욕에 부풀고 외형에 굴종한 나머지 연지곤지를 찍어 바르는 세태를 속물(俗物)이라고 호통하기에 이른다.

〈속물(俗物)〉에선,

"고향도 없이 남의 집을 돌며, 사과 궤짝을 찬장으로 시작한 살림에도 즐거움뿐이더니, 집칸이라도 마련한 지금 아쉬움을 더 느끼는 것은, 역시 속물인 탓이다."처럼 자기를 자조(自嘲)했다.

〈다시 그려보는 내 얼굴〉에선,

"생긴대로의 얼굴 이상으로 꾸며 보이려고 하는 것은 무슨 때문인가? 이것은 인간이 속물의 본성을 지니고 있다함을 말하는 것이리라"고 세태를 질타했다.

그러기에 윤모촌은 아주 범상한 옷을 입고, 아주 보통 사람의 시시한 일로 낙을 삼고 그걸 감사하면서 산다.

그는 "쇼쥬 이습니다."라고 써 붙여 놓은 시골 주막 목로도 좋고, 맘 길 모퉁이의 포장마차라도 좋으니, 인생과 우정을 나눌 수 있으면 그만이라고 소망하거나(술), "바람을 타고 가던 오동나무씨가 하필이면 우리집 좁은 뜰에 내려앉았듯이", "빈손인 내게로 온 아내에게 감사하고"(오음실 주인), 심지어 옛날 국민방위군으로 남하할 때, 하루 두 덩이의 소금물에 뭉친 주먹밥으로 허기를 견디지 못해, 뉘 집 부엌에서 국밥을 걸식했는데, 그 국밥을 말아주던 아낙네를 "떠날 줄 모르는 여인"이라고 추억한 것은, 몹시 다정하고 평범한 인간임을 말해 준다.

그의 향수는 더욱 절절하다.

고향 집 뒤 바위 밑에 몰래 심어둔 삼(蔘)을 그리면서 "이 세 뿌리는 40년 묵은 산삼이 돼, 지금은 군사분계선 북방, 완충지대 속에서 이 봄에도 잎사귀를 피우고 있을 것이다."〈실향기(失鄕記) (1)〉'고 술회했고, 임진강 상류 듬밭 나루터를 찾았을 때는 "머리맡에 흐르는 임진강 물을 생각하면서, 강심에 배를 띄우고 누워 있었다. 그리고 어디론지 모르게 떠내려가고 있었다"〈봄 밤에 쓴 일기〉고 고향을 그리는 몽유병을 앓았고, 그는 이 넓은 서울의 한복판에 버티고 살지라도, 해마다 봄이 되면 "이 봄에도 지뢰밭으로 변해 있을 고향의 집터에서 뻐꾸기는 무심하게 울고 있으리라"〈실향기(失鄕記) (2)〉고 절규하였고, 임진각을 찾았을 때는 "자유의 다리를 뒤로 두고 돌아설 때, 어머니의 말씀이 귓전에 울려,―집 앞까지 왔다가 그냥 가려느냐…" 〈분단의 현장에서〉 하여 고향이 그리워 가위에 눌리고 있는 것이다.

그에게도 방황과 미실(迷失)이 없던 것은 아니다. 인생은 "알며 모르며 속아 사는 것"이라 점(占)고 체념하다가, 자기는 "남들이 즐기는 노래를 노래로 듣지 못하는… 〈(정신과로 가야할 사람〉), 정신병 환자라고 저주했지만, 그의 본 바탕이나 원래의 모습은 수줄하는 샌님, 택선고집(擇善固執)하는 선비, 거기서 더 벗어나지 못한다. 아침저녁으로 〈세한도(歲寒圖)〉를 우러르며, 눈 녹은 양지에 참새 두어마리가 몸을 비비듯, 그는 가난한 인생을 살아갈 것이다. 끝내 추운 하늘에 묏부리를 드러내고 있는 의기(毅氣)와 약간의 오기를 버리지 않은 채.

모촌 · 윤갑병의 삶과 문학

―호서문학과 큰 마을 어른 이야기―

김 용 재

(시인, UPLI한국회장, 국제PEN한국본부 부이사장)

　모촌(牟邨 尹甲炳 : 1923-2005) 선생은 경기도 연천에서 태어나셨다. 연천군 왕징면 기곡리 637번지, 휴전선 속 군사분계선 북쪽이다. 성장하면서 일제 때는 전쟁터로 끌려 나가 탄광노무자로 일하기도 했다. 그럼에도 불구하고 1944년 연천공립농업실수학교를 나와 초등학교 교사로 취직을 했다. 1946년 12월 미군정하, 좌, 우익 갈등 속에서 바른 말 한다는 죄로 재판 없이 구금되기도 했다. 38선을 넘다가 북쪽 경비병에게 잡혀 20일간 구속된 일도 있다.

　잿빛 구름 속에서 겨울 해가 얼어붙으며 저물어가던 1950년 12월 4일 임진강 상류 돌밭 나루터에는 함박눈이 쏟아지고 있었다. 동란의 전세가 불리해지자 남으로 향한 나의 마지막 길에는 포성이 진동했고, 나룻배 선상에는 앞길의 고난을 예고나 하는 듯이 눈발이 강바람에 어지럽게 흩날리고 시야를 가렸다.

— 『호서시선』 제 4집(1980, 10월)
수필 〈운심무심(雲心無心)〉 앞부분

"누대의 산소 곁을 떠나지 못해 남아 계신 아버지 어머니를 생각하며…" 모촌 선생은 이렇게 강나루를 건넜다. 민통선 북방에 고향을 두고 남으로 온 것이다. 어렵게 국민방위군 대원으로 활동을 했고, 1954년부터 피난지 대전지역에서 떠돌며 왕골수예품 공장, 농삿일, 양계장, 정미소 등에서 노동을 했고, 이 무렵부터 호서문학회 회원이 되었다.

1955년 10월 초등학교 교사로 복직을 했고, 1959년에 함석헌 선생 주례로 조정복 여사와 결혼을 하고 2남 2녀를 두었다. 같은 해에 속간된 『호서문학』 제4집에 모촌 선생의 시 〈회색지대〉가 수록되었다. 첫 작품인 듯하다.

바람 속에 풍경들이 기찔리며 바래어 가는,
소음이 끝없이 고요한 벌판에 누구를
위하여 운명(殞命)처럼 강물은 흘러서 가고,
낡은 카렌다 같은 하늘은 걸려져 있는가.

낙엽 위로 야합하는 부서져 내리는 조각들을,
조용히 눈을 감고 헤아리노라면 화려한 거리
시궁창과 빨랫줄 누더기에 나의 햇빛은 그래도
어머니 숨결같이 다사로왔다.

하여 푸른 목숨들이 잡초처럼 푸른 철을 따라

무수히 피어 본 것이었으나, 끝내 헤매이다
다시 지쳐야만 하는 불모의 지역 고요한
벌판에서 추군추군히 따르는 나의 그림자와,
나는 이제 어디로 다시 向을 해야 할 것인지.

벌레먹은 낙엽 속에서 분간할 수 없는
시공이 연륜(年輪)을 다스려 간다는 것,
이리하여 흑(黑)도 백(白)도 아닌 운명(殞命)처럼
흐르는 물결과 나는 낡은 카렌다처럼
걸려져 있는 하늘 밑에서 오늘도 다만
빈혈증을 현기(眩氣)로와야 했고 이 까닭 모를
현기증을 가누어야만 할 뿐이었다.

해를 품은 마을, 병든 마을엔 현연히
모색(暮色)이 깔려져 간다. 빈 벌판에 종소리가
끝없이 흩어져 간다. 빈 벌판에 종소리가
끝없이 부서져 간다.
　　　　　　　　　— 〈회색지대〉 전문. 『호서문학』 제4집. 1959.

　　회색지대는 본래 애매한 범위의 제3지대이며 이도 저도 아닌 상태를
의미한다. 작품에서 보면 '불모의 지역 고요한 벌판', '벌레 먹은 낙엽
속에서 분간할 수 없는 시공', '흑도 백도 아닌 운명(殞命)' 그렇게 목숨
이 끊어진 곳, '낡은 카렌다처럼 깔려져 있는 하늘', '빈혈증', '현기증',
'모색(暮色)이 깔려져' 있는 그런 곳일지 모른다. 그 곳이 어디일까는

역시 싯구의 유추로 짐작할 수 있다. '그래도 어머니 숨결같이 다사로운' 햇빛을 감촉하면서도 가지 못하는 땅인 것이다. 고향의 어머니, 그리움, 향수가 함몰되어 있는 그 회색지대인 것이다.

이 작품 이후 4.19혁명, 5.16군사쿠테타 등 사회적 변혁기를 거치며 호서문학회는 〈호서문학회소사〉(1974. 속 · 호서시선 부록)에서 밝혀진 바와 같이 소위 이즉회시대(離卽會時代 1959. 2-1974. 3)를 맞이한다. 회자정리 거자필반(會者定離 去者必返), 다른 말로 회즉리(會卽離), 이즉회(離卽會), 불가의 윤회사상에 기반을 둔 말이라고 한다. '이별은 곧 만남'이고 '만남은 곧 이별'이란 역설이다.

모촌 선생은 이 시기에 일찍 서울에 터를 잡고 대한교원공제회로 옮겨 1972년까지 10여 년간 관리과 책임자로 일하였다.

호서문학회가 다시 모여 『호서시선』창간호(1972. 8)를 펴낼 때, 모촌 선생은 앞의 〈회색지대〉와 〈실향기〉를 수록하였다. 이 시기 모촌의 발표작품을 일별해 본다.

> 호서문학 4(1959) 회색지대
> 호서시선 1(1972) 회색지대, 실향기
> 호서시선 2(1974) 희곡(戱畵), 아침, 무교동 달밤, 꽃, 미로 (迷路), 로타리
> 호서문학 5(1976·봄) 풍향계, 눈이 내린다
> 호서문학 6(1976·가을) 묵죽도(墨竹圖), 갈증, 녹음

이 시기의 모촌 선생은 시인으로서의 입지를 튼튼히 하였다. '작품으

로 말한다'는 호서정신의 선두에 서 있었다. 호서시인 21명의 시 5편씩 실린 『속·호서시선』(1974)에 수록된 모촌의 〈희화〉를 살펴본다.

성벽 위로 퇴색한 하늘
연기가 나부낀다
뒷골목엔 쌓인 프라스틱 형해(形骸)
겹겹 갈댓잎들이
질서를 버티고 있다
자모(字母)가 생리를 한 식탁 위
소생한 고무다리가
쇼윈도에서 절름거린다.
지하도 출구에 도금한 기류(氣流)
파이프를 물고 화공이
개칠한 서정
옥상 정원 그네에
거꾸로 매달린 정오
풀벌레가 붙어 운다

— 〈희화(戱畵)〉 전문

희화는 실없이 장난삼아 그린 그림 또는 익살맞게 그린 그림이라고 했다. 그러나 모촌 선생은 장난삼아 그리지 않았고, 익살맞게 언어의 그림을 그리지 않았다. 세상의 실없는 모습과 익살스럽고 우스꽝스러운 모양을 비유적으로 그렸다. 반골 반의적인 의식의 발동이 아니라 정의롭고 자유로운 사회를 갈망하는 투철한 시심의 형상화가 이 작품으로 태어난 것이다.

한 구절 한 구절 절창의 싯구 아닌 것이 어디 있는가. 특히 형식뿐이고 가치나 의의가 없고 내용도 없는 뼈대 그 형해를 보는 눈, 그리고 썩거나 닳는 것을 방지하며 장식의 효과를 드러내는 도금의 의미가 공기의 흐름을 차단하는 제압의 뜻으로 일탈한 분위기를 파악해 볼 수 있는 것이다.

1970년대의 저 유신시대에, 시대에 순응하지 못하는 한 걸출한 시인의 아픔이 이렇게 걸작으로 태어난 분위기를 짚어보면서 꽃이나 나무, 숲이나 물 등 자연서 정에 물들어있던 시인들도 전환의 또 한 길을 모색했을 것이라 생각해본다.

내가 모촌 선생을 가까이 한 것은 이 때부터다. 1972년도에 김대현 은사의 소개로 정훈, 박희선 선생은 이미 10여 년 전 고등학생 때부터 따르고 모셨지만 모촌 선생은 1972년도, 조금 늦은 편이었다. 올곧은 선비의 품격, 엄격하지만 접근할수록 참 따뜻한 선생님, 큰(牟) 마을(邨)의 어른, 박희선, 김대현 선생과 함께 호서 삼총사라 할 만큼 빼어난 문인, 이분들이 한결 같이 우리나라의 문단 등단 절차에 연연해하지 않았지만, 그러면서 '작품으로 말하는 문인' 반열에서 후진들이 우러러 보는 입장이었다고 감히 말할 수 있다.

그리고 한참 선생의 소식이 뜸해지고 있었다. 그래도 가끔은 대전에 내려오셨는데 몇 해인가 뵐 수가 없었다. 그러던 1979년 정초, 신문을 통해서 선생의 소식이 들려왔다. 한국일보 신춘문예 〈오음실 주인〉 수필 당선, 주인공은 모촌 선생이었다. 경사였다. 호서의 영광이었다. 시인이신데 당선작품이 수필이어서 또 놀랐다. 〈오음실 주인〉은 알 수 없는 씨앗이 저절로 날아와 떨어져 마당가에 자생한 오동나무를 보고 아내와 함께 이야기를 나누며 자신의 분수대로 살아가는 아내의 덕을 기린 작품이다.

> 한여름 낮, 아내가 수돗가에서 일을 할 때면, 오동나무 그늘에 나앉아 넌지시 얘기를 건넨다. 빈주먹인 내게로 온 아내를 오동나무에 비유하는 것이다.
> "오동나무 팔자가 당신 같소, 하필이면 왜 내 집에 와 뿌리를 내렸을까."
> "그러게 말이오, 오동나무도 기박한 팔자인가 보오, 허지만 오동나무는 그늘을 만들어 남을 즐겁게 해주지, 우리는 뭐요."
> "남에게 덕을 베풀지는 못해도 해는 끼치지 않고 분수대로 살아가는 것이 아니겠소."
> 구차한 살림 속에서 오동나무의 현덕만큼이나 드리워진 아내의 그늘을 의식한다.
>
> — 〈오음실 주인〉 부분

언어를 절제하며 시를 쓰시던 모촌 선생께서 군더더기 없이 깔끔한 수필작품을 보여주신 표본이 아닐까 생각해본다. 그렇다면 만인이 우러러보던 신춘문예의 수필 당선이 모촌 선생으로선 어쩌면 놀라운 일이 아니었을지 모른다. "무료하면 오동나무를 쳐다보게 되고, 그럴 때마다 찌든 내 집에 와 뿌리를 내린 오동나무가 그저 고맙기만 하다."고 소박하게 끝을 맺었지만 그 소박함은 그의 늦은 연륜보다 더 진솔한 인간미를 담고 있다.

"삶의 의미나 가치를 재발견케 하는 것이면 좋은 수필이다."라고 하신 말씀이나, "그래도 〈오음실 주인〉이 나로서는 애착이 간다"고 하시던 말씀이 잊혀 지지 않는다.

모촌 선생의 신춘문예 이후의 호서작품 목록을 일별해 본다.

윤모촌 선생의 호서(湖西)작품 목록

1979. 1월 한국일보 신춘문예 수필 〈오음실 주인(梧陰室 主人)〉 당선

호서시선 3(1979) 시 백목련, 와명(蛙鳴), 꽃병, 봄밤, 노상감별(路上感別)

호서시선 4(1980) 수필 〈운심무심(雲心無心)〉

호서문학 7(1981) 수필 가난한 마음

호서문학 8(1982) 수필 한 다리를 들고 오줌을 누시오

호서시선 5(1983) 박희선, 김대현, 윤갑병 송수기념호 『동행(同行)의 축배(祝杯)』

　　　　〈시〉 분수(噴水)가에서, 8월의 실제(失題), 어느 날의 사전, 가랑비 오는 날, 변신 등 대표작과 약력, 사진 수록.

　　　　〈축시〉 신정식 · 대나무.

　　　　〈축시〉 김학응 · 운심무심(雲心無心)

호서문학 9(1983) 원로동인 수상특집 – 갈등의 편력

　　　　1. 잡초 속의 뜬 구름

　　　　2. 설익은 회귀열(回歸熱)

화보특집 - 윤갑병, 박희선, 김대현 시인 회갑기념
〈그 여름의 祝杯이야기〉
호서문학11(1985) 화보 윤모촌 선생 제3회 한국수필문학상 수
상(1984.12.15)
수필 - 빈 밥그릇의 압력
호서문학12(1986) 수필 아름다운 모습
호서문학13(1987) 수필 우리동네 나으리 집
호서문학14(1988) 수필 마서방네 호떡집
호서문학16(1990) 수필 떠날 줄 모르는 여인
호서문학17(1991) 수필 어떻게 살아야 할까
호서문학18(1992) 수필 공중전 이후
호서문학19(1993) 수필 파주 나들이
호서문학20(1994) 원로회원 5인 신작선
수필 : 세월, 선생님 생각
시 : 분수, 가랑비 오는 날, 노상감별

　신춘문예 이후 모촌 선생은 전적으로 수필작품을 발표하시며 우리
나라 수필문학의 거목으로 칭송을 받는다. 수필문학의 이론에도 밝은
묘법을 밝혀내며 적지 않은 저서를 펴내셨다.
　1990년대 중반쯤으로 기억이 되는데, 선생께서는 나한테 직접 전화
를 주셨다. 스물 한 살이나 아래인 후배한테도 존칭을 아끼지 않으셨
다.

　"그동안 신세 많이 지고, 도움 많이 받았습니다. 모임에 참석도

못하고 경제적 도움도 주지 못하고, 이제는 후진들만의 호서
문학도 참 훌륭합니다. 물러날 때가 되었습니다. 용서하세요."

더 길었지만 간추려본 기억의 파편이다.
물러날 때가 따로 있는 문학단체가 아니지만 선생의 말씀을 경청할
수밖에 없었던 아쉬움이 오래 남아있었다. 그렇다고 인간관계가 흩어
지는 것이 아니었기에, 선생의 저서를 받아보는 영광을 누릴 수 있었
다. 『호서문학』이 어느 한 지역의 동인지가 아니라 우리나라의 명망
있는 문학지임을 몸소 작품으로 증명해 준 모촌 선생에 대한 그리움은
여전히 잊을 수가 없었다.

윤모촌 선생의 저서 목록을 보면,

수필집	『정신과로 가야 할 사람』	1983	교음사
	『서투른 초대』	1987	교음사
	『서울뻐꾸기』	1990	미리내
	『산 마을에 오는 비』	1995	한마음사
	『오음실 주인』	1999	선우미디어
	『촌모 씨의 하루』	2004	선우미디어
	『실락원』	2008	좋은수필사
저서	『수필문학의 이해 : 실기와 이론』	1989	미리내
	『수필 쓰는 법』	1992	보성사
	『수필 어떻게 쓸 것인가』	1996	을유문화사

모촌 선생은 호서를 떠난 분이 아니었다. 고료없는 문학지에 신작만을 실을 수 있는 여력이 없어 선비의 도리를 남겨놓고, 작품으로 말하는 호서문학의 전통을 후진에게 넘겨 준 것이었다. 그리고 모촌 선생은 가지 못하는 저 회색지대의 고향 대신 호서문학회라는 문학의 고향을 또 하나의 가슴에 담고 우리나라 수필문학의 거목으로 자신의 입지를 튼튼히 한 것이었다.

부모님과 고향에 대한 그리움이 살에 박힌, 저 노스탤지어의 문학에 바탕을 두고 있으면서 통일염원의 심상을 그린 장렬함, 그리고 사회부조리에 일침을 가하는 치열한 풍자의 문학이 곧 모촌 선생의 것이었고, 그 모습은 또한 우뚝한 것이었다.

'인격적 삶의 실체' 그것이 곧 수필의 본질이라고 믿는 모촌 선생은 수필이론에도 뛰어난 의지를 밝혔다. 수필문학에 대한 이해, 자질함양, 정론으로서의 가치추구와 관조하는 삶의 의미 확대 등 좋은 글쓰기의 통로를 확충했다는 평가를 받고 있다.

거짓이 섞이지 않은 소탈한 문장으로서의 모촌 선생의 수필은 그를 추모하는 그리움과 함께 오래오래 독자를 당기는 힘으로 작용할 것이다.

오음실 주인 뻐꾸기의
실향(失鄕)의 연가(戀歌)

김 경 식

(시인, 평론가)

1. 들어가며

윤모촌(尹牟邨: 본명 甲炳: 1923년 8월 8일.~2005년 6월 7일 오전 8시). 본관은 파평, 호 오음실, 예명 모촌, 휴전선 군사분계선 북쪽으로 들어간 경기도(京畿道) 연천군 왕징면(旺澄面) 고왕산 아래 기곡리(基谷里: 앞대, 내기곡, 밧터, 북쪽 10/1 북한 지역이며, 10/5는 군사분계선, 10/4는 남한임) 637번지. 아버지 윤상영(尹相榮)은 임진강 건너 적성(파주) 앞터 마을서 시집온 어머니 1886년 1월생인 해주(海州) 최(崔)씨 사이에서 3남 2녀 중 막내로 태어남. 부친은 외지에 있다 30년 만에 귀향, 향교(鄕校)의 직원 전교(典校)인 할아버지에게 한학과 유학의 영향을 받으면서 유년을 보냈으며,

1940년 창씨개명을 강요와 한글전보 폐지, 조선신민화 본격화와 이어 일제(日帝)의 남진 침략전이 가열되어 젊은이들은 전쟁터와 탄광 노무자로 강제징용당해야 했다.

화자는 연천읍 상리로 유학을 나와 연천공립농업실수학교(상리초교 터, 연천중고 전신 김종명 연천문학 고문과 동문)이며, 1942년 19세에 학교를 마친다. 필자의 사무실도 학교와 500m 거리에 있어 선생님과 함께 방문한 적이 있었다.

1945년 8월 13일 경기도 고양군 송포초교 교사로 근무 중 하늘에서 미일공군 공중전이 있고 난 2일 후 삼천리강산은 절름발이로 해방이 되었다.

1945년 9월 7일 미군정 선포와 일본군 무장을 해제를 하기 위해서 북위 38도 선으로 경계로나눈 것이 이산의 한(恨)이 시작되었으며, 해방 전부터 인도의 시성 타고르의 시에 심취해 읽으며, 시에 관심이 높았고 광복이 되고 어수선한 와중에서 고양군 면서기로 징용을 피하고 있던 친구 Y(김윤성)선생이 두 번째 찾아와서 시를 써 보라는 권유와 함께 1946년 4월 창간된 시 동인지, 시탑〈(詩塔)〉 김윤성(金潤成: 1926. 3. 24~2017. 1. 13. 오전) 정한모(鄭漢模 : 1923. 10. 27~1991. 2. 23), 전관용, 조남사(1923~1996), 공중인(1923~1965), 정한숙(鄭漢淑: 1922~1997), 조민수, 조완묵이 참여해 해방 후 최초로 나온 〈시탑(詩 塔)〉 6호로 종간된 동인지를 받게 된다. 문학의 길에 뜻을 둘만큼 여유가 없었기도 하지만 그 친구가 시를 쓰는지도 모르던 터였다. 친구의 권유도 있고 해서 신조사(新潮社)의 세계문학전집 중 〈근대시인집〉과 동향(同鄕)이며, 문단에 지주로서 활동하고 있는 김상용(시, 시조, 수필), 김오남(시조)은 최초의 여류근대시조시인, 홍효민(시, 소설, 평론), 곽하신(소설)을 탐독해서 읽으며, 문학에 심취하는 계기가 되었다는 詩와의 인연을 회고한 수필을 발표한 바 있었다.

1946년 12월 대구폭동 사건 이후 미군정(美軍政) 하 좌우익 갈등 속에서 바른말 한다는 죄로 재판도 없이 구금되었다 풀려나서 경기도 부천군 소사초교로 전근을 간다.

1947년 7월 2차 미소공동위 결렬 후 고향을 찾아 38선을 넘어서 세 번째로 집으로 갔다가 북쪽 경비병에게 잡혀가서 20일간 연천군 전곡(全谷) 내무서에 구속되었다 풀려났다.

1949년 10월 서울에 살며 길을 가다가 〈태양신문(太陽新聞)〉 앞에 공모하는 신인시단에 공모 해 11월 3일 시 〈비〉가 당선되어 문인의 길에 들어선다.

한국문학가협회가 결성되고 12월 1일 태양신문에 詩 〈두매〉·〈秋想〉을 발표하였고, 1950년 12월 4일 저녁 듬밭, 둔밭, 둔전 나루(澄波) 터 왕징면 북삼리와 군남리 건너던 곳), 국민방위군으로 20일을 걸어서 마산에 도착, 다시 1951년 1월 함안에서 10여 명의 환자의 인솔자로 고령에서 대전까지만 허용된 북상 길은 걸인 꼴이라 선영을 지키시는 고향의 부모님과 가족의 생사 또한 생각할 겨를 없이 하루하루를 먹고 사는 일에 골몰하던 시절로 대전에서 잡일을 하며 떠돌다 고향의 선학이며 평론가인 홍효민 선생이 참여하고 있던 호서문학, 호서민중대학 창립자 소정(素汀) 정훈(丁薰: 1911~1992, 8) 선생 추천으로 말석에 참여해 회원으로 활동 할 시기인 1955년 충북 청원군 부용초등학교에 복직되나, 1958년 직언을 한다해 영동군 오지로 좌천되니, 2달 만에 사직하고 서울로 상경하여 무교동 주간 교육신문에 근무하며, 1959년 호서문학 4집 시 〈회색지대〉, 1963년 3월 16일 동아일보 〈옳은 일이란〉, 1972년 호서시선 1집 〈회색지대〉, 〈실향기〉, 1974년 속 호서시선 2집 〈회화〉, 〈아침〉, 〈무교동 달밤〉, 〈꽃〉, 〈미로〉, 〈로타리〉 등을 발표했다.

1976년 4월 호서문학 5집 〈풍향계〉, 〈눈이 내린다〉, 1976년 6월 한국문학 〈나의 애꾸눈〉, 10월 6집 〈묵죽도〉, 〈갈증〉, 〈녹음〉, 1977년 12월 교육관리기술에 〈서투른 초대〉 등을 윤갑병으로, 1979년 11월 호서시선 3집 〈백목련〉, 〈와명〉, 〈꽃병〉, 〈봄밤〉, 〈노상감별〉 등을 윤모촌으로 90여 편의 시를 발표했다고 하나 어찌된 영문인지 시집으로 엮어내지 않아서 그 자료 또한 귀하다.

필자가 여러 경로로 연구조사 발굴한 것은 시 35여 편에 불가하다. 10대에 음악에서 시에 관심을 갖고 30여 년간 恨인 실향 응어리를 시심으로서 풀지 못해서 은유와 비유가 배제된 담백하고 허구가 없는 수필의 길로 들어서 주옥같은 320여 편의 모태인 시심들을 남기며 수필문단에 아름다운 족적을 남기셨다.

1979년 1월 한국일보 신춘문예에 〈오음실 주인(梧陰室主人〉이 당선되어 수필의 길로 들어서며 갑병과 모촌을 중복해서 1981년까지 사용하는데, 동명으로 1923년 4대 강원도 지사와 혼동이 있었음으로 추정됨을 화자도 부정하지 않으셨다.

1980년 5월 월간 수필문학 발행인 범촌 김우현 선생 추천으로 수필문우회 회원에 가입하면서 10월 25일 호서시선에 수필 〈운심무심〉을 발표하고, 1983년 8월 15일 〈동행의 축제〉 때 김용재 시 단평과 시 〈분수 가에서〉, 〈팔월의 축제〉, 〈어느 날의 사전〉, 〈가랑비 오는 날〉, 〈연신〉 등과 회갑 축시 〈대나무 – 모촌 사백 수처에 붙여〉 신정식. 〈운심무심 – 모촌선생 화갑에 붙여〉 한시 〈모촌선생 화갑〉 김학웅이 쓰다.

필자가 연구 조사한 바에 의하면 송수기념호에 시 발표 이후에는 시나 시집을 엮은 기록이 발견하지 못하였다.

10대 후반에 문학에 관심을 갖고 20대 후반 등단을 해서 40여 년간 시를 읽고 쓰며, 신문 및 교육단체에 몸담고 있으면서 늘 글과 함께 하였으니 오랜 바탕이 필력으로 나타난 것은 당연한 일이었다. 수필 쪽으로 방향을 바꾼 이유에 대해 '시로는 하고 싶은 말 다 풀어낼 수 없어 뒤늦게 수필을 쓰기 시작했다'고 한다.

2. 고왕산(355m)의 실안개

연천향토문학발굴위원회에서 詩 김상용, 時調 김오남, 평론(評論) 홍효민, 소설(小說) 곽하신에 이어 5번째로 시·수필 윤모촌 선집이 발간됨은 지역의 자부심이며 문인들의 자랑거리이기에 더욱 감격스럽다.

현재의 연천군 휴전선 상승전망대 우축은 기곡리 10/1 북한지역이며, 좌축은 오음리로 화자의 집 당호와 호인 오음실이다. 화자의 수필 대표작이며 신춘문예 당선작도 〈오음실 주인〉 것과 백학면 오음리는 면에서 크기로 2번째이며, 사미천을 건너던 은꽃모루 나루터로 갈현리 서쪽 끝에서 오가는 길목이었다. 본적은 왕징면 기곡리지만, 사시던 집은 향수와 애정이 내면 깊이 음각된 오음리로 추정되어진다.

1949년 11월 3일 태양신문 신인시단 시 〈비〉로 문림(文林)의 등용문을 거치며 시 문학에 길로 들어선 내면에 잠자고 있던 시심에 들어서며,

숱한 모랫발
지겨운 가슴 팍
비가 온다…

내 가슴 장막(帳幕)은 사애(四涯)에
비가 온다

연하(煙霞)라 千里길
아스라이 빗줄기에
그리움 따라 따라….

— 〈비〉 전문

위 시는 1949년 11월 3일 한국일보 전신인 〈태양신문(太陽新聞)〉 신

인시단에 장만영 김기림 선생에게 추천(推薦)된 시 〈비〉로 등단한 작품이며 화자가 시인의 길로 들어서는 처녀 발표된 詩作이다. 해방과 군정의 언저리인 40년대의 끝자락에서 자아의 내면을 국내외의 정서와 상황이 뒤틀림으로 수많은 변화와 실연으로 미래가 불투명한 거리에 내면의 독백이 절재 된 언어의 숲에 리듬과 하나가 되어 비가 내리고 있다. 지워지지 않는 가슴에 들어앉은 응어리로, 비가와도 소리 없이 모래 속에 빨려들고 마는데 보이지도 만져지지 않아 들키지 않으려고 겹겹이 포장해 가슴팍에 숨겨놓으려 가린 장막 안인데도 비가 내리면 쓰며들어 사방이 절벽의 끝이고 물이 되어서도 비켜가지 않는 안개와 노을 위에 낀 어둠의 그림자들, 바람과 풍광이 멋들어지는 곳이라도 눈물과 콧물을 주채하지 못하는 현실을 어찌하지 못하는 이산의 상황을 운명이라 하기엔 너무나 가혹하다. 자유로이 오 갈수 없는 千里길로 나누어진 국토 모든 것이 생겨나면 소멸이 반복되는 것이거늘 고향집 울타리에 박힌 옹이는 루이암스트롱(Louis mstrong: 1901. 7. 4~1971. 7. 6)의 트럼펫 영가(詠歌)와 익살에도 미동하지 않는데 그리움 따라 치근 되는 비는 자기 모습의 처량함을 숨기려 비 줄기 따라 종종걸음으로 나셨다. 반년 뒤에 천리 피난 행렬을 예지(叡智)한 전율 같은 이미지…

   오늘이 지나고 나면 역사의 무대 뒤에서 무관심에 방치된 소시민의 축척된 영가(詠歌)의 시심

        눈에 음향(音響)을 축척하다
        슬픔을 축척하고

        역사(歷史)를 축척하다
        굳어버린 날갯소리

구름을 잃고
슬픔을 잃고

빛을 따라
희고 검은

사색(思索)을 잃어버린
빈 언덕

이슬 진 아침
먹빛으로 달래는.

— 〈꽃〉 전문

　저 산 넘으면 산이 있어 또 너머 있는 산에 꿈과 희망을 찾아 오르면
서 가슴에 꽉 찬 슬픔에 음악의 향기를 동공 속에 가두어 보지만 역사
의 톱니에 끼어 비상을 접어두고 보이지 않고 머물지 못하는 구름과
슬픔이 빛에 따라 변한다는 추억을 잃어버린 넋들이 잠든 벌거숭이
언덕에 올라서 서울의 밤을 밝히는 수없이 많은 날 날들.
　20리를 걸어서 군남 5일 장날에 오가던 길이며 물길은 길을 벗어나
도 헛되이 흐르지 않는데, 이슬을 털고 나면 서리 철이요, 첫서리가
와도 집에 가지 못하고 부모님이 사시는 쪽으로 절을 하며, 부모의 정
을 되뇐다는 상로지사(霜露志士)를 상실한 시점에 임진강은 강산에 꽃
을 피우며 흐르지만 화자의 내면에는 봄은 멀기만 하다.

　오음리, 기곡리는 윤씨의 집성촌이요, 오음 윤두수(尹斗壽:1533년~
1601년). 월정 윤근수(尹根壽: 1537년~1616년 8월 17일)의 고향이며

선영이 있는 곳이다.

  지금은 녹슨 철조망의 비무장지대로 기곡리 사지(基谷里寺址), 관음사지(觀音寺址)가 있고 현제는 행정은 미치지 않는 무인리(無人里)로 빈 집터는 숲속에서 주추 돌을 지키며 미로의 이정표로 서 있는 곳이다.

      식구들이 나가 고요로운
      한 때

      홀연 막내 놈 어미를 부르는
      소리에
      귀를 뜨는 나

      때 묻지 않은
      地上의 싱그러운
      늪가에

      그 늪가에
      길을 잃은 나.

                     — 〈迷路〉 전문

  위 시는 1974년 발표한 작품이다. 동토를 향한 땅속, 하늘, 바다에도 길이 있지만 길 따라 가다보면 나오는 것이 길이지만 권태의 안온함에 잊어지는 무의식 속에 잠재된 것을 깨우는 막내 아이의 어미를 부르는 소리에 유년을 뒤돌아보며 웅얼거리고 속으로 되 뇌이게 하는 어머니란 가슴 저린 언어, 꿈들이 부산한 집안에서 이산의 늪인 실향이 응축

되어 시린 가슴 접어두고 강해야 처자식 거느리며 현실에 충실 하느라 싱그럽지 못한 현실이란 늪가를 벗어나지 못하는 자아(自我)의 분기점에 고뇌와 고향마을 집을 바라보며 미로에 빠졌는지 길을 잃어버린다.

四月의
도회에는
白木蓮이 피더라

어둡다고 하면서
피더라.

하얀 꽃송이에
높은 집 담
해가 걸리면

白木蓮은 어두어
희게
피더라.

四月
초원(草原)
긴 해.

― 〈白木蓮〉 전문

모진 냉해와 눈보라를 견디어 내고 봄이 오면 도시의 한 복판에서 빌딩의 그림자에 가려 어둡다고 하면서 만개하는 목련은 급히 피어

급히 저서 꽃잎이 거리를 뒹굴면 행인들의 발끝에 짓 물리는 잎을 두고 흔히들 묘리(妙理)함에 방황하는 나그네요, 여정이 외로운 초원이라도 마음 돌이켜 4월이 오면 부정 타지 않게 흰 꽃을 피우는 꽃, 귀신이 흰빛을 싫어해 상복(喪服)도 백의민족의 심성이다.

기곡리는 장단도호부 강동면으로, '터골' 또는 '터일'이라는 골짜기가 있어 기곡리라 하였는데, 1895년(고종 32) 지방관제 개정에 따라 강동면이 마전군으로 편입되면서 강신면으로 개칭되었고, 기곡리는 기석, 기곡 2개리로 분할되었다. 1914년 행정구역 폐합에 따라 강신면이 연천군 왕징면이 되었고, 기곡리·기석리·산점리를 통합하고 기곡리라 모습을 갖추었다. 1945년 해방 이후 38선 이북이 되어 공산 치하에 놓이게 되었고, 한국전쟁 후인 1954년 11월 17일 「수복지구임시행정조치법」에 의거 행정권이 수복되었다. 그러나 현재 군사분계선이 중앙에 놓여 있어 남북으로 분리되어 있는 완충 지대로 현제의 행정구역은 고왕리로 되어져있다.

> 징 장구 소리
> 지평(地坪) 가까이
> 노을이 탄다
>
> 오랜지 빛
> 헌데 자국이
> 도지는 저녁
>
> 一五五마일
> 능선 펄럭이는

깃발이여

상주 없는 상여
요령(搖鈴)소리
길다

닫아도
닫아도
열리는 창

꽃잎 자국
머리 올
시나브로
희어져 간다.

— 〈와명(蛙鳴)〉 전문

　30년 만에 고향에 찾아온 영국신사(화자의 별명) 철망에 걸려 허기져 떨고 있는 지뢰라는 삼각형 경고판이 반기여 분단과 실향이 가슴에 옹이로 들어앉아 골마서 터지지도 않는 상처, 집터가 먼발치에서 아른거리던 마을 길목 농자천하지대본(農者天下之大本)이란 기를 들고 풍년을 기원하는 농악소리가 땅위에 노을빛 아래 마을은 헌데자국이 아물지 못하게 철조망도 녹이 쓸어도 이름 정겨운 꽃을 피워놓은 155마일은 625리 능선에 펄럭이는 만장아래 어머니 귀로 길에 선창하는 요령꾼의 선소리 아무리 닫아걸어도 아롱지는 향수를 벗어나려 해도 밤이면 개구리 울음, 낮이면 새 울음, 희미해진 기억인대도 엉금엉금 다가오니 견딜 수 없는 곤욕(困辱)이다.

3. 없는 길도 여는 것을

자연의 오묘함은 인간이 아무리 무질서하게 해약을 끼치거나 뿌리쳐 벗어나려 해도 인자함으로 나타나 표용하며 하늘과 땅위에서 높낮이를 다투지 않는 지혜의 내공이 있는 것이다.

화자의 시학은 "나무 잎이 피는 것처럼. 물이 흐르는 것처럼, 자연스럽게 쓰여 져서는 안 된다. 피는 나뭇잎, 흐르는 시냇물을 지배하는 것은 자연의 법칙이다. 가치의 법칙은 아니다. 詩는 우선 〈지어지는 것이다〉 詩的 가치는 의욕하고 기도하는 의식적 방법론이 있지 않으면 안 된다"고 토로하였고 글로서도 남긴 시심을 탐미해 들어가면,

> 겨드랑에
> 먼 데 기적 소리가 와 닿는다.
> 얼굴에 스치는
> 입 밖에 낼 수 없는 얘기
> 불빛이 물에 뜬다.
> 병상(病床)의 기억
> 여울 소리로 내려와
> 앞을 가는
> 女人의
> 머리카락 냄새여.
> 성급한 가슴에
> 젖어드는 발목
> 이제는
> 계면적을 게 없다. 女人이여
> 서두르지 않아도 좋은
> 머리카락 냄새

이제는
입 밖에 내도 좋은
病床의 기억들.

— 〈봄밤〉 전문

봄은 삼라만상에게 평등함은 부정할 수 없는 여인의 계절이며 그 향기는 음양의 다스리는 진리이다. 선학들의 삶에 지혜로 방황하거나 안절부절 못 하면은 겨드랑이에 바람이 들어갔다고 했다. 茶人의 겨드랑이에서 바람이 일면 망상을 녹아내리어 망형(忘形)의 길로 접어들었다 한다.

시인이 경작하는 시 농사에 겨드랑이에서 들리는 먼 기적소리가 병상의 얼굴에 스치면 그 누구와 분단의 상처와 이념의 이야기를 나눌 수 없음을 가로등빛 아래 흐르는 물위로 떠오른다.

고향은 無人里라는 중병을 치료 할 곳이 없고 묶은 병이 불쑥 도져도 꾹꾹 참았다. 이제라도 말할 수 있는 동백기름으로 윤기가 흐르던 여인의 머리카락 향기….

아직 무지개발이
절고 있다는 그
선명하지 않은 이유 때문으로

뻐꾸기 울음의 철늦은
표정을
탄탄대로에 서서

흰 빛으로 그러지는 달이나

산마루에 머문 구름으로 안고
밑돌을 빼 또 괴는 아침

갈피마다 고여 있는
형용사들이
질펀한 수평을

상오의 하늘을 후미지면서 지금
떨어져 내리는 가
시나브로 낙엽소리를.

— 〈분수(噴水)가에서〉 전문

  무지개는 다리가 없다. 호랑이 장가가는 날 비 지나가면 분수 가에 절름발이 무지개가 피어나도 분명 물위에서 피어올라 오작교를 만들지만 밟고 있는 곳은 낮에 나온 흰 달님에게도 보여주지 않는 것은 아픔을 숨기기 위함이다. 스스로 둥지를 만들지 못하고 새끼도 키울 수 없는 운명, 남의 집에 12개의 알을 낳아 두고 알이 부화되면 엄마는 나라고 피를 토하며 우는 불여귀(不如歸)의 지혜인지 하얗게 떠오르는 달에 걸터앉은 구름에 밑돌을 빼어 괴고 있는 아침 반복되는 삶에 책을 읽는다는 것은 형용사를 통해 자아의 근원적인 음성을 듣는 것이라 하지만 흔들리는 수평선 가을날 아침 울며 녹아내리는 낙엽소리 누구에게도 길들여지지 않는 뻐꾸기의 천성에 철지난 대로(大路)에선 가족 서로가 길 잃은 한풀이로 눈물 흘리는 분수가,

봄볕이 내려오는
질탕한 계단에

발목을 적시며
그림자가 머문다.
가로수 그늘에서
재를 흩날리는
신열(身熱)을 가누면
발바닥 장심으로
장심으로 받쳐오는
두견의 침묵.

— 〈八月의 실제(失題)〉 전문

희망이 읽는 무더운 8월에 잃어버린 과제는 계단을 오르내릴 수 없게 녹지 않은 해빙에 발목이 얼어붙어 머물고 있는 그림자, 꽃잎 날리는 날 낙화하다 다 타버린 재를 흩날리는 열병을 다스리려 용천에 치고 오르는 두견의 침묵이 던져놓은 근심보따리를 풀어보니 봄볕은 내려오는데, 이국의 군상들이 길을 막고 발목을 잡아서 그리움에 재갈을 물려 울지 못하는 뻐꾸기 사촌은 한곳에 정착하지 못하고 화자의 생일 8월 8일이면 몸이 타들어가는 통증은 30년이 지나도록 귀향 할 수 없는 길 박하사탕의 나돌아 갈래의 외침….

1950년 12월 4일 포성이 진동할 때 어머니와 마지막 이별하던 듬밭, 둔밭(屯田渡, 澄波渡)나루는 왕징면 북삼리와 군내면 장으로 건너다니던 나루터. 10년 전에 잠수교가 철거되고 허브농장과 복삼교와 우축엔 임진강 땜과 공원에 두루미 조형물이 길마중 하지만 나루 언덕 위에는 목 없는 미륵부처님은 그 일을 증명하듯 둘레 길을 바라보며 있다.

「죽어도 아니 눈물 흘리오리다」

소월이 말했듯
맨손으로 이런 날은
허파를 들어내던 가 할 일이다.

현기증을 가누는
빈 음향
평상 복 대론들 뭐라나
병력(病歷)같은 몸짓으로

평탄한 길에서도
절름거리며
오늘도 남북방(南北方) 한계선
툇마루 끝에

면전(面前)에 바로 와 서는
나의 山河여
기우는 뱃머리에 조금쯤
땀 흘리며

손을 얹는다
어깨에
누가.

— 〈가랑비 오는 날〉 전문

1980년 이후부터 자유로이 건너 오 갈수 있는 징파도 나루 필연과
운명의 의미(意味)를 수필 〈운심무심〉에 풀어놓으며 한 치의 거짓도

없고, 소월의 시 「죽어도 아니 눈물 흘리오리다」란 시 구절로 다짐을
수없이 많이 했건만 가랑비 오는 날이면 숨쉬기가 버거워 질것만 같이
현기증을 동반하는 이명의 향수병은 평지에서도 바로 갈 수 없는 천형
의 길, 길들 바라보며 투영하는 안온함의 느낌이 없는 뒤 마루에 걸터
앉은 철책선 앞에서 바라보나 갈 수 없는 집, 멀어지며 기우는 뱃머리
에 어머니의 손길 건강해야 한다는 꼭 다문 침묵(沈默), 알아주는 임진
강 바람이 신기루처럼 사라짐도 없는 자아의 한과 거리, 흔적마저 지우
지 못하는 산하, 귀향이란 희망은 표류하는 배는 무연(無緣)이 되었다.

4. 솔개연이고 싶다

돌이 평생을 물속에 있어도 속이 젖지 않는 것은 詩人만이 알 수
있다고 했다. 미국인은 약속시간에 5분이 들어가며 한국인은 매 30분
을 선호한다니 시간에 대한 여유인지 벌판에서 연을 날리며 하는 연
싸움에 이기려고 줄에 초를 입히고 유리가루로 무장하니 비밀을 모르
면 아끼는 연의 몸통을 잃어버린다.

> 바위 밑에 깃발을 꽂고
> 하늘에 솟은 비연(飛鳶)은
> 땀 흘리다 눈이 멀고
>
> 梅花가지 끝 갯바닥을
> 청맹과니 되어 나브끼네
> 금 잉어 지느러미.

— 〈연신(戀身)〉 전문

왕은 눈 시력이 좋지 않아도 안경을 쓸 수 없다는 법도 때문에 눈 뜬 소경으로 회색으로 세상을 본다. 역설적인 시어들의 반어적 나열로 사물을 바라 볼 수 없는 곳을 볼 수 있는 시심들, 바위 밑은 육신이 가고 하늘에 솟은 연(鳶)은 인연의 줄로 이어주는 떠도는 혼으로 나눈다.

아무리 노력해도 길이 막혀 앞을 보다가 눈이 멀고 바다 갯벌에서 피는 매화가지 나부끼는 금잉어 지느러미, 막세 위에 금 잉어는 불을 막아주는 신이며, 지느러미가 바닷물 위에서 나부끼면 용이 되어서 승천하는 민화(民話)와 변하지 않는 설화(說話)의 주인공인 어머니이다.

마른가지에 걸린 바람이
故鄕의 두엄발치의
쇠말뚝 언저리 흰 아지랑이 되어
두엄 냄새를 보내오는 낮

사랑방 툇마루 오줌독
오줌 거케에
채밀(採密)하러 온
참벌의 울음소리

상강(霜降)머리 건너던 철새
날갯속 구름은
방문 앞에 머물러
풀잎 속 가라앉는 달빛

보리밥에 끼얹던 고추지령의
혀끝 무게

흰 무명 옷의
무명 대님 치신
한 여름 낮 할아버지의
기침소리는

이마 시려 오는
바람.

— 〈묵죽도(墨竹圖)〉 전문

　날마다 보고 다시 보아도 싫증이 나지 않는 수묵화(水墨畵)는 사군자 중 대나무는 속이 비어있어 뿌리가 뽑혀도 꺾일 줄 모른다. 메마른 가슴에 스멀스멀 정겹게 풍겨오는 마을의 두엄 향기, 절계와 기계가 아무리 높아도 풀려나온 송아지 울음이 애가(哀歌)로 피는 아지랑이, 도시는 산업사회 발달로 누리지 못하는 현실위에 유린당한 가족사, 오줌통을 들고 밭에 나가면 벌들이 날아들어 벌을 쫓은 기억이 떠오른다.
　사랑방 마루에 오줌을 누는 요강이나 독 가장자리에 하얀 석회질에서 꿀이 있음을 간파한 토봉(土蜂)이 동료를 부르며 꿀을 따내는 지혜, 가을 길목에 선 나그네 24절기 중 하나, 한로(寒露)와 입동사이인 10월 24일 날 방문 앞에서 풀잎 속 가라앉은 저녁노을이 민둥산에 숨기 전에 가난하고 허기진 시절이지만 간장에 곰 삭인 고추를 곱게 채 슬거나 짤게다져 양념한 고명을 한 수저를 보리밥에 얹으면 입안에 감동으로 혀마저 굴릴 수 없는 것까지 느낄 수 있어 가슴팍을 짓누르고 있다.
　무명옷에 대님으로 치장하시고 건강하다는 할아버지의 기침소리는 회색 거짓말인줄 알면서 기다려온 세월, 회귀하는 현실에 머리 숯이 적어져 시려오는 이마에 깃든 주름살에 고향집 앞의 쇠말뚝에 황소가 송아지 기다리는 곳을 족자로 표구해 방안에 걸어놓고 싶은 갈망의 시심들….

　환경변화에 심적 무게를 이겨낸 생태계는 늘 진화하면서 질서를 유지 하지만, 만물의 영장은 3세 이전에 담겨진 기억을 털어버리지 못하며 문득문득 다가오는 애절함이 솟구치면 목이 메어 울지도 못한다. 1940년대 이후 시 수사학은 25가지의 장르를 추구하는 시인은 현실 위에서 삶의 애착을 직조해 시속에 씨 부리듯 심어놓음을 볼 수 있다고 한다.

　　　　투명(透明)한 종이 위
　　　　병력(病歷)이
　　　　보리 깔끄랑이가 되어
　　　　눕는다

　　　　黃土길 복판
　　　　山이 먼 서울에서
　　　　–뻐꾹
　　　　황달 빛 뻐꾸기 소리
　　　　미도파(美都波)앞 지하도 入口까지
　　　　와
　　　　등골에 박히는
　　　　악한(惡寒)
　　　　그럴 땐
　　　　청개구리가 운다
　　　　마른하늘에
　　　　가로수(街路樹) 밑에서
　　　　오르는
　　　　신열(身熱).

　　　　　　　　　　— 〈녹음(綠蔭)〉 전문

투명한 백지위에 의사의 처방이나 병명을 알아도 약으로 치유할 수 없는 병증이 향수란다. 옷에 붙으면 떨어지지 않는 보리알 지키는 까칠한 가시와 대가 허리가 버거운지 눕고 있다.

잊어지지 않는 향수 헐어버리지 못하는 화자의 내면에 너무나 건강하게 숨 쉬고 있다

가족과 유년의 거리를 압류당해 긴 설음 속에 희망은 황토길 복판에서 먼 서울에서 역설적으로 부모의 심정으로 울고 있는 병색 깊은 새끼뻐꾸기 울음은 화려한 극치인 백화점 앞 변해가는 도시의 길인 지하도로 들어와서 묵직한 등을 타고 올라 등골에 박이여 쫓아 다니는 무서운 한(寒)기 뒤에 온 가족의 합창소리 메마른 가로수에 초록빛 그늘이란 역설(逆說)에 몸살을 앓고 있는 도심 낯선 계절감각에 어둠이 그려진다.

5. 실향의 미로

윤모촌 선생의 삶의 뒤안길 언어의 숲을 살피어보면 강점기와 군정, 분단과 상실의 인연이 고리가 깊다. 그 첫 번제는 실향이며, 달력을 아무리 넘겨봐도 고향에서 봄소식은 들려오지 않는 허무함과 운명의 끈들 등단지인 '태양신문'이 종간되어 시문학의 친정이 없어지었고 발표한 시편인 〈비〉, 〈두메〉, 〈추상〉 3편의 詩의 친정 또한 길을 잃은 꼴이 되었고, 호서시선도 5집으로 종간되었다. 56세에 한국일보 신춘문예에 〈오음실주인(梧陰室主人)〉이 당선하며 수필가의 길로 들어서지만, 대통령 유고에 군계엄령 하에 필화사건에 연류 된 것은 1980년 1월 수필전문지 수필문학(隨筆文學) 1972년 3월(창간), 1982년 3월(종간)에 처음실린 〈아낙 군수〉가 수의사협회로부터 고소를 당했다. 수필문학 발행인 범촌(김우현) 선생이 검찰에까지 불려 다녔는데, 검찰

에서 화해 조정하여 큰 문제없이 마무리 되었지만 2년 후 종간되었다.

화자의 고향 마을은 행정구역 편제로 장단군, 마전군, 파주군, 적성군, 연천군으로 주소가 변했고 마을 언저리에서 제1 땅굴이 발견되어 아픔을 도지게 한 분단선에 몸살하는 갈대숲 그리며 현판을 오음실로 걸어놓은 집 주소 또한 경기도 고양군 은평면 홍제외리, 서울 은평구가 되고, 홍은동(弘恩洞) 홍제천 북쪽 홍은동, 남쪽은 홍제동 서대문구 홍은동, 고향의 운명처럼 늘 그 자리에 있으나 여러 번이나 주소가 밝기니 아이러니 하지 않은가,

2004년 봄 제자 신윤자 씨의 수필집 〈달 바구니에 담은 하늘〉에 마지막 서문을 남기었고, 오랜 문우이며 수필가인 허세욱 전 고려대 교수를 필두로 2005년 7월 8일 수필문우회에 추모 좌담회에 회고담에서 허세욱 선생은 "제가 편집자라서 유작 '실낙원'을 먼저 읽었는데 작품이 정말 찡했어요. 그 작품 속에서 자기가 태어난 고향을 그리워하고, 죽음에 대한 예시도 많이 나와요. 그럼에도 불구하고 마지막 네 줄에 또 사회비평을 하는 거예요. 세상이 동물을 닮아가고, 인류이 깨진, 그래서 실낙원이 돼 버리는, 그 마지막 부분에서 자기의 유작이 될 거라는 것을 짐작하지 않았나 싶어요. 그러니까 문학과 그분의 인생이 거의 일치되지 않았나 생각이 듭니다".

320여 편의 주옥같은 수필을 남기시고 가난한 선비의 길을 묵묵히 관조한 실향의 나그네를 고향에서 조출하게 2005년 12월 20일 연천문학에 추모특집으로 수필 5편과 최우재, 김경식, 이주원 추모시 이후 12년 만에 발행될 시, 수필 선집을 기대하면서 오랜 문단의 선학이며, 시인, 수필가인 화자의 언어의 숲에서 걸어 나온다.

◇ 작가 연보 ◇

1923년 8월 8일   경기도 연천군 왕징면 기곡리 637번지에서 아버
지 윤상영尹相榮 어머니 해주海州 최崔씨 사이 3
남 2녀 중 막내로 출생, 본명 윤갑병尹甲炳

1945년 1월   연천공립농업실수학교를 나와 경기도 고양군 초
등학교에 취직.

1961년   교직단체(대한교원공제회)의 관리과 책임자로
근무.

1979년   한국일보 신춘문예 수필문예에서 〈오음실 주
인〉 당선.

1980년   동포문학본상 수상.

1984년   한국수필문학상 수상.

2005년   지병으로 영면.

※ 자세한 작가연보는 평설을 참조 하십시오.

◇ 작품 연보 ◇

◇ 시

비	태양신문(신인시단 당선작)	1949. 11. 3.
두메	태양신문	1949. 12. 1.
추상(秋想)	태양신문	1949. 12. 1.
회색지대(灰色地帶)	호서문학(제4집)	1959. 2.(갑병)으로 발표
실향기(失鄕記)	호서시선(제1집)	1972. 8.(갑병)으로 발표
희화(戱畵)	호서시선(제2집)	1974. 3.
아침	호서시선(제2집)	1974. 3.
무교동(武橋洞)달밤	호서시선(제2집)	1974. 3.
꽃	호서시선(제2집)	1974. 3.
미로(迷路)	호서시선(제2집)	1974. 3.
로타리	호서시선(제2집)	1974. 3.(갑병)으로 발표
풍향계(風向計)	호서문학(제5집)	1976. 4..(갑병)으로 발표
회색지대	호서시선(제1집)	1972. 8.
눈이 내린다	호서문학(제5집)	1976. 4.
묵죽도(墨竹圖)	호서문학(제6집)	1976. 10.
갈증(渴症)	호서문학(제6집)	1976. 10.
녹음(綠陰)	호서문학(제6집)	1976. 10.(갑병)으로 발표
백목련(白木蓮)	호서시선(제3집)	1979. 11.
와명(蛙鳴)	호서시선(제3집)	1979. 11.

꽃병	호서시선(제3집)	1979. 11.
봄밤	호서시선(제3집)	1979. 11.
노상감별(路上感別)	호서시선(제3집)	1979. 11.(모촌)으로 발표
분수(噴水) 가에서	호서시선	1983. 8. 15.
八月의 失題	호서시선	1983. 8. 15.
어느 날의 사전(辭典)	호서시선	1983. 8. 15.
가랑비 오는 날	호서시선	1983. 8. 15.
연신(戀身)	호서시선 송수기념호	1983. 8. 15.
분수	호서문학(제20집)	1994. 11.

◇ 수필

옳은 일이란	동아일보	1963. 3. 16.
나의 애꾸눈	한국문학	1976. 6.
서투른 초대	교육관리 기술	1977. 12.
오음실 주인	한국일보	1979. 1. 1.
우울한 입학식 날	한국문학	1979. 2.
홍제천변	월간 북한	1979. 3.
실향기	월간 문학	1979. 4.
바뀌지 않는 계절	현대문학	1979. 4.
교육은 구호가 아니다	한국일보	1979. 5.
식자우한	한국수필	1997. 5.
와명선조	현대문학	1979. 6.
돈	수필문학	1979. 6.

수필 읽으면서 느끼는 것	연천문학(창간호)	2003. 12. 20.
좋은 문장을 읽는 일	연천문학(창간호)	2003. 12. 20.
친구에게		2004. 1.
새해 아침의 기도		2004. 1.
수필의 격		2004. 2.
수필문장의 몇 가지 문제	연천문학(제2호)	2004. 12. 20.
실낙원 13년	현대수필문학 100인선	2005. 5.
어머니	연천문학(제3호)	2005. 12.
나의결혼식 딸의 결혼식	연천문학(제3호)	2005. 12.
부끄러운 젊음	연천문학(제3호)	2005. 12.
길에서 만나는 행복	연천문학(제3호)	2005. 12.
잃어버린 행복	연천문학 3호에 추모 특집— —추모시: 　　김경식, 최우재, 이주원	2005. 12.
그는 비우고, 그녀는 채우 고(3인 동인지) 　−오음실 주인 　−돈 　−실낙원 　−떠날 줄 모르는 여인 　−산마을에 오는 비 　−서울 뻐꾸기 　−촌모 씨의 하루		2009. 3. 20.
홍은동 참새(정진권 외 2인)	한경라이프 발행	
제9회 수필의 날 　−김새록 수필가 '오음실 　　주인'을 낭독		2009. 7. 15.

말하는 잎새(4인집)
  −산마을에 오는 비
  −떠날 줄 모르는 여인
  −오음실 주인
  −실낙원
  −서울 뻐꾸기
  −홍은동 참새
촌모씨의 하루(정진권외   한경라이프 발행
  3인)
  −범촌과 나
  −꿈
  −편지
  −나지막한 집을 그리며
  −연탄난로
  −공원묘원

단교시

수술 이후

부용의 꽃

벚꽃놀이

잘못 끼워진 단추

울산여정

세월 (1)

연적의 주인공

지정좌석

호랑이의 등에 업혀

일기

차중에서 만난 교사

2010. 12. 15.

후진성

작자를 모르는 그림

이사

30년 교분의 무게와 부피

아침 밥상

권태 (1)

수필을 쓰면서

미망의 계절에

뒤에 붙이는 글

내가 좋아하는 이야기

◇ 수필집

◇ 수필선집

◇ 수필이론서

수필 문학의 이해	미리내	1989.
수필 쓰는 법	보성사	1992.
수필 어떻게 쓸 것인가	을유문화사	1996.

윤모촌 시 · 수필선집
失鄕—없는 길도 여는 것을

2017년 7월 20일 초판 인쇄
2017년 7월 31일 초판 발행

엮은이 : 편집위원
펴낸이 : 연규석
펴낸데 : 연천향토문학발굴위원회
경기도 연천군 연천읍 연신로 530
전화 : (031) 834-2368

되박은데 : 도서출판 고글
등록 : 1990년 11월 7일(제302-000049호)
전화 : (02)794-4490

값 15,000 원

※ 경기문화재단 문예지원금을 일부 받았음.